L'Empereur

(Napoléon III)

PAR

PIERRE DE LANO

PARIS

VICTOR-HAVARD, ÉDITEUR

168, Boulevard Saint-Germain, 168

1893

L'Empereur

(Napoléon III)

OUVRAGES DU MÊME AUTEUR

LE SECRET D'UN EMPIRE :

L'Impératrice Eugénie, (8ᵉ édition) . . . . 1 vol.
La Cour de Napoléon III (9ᵉ édition) . . . . . 1 vol.

Journal d'un Vaincu (4ᵉ édition) . . . . 1 vol.
**Les Bals travestis et les Tableaux vivants
sous le Second Empire,** illustré de 25 aqua-
relles hors texte, par Léon Lebègue. (*H. Si-
monis Empis, éditeur*) . . . . 1 vol.

EN PRÉPARATION :

Le Prince Impérial . . . . 1 vol.
La Société parisienne sous le Second Empire. 1 vol.

L'EMPEREUR NAPOLÉON III

L'EMPEREUR NAPOLÉON III

L'Empereur

(Napoléon III)

PAR

PIERRE DE LANO

PARIS

VICTOR-HAVARD, ÉDITEUR

168, Boulevard Saint-Germain, 168

1893

Tous droits réservés.

AU LECTEUR

———

Si je voulais, en tête de ce troisième volume d'une série sur l'Histoire anecdotique du Second Empire, écrire une préface, les incidents nombreux, qui ont accompagné et qui ont suivi la publication de mes précédents ouvrages, la rendraient aisée.

Mais, ayant répondu à mes contradicteurs dans un chapitre spécial de la Cour de Napoléon III, *je n'ajouterai rien à mes paroles. Je n'aurais guère, d'ailleurs, à relever que des polémiques. Il ne me convient pas de m'en occuper. En ce genre de discussions, il devient nécessaire, pour frapper l'opinion, pour ne point paraître reculer devant un adversaire déloyal dans sa violence, de se servir du même vocabulaire qu'il emploie, de lui retourner — c'est le jeu du volant — ses attaques avec la même froide et apparente passion, avec la même feinte colère. Or, c'est là une récréation peu digne d'un écrivain, on en conviendra, et il me plaît mieux de con-*

tinuer mon œuvre sans m'inquiéter des récriminations. Lorsque tout dort dans la ferme, s'émeut-on du vent qui passe, en hurlant, au-dessus des granges pleines de froment et qui, impuissant, secoue les toitures ?

Il y aurait, cependant, je le répète, une préface non banale à établir avec les controverses qu'ont soulevées mes récits. Mais cette préface serait surtout d'un intérêt personnel. C'est pourquoi je limite cette introduction de mon troisième volume sur le Second Empire, à ces quelques lignes. C'est pourquoi j'abandonne toute préoccupation étrangère à ma narration, pour ne songer qu'à l'achèvement de l'œuvre que j'ai entreprise, qu'à la reconstitution intime d'une époque qui eut tous les charmes, toutes les ivresses d'un long roman, qui eut aussi tous les effrois, toutes les convulsions d'un interminable drame.

P. DE L.

Paris, février 1893.

L'EMPEREUR

I

L'EMPEREUR. — L'HOMME INTIME

En écrivant mes précédents ouvrages sur le Second Empire, je me suis laissé séduire, surtout, par le côté anecdotique et curieux des notes qui m'aidaient à dresser ma narration et je n'ai eu que rarement l'occasion d'être intimement troublé, d'éprouver la caresse sentimentale ou le frisson tragique qui naît, fatalement, d'un poème idyllique ou d'une épopée sanglante.

En quelques chapitres, cependant, concernant plus particulièrement les événements derniers du règne de Napoléon III, je n'ai pu voiler l'émotion qui s'emparait de moi et il m'a semblé, alors, mettant mieux en scène la personne de l'Empereur, que je me trouvais devant l'un de ces héros du roman ou du drame, auprès de qui tous les héros des romans et des drames qui se succèdent, dans la vie littéraire, sont fort insignifiants.

Cette impression se fait plus puissante en moi, aujourd'hui, devant ces pages spécialement consacrées à Napoléon III, et l'émotion qui, jadis, m'avait simplement effleuré, grandit, s'impose à mon récit.

A quelque parti politique qu'on appartienne, on me comprendra. Il n'est pas, en effet, difficile d'admettre que la personne de l'empereur Napoléon III soit plus intéressante à étudier, à observer, à deviner souvent, que la personne — si psychologique soitelle — du premier homme venu qui va, dans l'existence, comme vont tant d'autres hommes — honnête ou coquin, naïf ou dupé, sceptique ou croyant.

Ce n'est pas sans raison que j'indique, ici, un rapprochement entre l'empereur Napoléon III et l'habituel héros du roman moderne. L'Empereur fut, lui aussi, un héros de roman; mais un héros débarrassé de toute fiction, dont l'aventure très réelle se déroula et s'enchaîna avec tout l'attrait des récits imaginatifs, avec toute la rapidité, avec toute la logique d'un bon mélodrame.

Il n'y a pas lieu d'être surpris de cette attitude de Napoléon III et de la physionomie spéciale qu'il donna à son règne. A son insu même, l'Empereur devait conserver, durant le cours de sa vie, l'aspect un peu ténébreux d'un grand premier rôle, et in-

consciemment, en dépit de sa froideur, de sa réserve et de la justesse de son esprit observateur,
il devait conduire ses heures comme autant de chapitres d'un feuilleton, les faisant accidentées, fié-
vreuses, et les présentant au peuple, toujours liées
à une sorte de « suite à demain » énigmatique et passionnante.

Et dans cette attitude de l'Empereur, et dans cette
physionomie de son règne, il n'y eut rien que de
très naturel. Cet homme et ce règne, en effet, ne
venaient-ils pas en une minute comme marquée
par le destin? Le prince Louis Bonaparte n'était-il
pas jeté dans l'Histoire, avec toute la précision d'une
chose née d'une légende, partant immuablement
fixée, dont la marche est irrémédiablement déterminée?

Les vers magiques de Victor Hugo chantaient son
nom; les volumes de M. Thiers célébraient la gloire
de son oncle; les refrains de Béranger, murmurés par
le peuple, remuaient la poussière d'or des abeilles
impériales mortes à Sainte-Hélène, mais ressuscitées,
et bourdonnant autour de cette ruche — les Invalides.
Le prince Louis Bonaparte, dans un sentiment étranger à son libre arbitre, mû par une force au-dessus
de la sienne, sous l'influence même de la légende
qui le portait vertigineusement vers le trône, voulut
être, Empereur, le demi-dieu de cette légende, voulut
prendre à son compte les paroles sublimes de Victor

Hugo, continuer la gloire de son oncle, ajouter un épisode, encore, à l'attention de M. Thiers, ne point faire mentir la voix de Béranger. Il fut l'homme fatal issu d'un accouplement de choses fatales; il n'a été que ce qu'il a dû être et n'aurait pas pu être différent de ce qu'il a été.

Bercé par la vague, l'enfant du marin, parvenu à l'âge adulte, se fait marin. L'oreille pleine du bruit soulevé par l'Empire à son agonie, mais dont l'écho durait encore, l'imagination exaltée, malgré un calme apparent, par l'enthousiasme d'une littérature édifiée sur son nom, le prince Louis Bonaparte voulut faire revivre une épopée, voulut être Napoléon. Il fit ce rêve comme il en fit tant d'autres; mais il n'eut ni Austerlitz, ni Waterloo, ni Sainte-Hélène. Il eut Chislehurst où l'on meurt, comme là-bas, sur le rocher désolé d'où l'on s'échappe, cependant, pour monter dans la gloire; — il eut Chislehurst qui est aux portes de France, mais d'où l'on ne revient pas.

J'ai déjà esquissé la silhouette de l'empereur Napoléon III. Nul ne porta plus que lui, sur son visage, le reflet de son âme; nul ne fut plus que lui le spectre vivant et palpable de sa pensée. L'âme, la pensée de l'Empereur, enveloppées encore par les visions d'antan, lasses des déceptions éprouvées, des humiliations subies, paraissaient hésiter à prendre leur essor, comme engourdies par le long sommeil d'une jeunesse errante, sans foyer presque. L'Empereur, physiquement, semblait se mouvoir avec difficulté, paresseusement, comme alourdi sans cesse par une fatigue toujours chassée et toujours renaissante.

Publiquement, et dans les solennités officielles, Napoléon III se contraignait à un effort pour vaincre cet affaissement apparent, affaissement victorieux même souvent de sa volonté. Il devenait, alors, observateur rigoureux de l'étiquette, le souverain impassible qui voit tomber à ses pieds les hommages des courtisans, des fonctionnaires, des solliciteurs; mais, sincèrement, quoiqu'il sût merveilleusement tenir son rôle de maître, l'attitude que les circonstances lui imposaient, le lassait en l'éloignant de sa rêverie tant aimée — rêverie faite tout autant des évocations du passé que des mystiques illusions de l'avenir. Et il se sentait heureux, lorsque seul, hors des regards importuns, il lui était permis de reprendre son corps et son âme de philosophe — son allure physique, sa quiétude morale de brave homme rôdant en sa maison.

Ceux qui n'ont connu l'empereur Napoléon III que dans le conventionnel apparat de la Cour, n'ont rien su de lui. Il est, certes, curieux à étudier dans les actes publics de sa vie; mais il ne l'est pas moins dans son intimité, dans la familiarité de son existence privée.

Autant l'Impératrice était prime-sautière et décevante, en chacune de ses heures, autant l'Empereur demeurait immuable dans son aspect comme dans ses sentiments.

En dehors des moments consacrés au travail, aux préoccupations que lui apportait la politique peu stable de ses ministres, il apparaissait à tous, affable, bon et tourmenté du désir constant de créer des heureux, de verser du bonheur autour de lui, pareil à un chef de famille ayant le souci habituel de ceux qu'il aime et dont il est aimé. Avec une parole gracieuse pour tous ceux qu'il rencontrait, il se promenait au travers des Tuileries, visitant et revisitant, comme en un musée, les collections artistiques qu'à force de patience et que sur les conseils d'hommes éclairés, il avait réussi à assembler. Souvent, aussi, il allait de son cabinet aux appartements de l'Impératrice, la cigarette à la bouche et continuant de fumer, même chez la jeune femme, surprenant la souveraine au milieu de ses dames du palais, se mêlant à leur causerie, s'égayant de leurs propos et partant ainsi qu'il était venu, doucement, tranquillement, dans la marche balancée et comme rythmée qui lui était ordinaire.

Parfois, ayant près de lui un ami ou l'un de ses aides-de-camp, il sortait en phaéton, conduisant lui-même, accompagné d'un seul domestique. Mais, de préférence, il se rendait sur la terrasse des Tui-

leries, en bordure de la Seine, et là, ayant au bras
quelque confident, le général Lepic ou le général
Fleury, plus particulièrement, il demeurait de longues heures, cheminant paisiblement, arrêtant son
regard tantôt sur le panorama des rives du fleuve,
tantôt sur Paris, vers le jardin où des bandes d'en
fants s'ébattaient, insouciants et joyeux.

Plus près de lui, souvent, et séparé de ces bam-
bins, un enfant, aussi, jouait, mais jouait dans l'ordonnancement d'une récréation officielle. C'était son
fils — ce fils qu'il adorait comme le fanatique adore
son dieu, pour lequel il vécut après sa chute, pour
lequel il mourut deux fois, lorsque son effort pour
retenir en lui, la vie, le trahit.

L'Empereur souffrait visiblement de la retenue
qui était imposée au petit Prince; il eût voulu le
voir courir parmi ces enfants libres et jetant vers le
ciel leurs cris, leurs joies ou leurs larmes, enthousiastes et charmeurs comme le bonheur. Il eût voulu
le conduire au milieu d'eux. Mais la règle exigeait
que le pauvre et impérial petit restât, morose, avec
les seuls amis que l'étiquette lui permettait d'aimer.

Cependant, une après-midi, l'Empereur réalisa
son rêve. Il prit la main de son fils et se dirigea, avec
lui, vers le jardin public des Tuileries. Il y eut un
peu d'émoi quand, reconnus, le souverain et le
Prince arrivèrent près de la cohue des gamins, près
des parents assis sous les grands arbres et surveil-

lant leurs bruyants rejetons. Mais l'Empereur eut
un sourire, salua la foule, puis poussant son fils en
avant, en lui montrant les enfants, murmura :

— Va.

Et comme le Prince, timide, troublé par cette
liberté soudaine, par ce contact imprévu avec la
foule, hésitait, Napoléon III lui dit :

— Va, Loulou ; va jouer avec eux ; ils sont gentils,
tu vois, et ils t'aimeront bien.

Ce jour-là, en effet, *Loulou* joua avec les enfants du
peuple, sous l'œil de son père acclamé et ému.

Lorsque le souverain rentra aux Tuileries, il y
avait de la joie sincère, de la joie de brave homme
sur son visage. Au dîner, il conta son aventure,
mais une voix — celle de l'Impératrice — l'inter-
rompit, sévère :

— Vous avez commis une grande imprudence.
Pourquoi, d'ailleurs, exposer Louis à une familiarité
qu'il ne doit pas connaître, à une familiarité d'enfants mal élevés?

L'Empereur, alors, leva tristement son regard sur
sa compagne :

— Il n'y a pas que des enfants mal élevés, dans le
jardin, dit-il simplement, et il se tut.

Mais il s'était assombri soudain. En cette occasion,
comme en tant d'autres, la jeune femme se montrait
maladroite, ne le comprenait pas et lui gâtait son
plaisir.

J'ai parlé, déjà, du défaut d'affection que le Prince
Impérial trouva auprès de sa mère; j'ai parlé de
la sollicitude particulière dont elle l'entoura, sollicitude sèche, conventionnelle, exempte de toute
franche expression et de cette naïveté qui fait paraître si humainement sublimes les parents, dans
leur tendresse; j'ai parlé, également, des sentiments
d'inénarrable amour qu'eut l'Empereur pour son
fils. On ne saurait trop mettre en relief ces sentiments; on ne saurait trop les opposer à la stérile
maternité de l'Impératrice; on ne saurait trop dire,
enfin, que Napoléon III fut très bon et que cette bonté
dont il usait pour son enfant, il eût voulu la rendre
publique, la reporter à l'infini sur tous ceux qui
l'approchaient.

Cette bonté, en effet, ne s'appliquait point seulement aux enfants; elle allait vers les hommes, entière et jamais démentie, vers des ennemis même.

A l'appui de mon appréciation, je ne citerai qu'un
exemple, mais un exemple caractéristique et péremptoire.

Lorsqu'Orsini fut condamné à mort et lorsque la
question de grâce fut présentée à l'Empereur, les
ministres exigèrent que cette question fût soumise
aux délibérations du cabinet.

Un conseil eut lieu, donc, et comme Napoléon III
réclamait énergiquement son droit de clémence vis-
à-vis de celui qui avait attenté à sa vie, une discus-

sion violente se produisit entre lui et ses collaborateurs.

Le conseil tint séance la nuit, se déclara en permanence et ce ne fut que devant la menace d'une crise politique opposée à son refus d'envoyer Orsini à l'échafaud, que l'Empereur céda et renonça, tristement résigné, à son privilège.

Je ne juge point, ici, l'homme politique dans l'empereur Napoléon III. Je ne m'occupe que de l'homme intime et il y aurait malhonnêteté — une malhonnêteté dont je me déclare incapable vis-à-vis de qui que ce soit — à taire la vérité.

Autant, d'ailleurs, les sympathies exprimées par l'Impératrice étaient superficielles et peu vitales, autant le dévoûment, l'amitié, chez l'Empereur, étaient sincères et fortement conçus.

L'Impératrice avait des enthousiasmes irraisonnés que la même journée voyait naître et mourir; l'Empereur qui fut sans cesse en opposition avec sa compagne, était long à donner son affection, mais lorsque cette affection était offerte, elle se faisait immuable, et il eût fallu des circonstances exceptionnelles pour qu'il la reprît.

La Cour vit des jalousies terribles se lever, des haines abominables se mesurer. Dans cette réunion d'hommes et de femmes nouvellement initiés aux grandeurs, dans cet assemblage d'une aristocratie arrogante, mais soumise, d'un côté; d'une aristocratie exotique, de l'autre, et d'une bourgeoisie maussade, à son origine, qu'une fièvre de plaisirs métamorphosait et emportait, les complots, les compétitions, les rivalités étaient aisés, logiques. Le monde politique et le monde des salons se donnaient libre cours dans leurs intrigues réciproques, et, comme chacun écartait de sa vie le souci de l'avenir, il résultait de cette insouciance, un désir immédiat de jouissances, une ardeur peu commune dans la possession d'une satisfaction, d'une faveur.

L'Empereur, sollicité souvent d'émettre une opinion dans ces drames ignorés, se tint toujours éloigné de la colère des uns ainsi que de la méchanceté des autres. Il écoutait, la plupart du temps, les plaintes, les réclamations qui lui étaient apportées, mais il les oubliait aussitôt qu'elles avaient cessé de se faire entendre. Ses amis diffamés ne restaient pas moins ses amis, après comme avant un propos perfide, et s'il les entretenait, parfois, des discours qui les concernaient, c'était simplement pour en rire avec eux.

— Ne vous défendez pas, dit-il un jour, à un de ses familiers, victime de quelque envieux. Je vous aime davantage depuis que l'on vous calomnie.

C'était ainsi et avec de telles paroles, qu'il se faisait chérir de ceux qui le servaient et qui, il faut le constater hautement, se sont honorés en conser vant pour lui, après sa chute, une inaltérable affection.

Pourtant, il arriva que certains courtisans, par leurs attaques réitérées, lassèrent la patience d'hommes honnêtes et les obligèrent à se retirer des conseils de Napoléon III, à ne plus paraître même aux Tuileries.

L'attitude des habitués de la Cour était bien faite, d'ailleurs, pour attrister ceux qui, dans tout le désintéressement de leur cœur, étaient attachés à l'Empereur.

Très rogues, très railleurs, très frivoles, ces habitués, qui trouvaient des encouragements auprès de l'Impératrice, que les allures fort peu graves de la souveraine protégeaient, ces habitués poursuivaient de leurs sarcasmes, de leur sottise, de leur impitoyable et insupportable dédain, toute personnalité des lettres, des sciences, des arts ou de la politique, qu'un talent véritable désignait à l'attention de Napoléon III. Les courtisans considéraient les Tuileries comme une demeure conquise, dont le pillage leur était exclusivement attribué, et chaque nouveau venu était par eux mis en interdit, dans la crainte qu'il ne leur dérobât une parcelle de leurs prérogatives, qu'il ne détournât trop, à son profit, les sympathies du maître.

Je viens de prononcer un mot énorme — le mot : pillage. La maison de l'Empereur était, en effet, pour employer une expression consacrée, mise en coupe réglée par ceux qui en étaient les hôtes ordinaires, les commensaux. On connaissait l'indifférence de Napoléon III pour l'argent, et l'on exploitait cette indifférence habilement, sans trop de gêne. Il était plus difficile d'abuser ainsi de l'Impératrice. On redoutait ses instincts d'économie, on redoutait la terrible Pépa qui établissait les comptes de la souveraine, qui veillait sur ses dépenses, qui n'eût point permis qu'on glanât dans le champ que, seule, elle prétendait avoir le droit de razzier, et, de ce côté, les vols dissimulés étaient à peu près nuls. Mais ils se pratiquaient, chez l'Empereur, largement, presque ouvertement.

Le souverain n'était pas sans remarquer les larcins commis à son préjudice; mais il feignait de les ignorer, se taisant généralement, dans l'instinctive horreur des discussions, des querelles, dans une indulgence inépuisable à l'égard des besoigneux.

Il n'était point le seul, d'ailleurs, à constater cette dilapidation, cette curée sans fin et, un jour, le général Lepic — l'un des rares hommes qui lui parlaient sans détours — éclata devant lui.

— On vous détrousse, sire, lui dit-il, et si vous ne mettez ordre au gaspillage, les Tuileries ne seront bientôt plus à vous.

Et comme l'Empereur, tristement, hochait la tête, silencieux, le général ajouta :

— En cherchant bien, c'est à peine si l'on trouverait trois hommes honnêtes, réellement honnêtes, autour de vous.

La boutade était d'une dureté implacable, mais elle était vraie, d'autant plus vraie que certains courtisans, parmi les familiers de Napoléon III, le volaient cyniquement, tout en lui restant absolument dévoués, tout en étant prêts à sacrifier leur vie pour lui, le volaient dans une belle inconscience de leur déloyauté, excusés à leurs propres yeux, par la spontanéité de leur attachement. Il n'y a rien là d'un jeu de sentiments, d'un paradoxe : ces hommes, mis dans l'impossibilité de soustraire de l'argent à l'Empereur, lui fussent restés fidèles quand même.

La morale de la Cour fut une morale spéciale. Le bien et le mal n'étaient pas réglementés, aux Tuileries, aux regards des familiers, par les mêmes lois qui les administrent aux regards du peuple.

Si la morale était spéciale, aux Tuileries, la religion y avait aussi son caractère particulier. Très espagnole, l'Impératrice eût volontiers murmuré une prière dans la même minute où elle écoutait une charade. Son entourage fit ainsi qu'elle, adora Dieu à l'espagnole. Les hommes allèrent à la messe et au boudoir, simultanément, sans préjudice pour le curé comme pour les amoureuses. Les femmes

furent vicieuses et dévotes, sortirent du confessionnal pour entrer dans l'alcôve, sans préjudice encore
pour la pénitence à accomplir comme pour le baiser
à recevoir ou à donner.

Il est un détail bien amusant au sujet des pratiques religieuses usitées aux Tuileries.

Mᵐᵉ de Montijo, mère de l'Impératrice, était fort
soucieuse de religion, et chaque fois qu'elle voyait
sa fille, elle ne manquait pas de lui adresser cette
question :

— Et l'Empereur ? Où en est-il avec le bon Dieu,
avec la sainte Vierge ? Les traite-t-il bien ? Fait-il ses
devoirs ?

L'Impératrice répondait régulièrement que l'Empereur se montrait très aimable avec le bon Dieu et
avec la sainte Vierge, qu'il allait à la messe, qu'il se
confessait et se montrait généreux pour l'Eglise.

C'était exact. Napoléon III, en apparence, conservait, vis-à-vis des choses religieuses, une correction
absolue qu'on eût pu prendre pour une très réelle
dévotion. Mais il n'était pas croyant ; il n'agissait
ainsi que pour obéir à la raison d'Etat qui, alors,
exigeait que le chef du pays donnât l'exemple du
respect envers l'Eglise, que pour s'éviter aussi les
querelles de l'Impératrice et les lamentations
bruyantes de sa belle-mère.

L'Empereur n'était pas religieux, mais il n'osait
point paraître ne pas être religieux. Sous l'influence

de sa compagne, il se fit le défenseur de la Papauté, à Rome ; il se fit sympathique aux évêques et joua au bonhomme populaire devant les curés.

Relativement à cette dévotion toute de surface, qui lui était pour ainsi dire imposée, Napoléon III conta un jour devant quelques-uns de ses familiers réunis autour de lui, dans l'intimité de son cabinet de travail — seul endroit où il se sentait à peu près chez lui et libre — une fort jolie anecdote.

Etant en villégiature avec l'Impératrice, et comme une fête se présentait, la souveraine lui persuada que pour édifier les populations, il était nécessaire qu'à l'occasion de cette solennité sacrée, il communiât.

L'Empereur dut donc se confesser et, à défaut du prélat ou du prêtre qui l'écoutait habituellement, il fut forcé de demander l'absolution au curé du lieu.

Il y avait, parfois, chez Napoléon III, une malice qui aimait à se manifester et à s'exprimer en plaisanteries très innocentes, mais non exemptes, cependant, de sel gaulois, suivies aussitôt d'un gros rire.

Il vint, dans cette circonstance, à l'esprit du souverain, l'envie d'être malicieux, le désir de faire un bon tour au curé qui allait l'entendre.

Déjà troublé par le fait extraordinaire d'avoir à recevoir la confession de l'Empereur, le pauvre prêtre ne s'était installé dans son confessionnal qu'avec une sorte d'hésitation, de terreur presque.

Mais quelle dut être sa situation lorsque Napoléon III parla ?

L'Empereur, en effet, s'était imaginé de s'accuser, devant lui, de crimes ou de folies invraisemblables et chacune de ses phrases, de ses confidences, étaient étouffées par une toux subite et persistante que le malheureux curé, redoutant de connaître davantage les péchés de son terrible pénitent, et ne trouvant que ce moyen pour les ignorer, avait inventée.

Mais ce jeu amusait l'Empereur. Remarquant que la toux du curé redoublait et devenait plus bruyante, il s'arrêta et dit :

— Vous êtes fort enrhumé, monsieur le curé ; j'attendrai que cette toux, qui vous fait tant souffrir, soit calmée pour continuer ma confession. Je suis un grand pécheur et désire que vous m'écoutiez.

Alors, le brave prêtre soudainement apaisé, mais de plus en plus effaré, supplia :

— Si Votre Majesté le permettait, je lui donnerais l'absolution tout de suite... Ce qu'Elle a dit suffit à ma conscience.

Et comme le souverain insistait, offrant des aveux complets :

— Non, non, reprit le bonhomme, j'aime mieux l'absolution.

Et il ajouta, non sans finesse :

— Un empereur, je le vois, n'est point pareil aux autres hommes, et je prie Votre Majesté de me permettre de la traiter différemment que mes pénitents habituels.

Napoléon III, très égayé et aussi un peu surpris de la réplique spirituelle de son juge, mit fin à l'entretien, et riant en sa moustache, au sortir du confessionnal, présenta au curé une lourde bourse pour ses pauvres.

L'Empereur, on l'a vu, redoutait les récriminations, les lamentations de Mme de Montijo, mère de l'Impératrice, en matière religieuse. Les craintes que lui inspirait la comtesse n'avaient pas que ce seul motif pour se manifester.

Ces craintes remontaient loin et si un obstacle eût été capable, dans l'enthousiasme amoureux de Napoléon III, au temps de ses fiançailles, de briser son union avec Mlle de Montijo, cet obstacle eût été, sans contredit, la mère de la future souveraine.

L'Empereur n'ignorait point le passé de Mme de Montijo, sa morale fort éclectique, sa facilité à mélanger le bien et le mal, la vertu et ce qui n'est pas tout à fait la vertu, et il n'aimait pas que sa jeune femme eût de trop fréquentes relations avec sa mère. Ces relations existaient, cependant; car lorsque Mme de Montijo était à Paris, l'Impératrice la voyait tous les jours, presque, car lorsqu'elle était en Espagne, c'était entre elles, une correspondance assidue.

L'Empereur, en épousant Mlle de Montijo, eut la
certitude qu'il donnait son nom et son trône à une
vierge, et cette certitude ne présente aucun point
équivoque. Pourtant, il ressort des faits qui se rattachent à cette heure décisive, qu'un doute avait
existé dans l'esprit de Napoléon III. Or, si ce doute,
devant l'attitude très nette de la jeune fille, avait pu
disparaître, il avait laissé une empreinte — l'empreinte ineffaçable qu'il aurait mise sur tout cœur
d'homme amené à poser, à sa fiancée, les questions
que l'Empereur posa à la sienne.

Mlle de Montijo avait avoué à Napoléon III qu'elle
avait aimé avant de le connaître. Cet aveu était réel.
En effet, jeune fille courant avec sa mère les plages
à la mode, vivant à Paris ou à Madrid, au milieu
d'une société peu sévère — dans un monde d'exo-
tiques surtout — Mlle de Montijo avait plusieurs fois
rencontré l'homme épris de sa beauté. Sous le regard
indulgent et encourageant même de sa mère, elle
avait noué et dénoué plusieurs amourettes, et c'était
ce souvenir qui inquiétait l'Empereur, en lui montrant avec quelle absence de tout préjugé, Mme de Montijo avait toléré que sa fille connût tant de romans
inachevés.

Mme la comtesse de Montijo fut et reste une figure
très curieuse. Elle représente assez bien, dans notre
monde moderne, le type de la femme qui s'embar-
rasse peu des conventions de la vie et qui ayant

une fille très belle à marier, se met en quête de l'époux souhaité. On rencontre ce type, plus particulièrement, aujourd'hui, sur les rives de la Méditerranée. Les plages pyrénéennes étaient en faveur, sous le Second Empire, et c'est de ce côté que les pas et que les espoirs de la comtesse se portaient.

Riche d'une centaine de mille francs de rente, on la voyait en été à la mer, à Biarritz principalement; en automne et en hiver, à Paris. Elle passait, toujours accompagnée de sa fille, au travers des salons qui s'ouvraient devant elle, grâce à des amitiés influentes — celle du marquis de La Rochelambert, ancien ministre de France, en Prusse, entre autres; on la voyait à la Comédie-Française, à l'Opéra, et elle présidait, dans son appartement de la place Vendôme, des réunions qui n'étaient pas sans éclat.

Des hommes politiques, surtout, fréquentaient ses salons et chacun y venait, alors, attiré par les beaux regards de la jeune fille, charmé par le jeu d'amour qui lui était offert et qui le laissait sans cesse espérant. L'attitude de Mme de Montijo était, à cette époque, très franche. Elle s'inquiétait peu du scandale pourvu que le scandale, que la calomnie même, fissent surgir un mariage retentissant pour sa fille et missent, ainsi, une fin à son odyssée qui menaçait de devenir éternelle.

Dans une naïveté très bien feinte, elle ne rebutait personne; mais le candidat parti, elle établissait sa

valeur exacte, le pesait comme un orfèvre eût pesé
un lingot d'or et, impitoyablement, l'éloignait, s'il
ne présentait pas toutes les garanties de fortune et
d'avenir qu'exigeaient son ambition et aussi — pourquoi le taire — son cœur maternel. Car cette femme
aimait sa fille sincèrement, avec des façons cho-
quantes, étrangères certainement à nos mœurs françaises, mais qui ne sauraient amoindrir son affection,
qui ne sauraient la rendre contestable.

Mme de Montijo était parfaitement capable d'admettre qu'à défaut du mariage cherché, sa fille devînt
la maîtresse d'un homme considérable, d'un prince
ou d'un ministre; mais dans cet arrangement spécial
de l'existence, elle n'eût pensé qu'à la satisfaction de
son enfant, et ne se fût aucunement occupée de l'intérêt personnel qu'elle aurait tiré de cette situation.
Elle avait la morale des mères d'actrices légendaires,
sans en avoir la cupidité, l'égoïsme.

On se rappelle la lettre qu'elle écrivit à son ami,
le marquis de la Rochelambert, lorsque le ma-
riage de Mlle de Montijo avec l'Empereur fut décidé.
Cette lettre était sincère, exprimait des sentiments
très humains, très naturels et, en cette heure, dans
la joie inespérée qui la visitait, la comtesse ne voulait voir que les retours de cette joie, ne voulait considérer que les soucis maternels qui, pour elle, allaient naître de tant de bonheur.

Lorsque sa fille fut impératrice, forcément son

attitude subit un changement. L'Empereur lui imposa une réserve dont elle dut s'appliquer à ne plus sortir, et peut-être, en elle-même, regretta-t-elle, alors, sa liberté d'antan.

Elle devint maussade, elle se fit pleureuse, et elle accabla Napoléon III ainsi que sa fille de demandes diverses, de recommandations, de réclamations. Elle avait la monomanie des bijoux et chacun de ses achats était su, aux Tuileries, par une facture qui, régulièrement, avec une lettre suppliante, était remise à la souveraine. Si on l'eût laissé agir à son gré, elle fût devenue encombrante. Mais l'Empereur ne permit jamais qu'elle oubliât les frontières qu'il lui avait assignées.

En somme, Mme de Montijo ne fut ni bonne ni mauvaise et n'eut aucune sérieuse influence sur la vie de Napoléon III. Elle fut l'inconscient instrument d'un destin néfaste et, dans l'intimité familiale de l'Empereur, elle apparaît comme ces mères roturières qui ont eu la chance de mouler la beauté sur le visage de leurs filles. Un gentilhomme, un soir, voit l'enfant, l'épouse; mais il cache avec soin sa belle-mère. C'est l'histoire commune à tant de personnalités aristocratiques. Ce fut celle de Napoléon III.

J'ai raconté plusieurs anecdoctes et j'ai exposé plusieurs faits, en mes précédents volumes, qui donnent la physionomie assez exacte, assez complète de ce que, vulgairement, on pourrait appeler le ménage de Napoléon III.

Dans le sens absolu des constatations, ce ménage ne fut point, dans ses apparences, mauvais. Cependant, en dépit de ces apparences et des lettres même souvent aimantes qu'échangèrent les souverains, lors de leurs rares séparations officielles, il ne fut point entièrement heureux. L'union de l'Empereur avec Mlle de Montijo fut une union hâtive, conclue sous l'influence d'un violent sentiment amoureux, d'un impérieux désir charnel, d'une part; d'un froid raisonnement, d'une volonté très réfléchie, d'autre part. Cette union eut la destinée que toutes les unions de ce genre, fatalement, doivent avoir. Le calme, la satisfaction des sens succédant à l'entraînement, à la fièvre des premières heures, apportent chez l'homme, une déception, un regret; il s'aperçoit que celle qu'il avait voulue, au prix même de tous les sacrifices, de toutes les folies, ne lui a offert qu'une joie matérielle et fugitive, la plus superficielle, la moins durable de toutes les joies; il s'aperçoit que l'âme de sa compagne est loin de la sienne, ne répond à aucun de ses appels, ne comprend aucune de ses conceptions, et l'amertume remplace, en son cœur, les enthousiasmes d'antan. Devant cette retraite de l'époux, la femme qui n'a jamais eu d'amour, mais qui s'est habituée à une sorte d'af-

fection simple, de camaraderie, à la flatterie d'une
adulation, se révolte, s'inquiète et, dans toute la
brutalité d'une vanité blessée, se fait maussade, devient irritée, nerveuse, éprouve l'impression d'une
très réelle jalousie.

Ce fut l'aventure, ce fut le roman de l'empereur
Napoléon III; ce fut l'aventure, ce fut le roman de
l'impératrice Eugénie.

Cependant, ils eurent trois années de bonheur
vrai, sans mélange, et ces trois années vont du
30 janvier 1853, date de leur mariage, au 16 mars
1856, date de la naissance du Prince Impérial.

A partir de cette heure, en effet, l'intimité de
l'Empereur et de l'Impératrice est rompue; Napoléon III délaisse sa compagne et se reprend à aimer
là où il trouve à aimer.

Il eût peut-être été possible alors, à la jeune
femme, de ressaisir son mari. Mais autant elle avait
montré d'habileté en ses fiançailles pour conquérir
le cœur et les sens de l'Empereur — les lettres
qu'elle lui écrivait, en ce temps, et qui le char-
maient, lui étaient dictées par Mérimée — autant
elle est maladroite dans son intimité conjugale.
D'un tempérament neutre, réfractaire aux désirs de
l'homme, ne sachant que lui offrir sans cesse le
mensonge de l'amour, elle devient impuissante à
retenir auprès d'elle son mari qui observe et qui ne
doute plus que dans l'exaltation primitive de sa

passion, que dans l'aveuglement de son espérance,
que dans l'assouvissement de son plaisir, il donne
plus qu'on ne lui apporte. La possession de sa compagne ne le satisfait plus et il s'écarte d'elle, implacablement, comme un amant fuit une maîtresse
insensible, dans la cruauté, dans l'égoïsme de l'a-
mour non partagé, de l'amour isolé.

Avec un peu d'intelligence conjugale, l'Impératrice eût certainement atténué, pour elle comme
pour l'Empereur, la décevante solitude de son foyer.
Elle se fût arrangée pour faire naître chez ce naïf qui
était son mari, sinon une passion nouvelle, du moins
un remords qui aurait mis un arrêt sûr dans la déroute de leur mutuelle familiarité. Mais elle ne sut
pas être diplomate. Très orgueilleuse, elle n'écouta
que les conseils de son orgueil et elle poursuivit
l'Empereur de plaintes, de récriminations qui le fati-
guèrent et le jetèrent davantage hors de sa maison.

Ce fut, dès lors, une guerre quotidienne entre le
souverain et sa compagne.

Napoléon III, très doux, se dérobait à l'acharnement, à la colère de l'Impératrice, fuyait ses remontrances et redoutait de se trouver seul avec elle. Il
ne vécut bientôt plus, même, que dans l'appréhension de scènes bruyantes, de scènes interminables
qui mettaient en lui l'horreur de son toit.

L'Impératrice le traquait dans tous les coins du
palais et il n'était qu'à demi-rassuré, qu'à demi-

tranquille lorsqu'il se retirait dans son cabinet de travail, le seul endroit, cependant où, je l'ai dit, il goûtât quelque repos. Parfois, en effet, alors qu'il étudiait ou qu'il causait avec un visiteur ou une visiteuse, une porte, traîtreusement, s'entr'ouvrait et la tête de l'Impératrice, dans l'entrebâillement, apparaissait anxieuse, dure et inquisiteuse.

Si une femme, en cet instant, était avec Napoléon III, il était certain, après son départ, de subir des reproches et d'avoir à supporter une bouderie de plusieurs jours.

L'Empereur aimait, évidemment, les femmes et sa nature le portait vers elles, irrésistiblement. Pourtant, il est permis de penser qu'il eût moins recherché les joies que procurent les femmes si, chez lui, il avait rencontré une intelligence et une tendresse qu'il avait sans doute espérées.

Une séparation, un divorce eussent seuls pu remédier à cet état de choses. Mais, ainsi que je l'ai démontré, une séparation, un divorce étaient interdits à l'Empereur et ce fut sans conviction, sans pensée pratique de réalisation, qu'il songea à cet expédient pour recouvrer sa liberté, la sérénité nécessaire à son existence, à ses impériales destinées.

L'Impératrice eut une influence néfaste — on ne saurait trop le répéter — sur la politique extérieure de Napoléon III. Elle eut, également, une influence

mauvaise sur sa vie intime. On peut croire, même,
que le trouble jeté par la jeune femme dans les
heures privées de l'Empereur, n'a pas été sans avoir
déterminé en son esprit ce relâchement de volonté,
cette absence de force, qui ont eu pour résultat la
toute-puissance de l'Impératrice, et qui l'ont aidée
à poser devant le pays, devant l'Europe, les bases
d'une politique détestable, l'expression formelle d'une
autorité qui ont contribué à accroître la maladie
dont était atteint Napoléon III, le mécontentement
des hommes d'Etat, les revendications populaires —
et qui renfermaient les germes de la guerre de 1870.

C'est, ici, sans doute, la psychologie du Second
Empire. La psychologie n'est point toujours un mot
romanesque.

Afin d'éviter les critiques spéciales, afin qu'on ne
se méprenne point sur mon œuvre et sur la portée que
j'entends lui donner, j'ai déjà déclaré que je n'ai pas
la prétention d'écrire l'histoire du Second Empire,
dans le sens particulier et absolu du mot. Je me suis
simplement imposé la tâche de reconstituer la physionomie intime des personnes et des choses qui
emplirent cette époque, de tracer la chronique anecdotique de ce temps, et si d'aucuns ont paru ne
point vouloir comprendre ma pensée, il en est d'autres qui l'ont aisément et, en toute bonne foi, devi-
née. Je ne saurais trop, cependant, établir mon des-

sein, je ne saurais trop fixer mon attitude, désireux d'éloigner de moi toute querelle vaine, tout procès de tendance.

C'est dans cet ordre d'idées que je viens de toucher à la vie privée de l'empereur Napoléon III. C'est dans cet ordre d'idées que ce portrait s'achèvera.

On vient de voir l'Empereur dans ses relations d'époux avec l'impératrice Eugénie et, dans un chapitre de *la Cour de Napoléon III,* intitulé *L'Empereur et les Femmes,* sa nature amoureuse, ainsi que ses liaisons avec les familières de son palais, ou avec les beautés que le comte B..., son premier chambellan, était chargé de lui présenter, nous sont apparues.

Il est un point curieux et délicat, dont il n'a point été parlé, que des notes fort intéressantes et fort autorisées m'ont révélé. C'est la façon qu'avait l'Empereur, en amour; c'est la façon qu'il prenait avec les femmes, pour les favoriser.

Quoiqu'il eût la passion de la femme, quoiqu'il se fût retiré de l'Impératrice parce que, dans sa froideur charnelle, elle ne répondait point à son désir, l'empereur Napoléon III n'était pas, cependant, en amour, ce qu'on nomme un raffiné, un savant. Très bourgeois sous ce rapport, il était assez comparable à un gros mangeur qui saurait se contenter d'un plat unique, simplement accommodé, à son dîner, mais qui le dévorerait, sans souci des sauces recherchées, consciencieusement. Prompt à la fourchette, donc, aussitôt à table, sans s'attarder à des hors-d'œuvre, il attaquait le menu. En d'autres termes, l'Empereur, devant une femme, sans rien perdre de sa douceur apparente, était vif, audacieux, allait droit au fait et ne perdait point de temps en prélimi-naires, en tendresses, en ces préliminaires, en ces tendresses qui sont souvent, pourtant, ce qu'il y a de plus charmant, de meilleur dans la possession.

Il y eut, toutefois, des circonstances dans lesquelles il mit, en son attitude, de la caresse, du sentiment. Mme de Castiglione sut en faire une sorte de Louis XV galant, et lady C... le mena un peu au gré de son ca-price. Avec elles, son jeu était plus timide, plus lé-ger, son prestige impérial disparaissait, se fondait dans une familiarité d'homme oublieux de tout ce qui n'est point son idole ; avec elles, il avait des naï-vetés, des gaîtés d'adolescent, savourant l'ivresse d'un premier rendez-vous. Tout au contraire, avec Mmes de G... et de P..., avec celles que l'on avait, à la Cour, surnommées *Cochonnette* et *Dindonnette* — dont la splendeur, cependant, pouvait rivaliser avec la beauté de la comtesse de Castiglione et avec la grâce de lady C..., c'était comme une possession brusque, rapide, et toute de violente spontanéité. L'allure personnelle de Mmes de G... et de P... se prê-tait, il faut le dire, à cette promptitude dans le plaisir.

2.

Mme de P... se plaignit, un jour, devant quelques amies, ainsi qu'elle peu austères, des procédés intimes de l'Empereur.

Comme on parlait de l'amour et des amoureux, détaillant les sensations que procure l'un, ainsi que les qualités qui distinguent les autres, elle eut cet aveu et ce regret :

— Oh, l'Empereur, on sait vite ce qu'il pense.

L'euphémisme est joli et fait excuser le cynisme du souvenir qu'il évoquait.

On sait qu'aux Tuileries, Napoléon III se rendait chez le comte B..., dont l'appartement situé au rez-de-chaussée communiquait avec le sien, pour faire choix des femmes qui briguaient ses faveurs.

Ce choix décidé, il était rare que l'Empereur eût un entretien avec celle qu'il avait désignée, dans le château. Il eût été imprudent, en effet, de s'isoler amoureusement aux Tuileries, et si le cabinet de travail de Napoléon III vit des scènes fort gauloises, le souverain préférait se rendre dans Paris, pour faire des heureuses.

Il n'en était pas ainsi lorsque la Cour était en villégiature. A Saint-Cloud, l'Empereur conservait encore toute sa réserve, toute sa correction des Tuileries; mais à Compiègne, mais à Fontainebleau, il s'affranchissait de l'étiquette, des entraves, et se faisait presque entièrement libre.

Une ou deux chambres étaient toujours disposées

pour recevoir l'Empereur et lorsqu'une femme, dans l'entourage impérial, était avertie que Napoléon III lui accorderait volontiers quelque attention, elle se rendait dans l'une des pièces qui lui était indiquée et y attendait le maître.

Les intrigues amoureuses, aux Tuileries, avaient lieu le jour. C'était, à Compiègne et à Fontainebleau, le soir qui les voyait se réaliser.

Napoléon III voulait assez l'amour sans obstacles, sans l'embarras des jupes et du linge. Il résultait de ce désir, que chacune de ses liaisons passagères avait comme l'arrangement préliminaire d'une nuit de noces. L'Empereur, généralement, donnait toute latitude à celle qu'il devait rejoindre, de se préparer, de feindre le repos, le sommeil ou la crainte, et il ne se présentait qu'au moment où il jugeait que tout était selon ses souhaits.

Mais, je le répète, il ne s'attardait jamais en des gentillesses de raffiné, et la partie qu'il offrait était bientôt jouée.

Le lendemain de ces conversations, souvent sans paroles, la personne distinguée recevait soit un bijou de fort grand prix, si elle était riche ; soit un mignon portefeuille bien garni, si elle était besoigneuse — dix billets de mille francs étaient le paiement habituel de l'Empereur — soit la nomination d'un mari, d'un frère ou d'un ami, même, à une fonction quelconque, si elle était ambitieuse.

On connaît les distractions un peu monotones qui étaient celles de Napoléon III dans son intimité de souverain, aux Tuileries, et l'on sait les raffinements que des esprits dévoués, ingénieux et bien avisés, avaient mis dans ces distractions pour en corriger la maussaderie.

Lorsque le public apprit qu'il y avait, à la Cour, des charades et des tableaux vivants très amusants, il s'étonna et les familiers du château s'effrayèrent du blâme qui, soudain, les atteignait, et qu'exprimait la surprise de la foule.

Il fut décidé, dès lors, qu'on empêcherait par tous les moyens, les journaux de s'occuper des faits relatifs à l'entourage des souverains; il fut décidé que les feuilles étrangères qui fourniraient des détails sur la vie des palais impériaux, seraient saisies à la frontière et l'on se rappelle que l'émotion des courtisans se communiquant à l'Impératrice, la souveraine écrivit, au sujet d'une charade représentée à Fontainebleau et qui fit grand bruit, une lettre importante dans laquelle elle laissait déborder toute son amertume.

Il est un document aussi curieux qui se rapporte à cette horreur de toute publicité et qui montre, merveilleusement, l'esprit qui inspirait la Cour dans ses relations avec le peuple. Cet esprit étroit, mesquin, arrogant, se révèle dans ce document destiné à demeurer secret, aussi complètement qu'il est possible.

« Tous les journaux, dit l'auteur de la note, publient des détails de chasses qui auraient eu lieu à Saint-Cloud, pour S. M. l'Impératrice, et donnent déjà des détails intimes sur celles qui vont avoir lieu à Compiègne.

« Le *Petit Crayon*, après avoir consulté son Conseil d'Etat, est d'avis qu'on ne devrait pas laisser publier ces détails. Voici ses raisons :

« Si on lit le *Moniteur* du temps de Napoléon Ier, on voit tout simplement ceci :

« L'Empereur a chassé... »

« C'est déjà là un grand exemple.

« Ensuite, les ennemis acharnés du gouvernement qui profitent de tout pour dissoudre, détruire, annuler, ont un beau prétexte pour poursuivre leur œuvre, car c'est un vieux et stupide préjugé, enraciné dans toute la France, de croire que les souverains chasseurs ont toujours été de mauvais souverains. Il y a des milliers de contes à ce sujet qui circulent l'hiver, aux veillées, dans les étables des paysans.

« L'Empereur Ier savait tout cela et il ne faisait dire au *Moniteur* que : « L'Empereur a chassé. » Souvent même, il ne le disait pas.

« Le peuple qui souffre, est jaloux de tout ; il voudrait qu'on ne vît que lui et qu'on s'occupât toujours de lui ; les souffrances sont si lourdes à porter, mon Dieu !!!

« Quant à tous les récits qu'on donne sur la toilette de S. M. l'Impératrice, mais c'est là le comble! Elle est, parbleu, bien assez calomniée, sans qu'on vienne fournir tous ces détails à la calomnie la plus impitoyable qui travaille dans l'ombre !!!

« Ce n'est pas tout encore : le Peuple français est né *braconnier*, et tout être qui a le droit de chasser sans lui, sous ses yeux, est jalousé; c'est drôle, mais c'est comme cela.

« Or, aller, par pure fantaisie, porter la nouvelle à 36 000 000 de braconniers que nous sommes, que l'Empereur et l'Impératrice, au lieu de songer à adoucir leurs misères, ont chassé et tué tant de milliers de faisans, etc., etc., c'est mettre l'eau à la bouche de la jalousie et ouvrir les portes à la calomnie.

« Pour moi, *Petit Crayon*, je suis convaincu que ces détails de chasse ont été fournis par des étourneaux à de fins renards qui circonviennent tout pour donner champ à leurs haines.

« La Cour est remplie d'ennemis, du reste.

« Le *Petit Crayon* finit donc en suppliant de ne point emmener à Compiègne de journalistes, pour donner à l'univers des détails des chasses et des plaisirs de Leurs Majestés, et il croit bien faire. »

(Ici, un paraphe.)

Ces lignes sont tracées au crayon, ainsi que l'in-

dique le pseudonyme de leur auteur. Elles sont
d'une écriture qui ressemble à celle de Mérimée et
il est probable, en effet, que celui qui conseilla si bien
Mlle de Montijo, avant son mariage, eût pu les re-
vendiquer. Il ne faudrait pas, évidemment, exagérer
leur importance. Cependant, il semble qu'elles ne
seront pas inutiles au jugement philosophique de
ceux qui essaieront, après moi, d'établir la physionomie du Second Empire.

J'ignore quel sera ce jugement. Je souhaite que
l'époque étrange qui m'occupe et qui me trouble,
souvent, en me jetant en des hésitations, en des surprises, en des accumulations de faits d'où naissent
comme un tâtonnement, comme un effarement, je
souhaite, dis-je, que la bizarre période du Second
Empire soit plus aisée à analyser pour mes succes-
seurs qu'elle ne l'a été pour moi-même.

En effet, tout n'est-il pas incohérence dans la Cour
des Tuileries, autour de ces souverains dont l'union
même fut comme une sorte de défi posé devant toute
raison ?

La page qui précède démontre combien, aux Tuileries, on avait la crainte de tout ce qui pouvait mettre
le public en contact avec les choses du pouvoir, de
tout ce qui pouvait amoindrir le prestige et la force
des hommes qui détenaient ce pouvoir et qui, à leur
gré, avaient le don de faire naître le bonheur ou les

larmes d'un peuple. N'est-il donc pas incompréhensible de voir ces mêmes courtisans, ces mêmes souverains qui s'affolaient au récit de leurs plaisirs, à la révélation de leur habituelle existence, se ruer, inconséquents et inconscients, aux représentations des opérettes qui, alors, s'emparaient de la mode et que le diabolique Offenbach avait inventées, pour la plus grande joie non seulement de la foule — de la foule qui sentait mieux sa puissance et sa fierté, devant les héros grotesquement royaux ou divins du théâtre — mais pour la joie, aussi, des hommes et des femmes de la Cour qui, dans une inintelligente vanité, n'entendaient pas le rire du peuple, ne voyaient pas que ce peuple ne se récréait tant, alors, devant le Général Boum et devant la Grande Duchesse, que parce que ces types de convention portaient d'autres noms, dans le secret de la réalité, que parce qu'on n'avait la faculté, sous le Second Empire, de regarder les grands de ce monde qu'au travers de masques, de les deviner que sous la transparence d'oripeaux de carnaval. Et la foule, en effet, plaquait des noms connus, des noms redoutés sur le visage des pantins de l'opérette.

C'est ici un point très subtil à établir, dans la chronique du Second Empire.

Jacques Offenbach apparut en une heure psychologique, ainsi qu'un habile montreur de lanterne magique et il mit, dans les imaginations, comme une étincelle de désir, comme des revendications, des haines, du mépris, et il mit, dans les cœurs, comme la sensation d'une délivrance. Il marcha, dans une parodie gigantesque des choses, et sa lon_ gue silhouette méphistophélique s'agite ainsi qu'au milieu d'un cercle d'êtres disloqués, ainsi que dans le tourbillon d'une cohue faite de tous les mondes. Ce fut une figure de sorcier. Il présida le sabbat du plaisir, et il restera comme le chef enfiévré de cet orchestre énorme composé de rires, de folies, d'extravagances, d'amours sensuels et frivoles, qui débuta par le galop infernal de la vie à outrance et qui devait s'arrêter dans le « couac » hurleur et final d'une débâcle.

Lorsqu'Offenbach mourut, il y a quelques années, je me souviens que, devant son cercueil, un homme prononça cette phrase : — « Ce cadavre qui passe est celui du premier socialiste de ce temps, du vrai démolisseur de ce Second Empire que l'on croyait éternel. » — L'homme qui parlait ainsi avait raison. L'œuvre d'Offenbach fut, en effet, un rude atout glissé dans le jeu des opposants, sous l'Empire. Plus que personne, il aida à la destruction du prestige officiel. En couvrant de galons les manches des généraux Boum et des bouillants Achille, en plantant sur la tête du caporal Fritz le panache du commandement, Offenbach faisait acte de révolutionnaire. L'Empire s'émiettait sous le choc des ondes sonores de sa musique, et la rampe de ses théâtres était éclairée par la lueur de la *Lanterne*, de Rochefort. Il riait, ainsi que ceux qu'il amusait, sans plus qu'eux, peut-être, se douter que les éclats de ses quadrilles et de ses boléros seraient accompagnés, un jour, par la basse terrible du canon.

Il prépara, avec force épices et vinaigre, cette colossale salade de rois et d'empereurs, de princes, de maréchaux et de fonctionnaires que l'avenir devait dévorer. Pendant que les « Cinq » jetaient, du haut de la tribune législative, des discours qui passionnaient le pays, il se servait de sa baguette comme d'un gourdin et en assénait des coups formidables sur le crâne des potentats.

Il fut comme le Molière du crin-crin et l'ombre de cet autre franc rieur, plus d'une fois, en présence des désopilantes charges de l'opérette, dut agiter les grelots de sa marotte, en guise de bravo et de salut.

On reproche à ce siècle d'avoir donné le jour à une génération sceptique et avide de jouissances. On oublie les applaudissements qui accueillaient Mlle Schneider, la première interprète d'Offenbach, lorsqu'elle lançait, superbement, au nez des bourgeois ou des princes, le célèbre sabre de son père. Ce sabre avait un tranchant, et Mlle Schneider s'en servait merveilleusement pour couper les vieilles idées.

Pourtant, il ne faut point prêter à l'œuvre destructive et démocratique d'Offenbach une importance outrée. S'il est incontestable que chaque coup d'archet du musicien a abattu un préjugé, a brisé une idole, il est évident aussi que donner à sa personnalité une influence supérieure, sur les événements du Second Empire, serait puéril et prud'homesque.

Jacques Offenbach a pu mettre la raillerie à la mode; il a pu faire danser, à toute une génération, la danse macabre du doute et de l'irrévérence, mais il serait vain de croire que les sifflements de son fifre ou que les tonnerres de son tam-tam, résonneront par delà le siècle qui les a entendus. Son nom, cependant, reste intimement lié à la chronique du Second Empire et dans l'ébranlement final qui jeta bas les Tuileries et leurs familiers, cet homme passe, fatidique; dans la psychologie spéciale du monde impérial, il marque une phase curieuse; il fut l'un de ces infiniments petits qui, accumulés, formèrent l'avalanche effroyable qui emporta l'Empereur et sa Cour dans l'insondable abime de la destinée. Il était nécessaire et il était juste de le mentionner ici, de lui réserver une place à côté de tant d'individualités diverses, qui furent comme les papillons ou comme les vers du Second Empire; de le mêler à ce flux et à ce reflux, qui berça, tantôt calme, tantôt brutal, la vie de Napoléon III.

Intimement, l'empereur Napoléon III fut un homme comme tous les hommes, avec les défauts et avec les qualités ordinaires à chacun d'eux. Mais il se distingua des hommes — rois ou simples citoyens — par un amour profond et sincère du peuple, par une bonté sans limites et il y aurait quelque enfantillage à oublier les sentiments élevés qui l'animèrent, pour ne songer qu'à rappeler ses fautes.

Je ne sache point d'homme impeccable. Les moralistes de profession le sont moins que ceux qu'ils sermonnent, souvent. C'est pourquoi je n'aurai garde, ici, de les imiter dans leurs déclamations et de m'indigner au récit des légèretés qui peuvent être imputées à la vie privée de l'Empereur. Ces légèretés n'eurent aucune influence directe sur les résultats de la politique des Tuileries et si on excepte deux ou trois femmes avec lesquelles Napoléon III eut des relations d'amour et d'affaires, les autres ne comptent, dans les heures du souverain, qu'à l'égal de l'étoile filante dans le firmament — de l'étoile filante qui raie l'immensité d'une lueur et qui se perd, introuvable, dans la nuit.

Il était, dans l'antiquité, un usage charmant. On couvrait de roses effeuillées la tête des grands amoureux et des grandes amoureuses. Sans demander de revenir à cet usage en faveur de Napoléon III — qui, lui aussi, fut un grand amoureux — je voudrais qu'on fût indulgent pour son intimité, tout au moins, et qu'on accueillît la révélation de cette intimité, sans morosité, avec cette philosophie souriante plus conforme au caractère français que les colères ou que les récriminations.

qu'on fût indulgent pour son intimité, tout au moins, et qu'on accueillît la révélation de cette intimité,

II

L'EMPEREUR — L'HOMME POLITIQUE

On sait l'attitude qu'eut la société parisienne tout entière, devant le prince Louis Napoléon Bonaparte, pendant sa présidence. Quoique héritier du plus grand nom de ce siècle, quoique porteur d'une légende inouïe, le prince se heurtait à des railleries et à un scepticisme systématiques. On ne croyait pas en lui, on se refusait à le prendre au sérieux et tous se rendaient, à peu près, à ses invitations, dans l'absence de préoccupation, avec la pensée qu'un autre homme ne tarderait pas à s'emparer de la place qu'il occupait.

Cette attitude est curieuse, mais l'accueil que rencontra le prince Louis Napoléon Bonaparte, lorsque, en 1848, il se présenta à la députation, est plus intéressant encore.

Il semblait, alors, qu'une formule grotesque s'attachât à la personne du prétendant. Les échauffourées de Strasbourg et de Boulogne, même, sa captivité, son évasion, étaient interprétées dans une note comique et le ridicule le suivait là où il apparaissait.

Les classes supérieures de la société, le monde politique — et parmi ce monde, les bohèmes, les déclassés, les irréguliers, même — se détournaient de lui; le peuple, vaguement troublé par son nom, n'espérait point en lui et passait, indifférent, devant ses appels, n'osant ajouter foi au réveil magique qu'il lui annonçait.

Le prince Louis Napoléon Bonaparte était seul, absolument seul, en 1848, n'ayant pour lui et autour de lui que des inconnus, que d'humbles ouvriers, que de petits commerçants. Et encore, si l'on fait le décompte de cette armée qui allait entrer en campagne en sa faveur, on est stupéfait, on est bouleversé par la constatation qui se présente à l'esprit. Le comité électoral du prince se composait, lorsqu'après sa première élection, il arriva à Paris, venant de Londres, de trois cordonniers, d'un charbonnier, d'un coiffeur et d'un tapissier.

Quant à ceux qui auraient dû marcher au-devant de lui — dans la logique des choses — quant à ceux qui auraient dû l'acclamer, le prendre par la main et le montrer au peuple, quant aux survivants ou aux descendants de cette aristocratie créée par son oncle, ils semblèrent oublier sa venue, ils semblèrent ignorer qu'il existait même, et se tinrent prudemment en dehors de sa route, éloignés de sa personne jugée alors trop peu exploitable, trop gratuitement compromettante.

Le prince Louis Napoléon Bonaparte était seul, en 1848; il n'avait ni partisans, ni argent; cependant, un homme qui était une force, se trouvait auprès de lui, et cet homme, qui était aussi une intelligence et dont le dévoûment était au-dessus de tous les dévoûments, croyait en lui, veillait sur lui, travaillait pour lui. Celui-là était M. de Persigny, et si, plus tard, le prince, étant empereur, eut pour lui une amitié inaltérable, il faut reconnaître que cette amitié n'était que très naturelle et que très obligatoire.

On vient de voir le peu de prestige et d'autorité qu'offrait le comité électoral du Prince, lorsqu'il arriva à Paris. Ce comité siégeait dans l'arrière-boutique obscure d'un passage, et malgré son indigence extrême, il avait pourtant assuré le triomphe du prétendant.

Quelque temps avant l'élection, M. de Rothschild ayant refusé net de subventionner l'impérial candidat, les pauvres gens qui formaient le comité avaient dû glaner des sous, à droite et à gauche, pour que le nom de leur prince fût affiché sur les murs de la Capitale. Ils se rendaient, également, dans les faubourgs, parlaient au peuple dans son langage et ne s'en revenaient qu'après avoir augmenté le nombre des adhésions, qu'après avoir obtenu quelques rares promesses, concernant le vote qui allait décider des destinées du pays.

En réalité, le comité du Prince n'était pas sans appréhension au sujet du résultat de ce vote. Mais à son insu même, il avait manœuvré habilement. Il avait su, en remuant les cendres de l'épopée impériale, gagner le cœur des femmes, et l'on peut presque affirmer que ce furent les femmes — les femmes du peuple — qui préparèrent le triomphe du Prince.

Ce fut, en vérité, un roman extraordinaire que ce triomphe, et comme la parodie de l'antique comédie. Les femmes des ouvriers, émues par le souvenir de Napoléon Ier, par le souvenir, aussi, de son fils, errant, ombre lamentable, loin de lui, par le souvenir des tentatives faites par le prince Louis pour reconquérir le trône, se prirent d'un beau zèle pour sa candidature, de l'un de ces enthousiasmes irraisonnés qui sont propres à toutes les femmes — plébéiennes ou patriciennes — et elles menèrent une campagne enragée en sa faveur auprès de leurs maris. Il s'en fallut de peu qu'elles ne se missent en grève d'amour, ainsi que leurs sœurs d'antan, pour mieux assurer sa victoire.

La femme du peuple a une influence considérable sur celui qu'elle nomme vulgairement, mais non sans une particulière poésie, « son homme ».

La veille du vote, on riait, dans Paris et en France, de la candidature du prince Louis Napoléon Bonaparte ; on en raillait et on en escomptait l'insuccès ; mais lorsqu'on ouvrit les urnes, on demeura effaré. Le Prince était élu par plus de quatre-vingt mille voix.

La légende avait eu raison des hésitations ; les plus réfractaires s'inclinaient devant elle et l'acceptaient avec toutes ses conséquences. Dès lors, le Prince devint une puissance qu'on ne devait plus négliger. Dès lors, aussi, le prétendant, dédaignant, non en apparence, mais dans son intime pensée, les hommes importants des divers partis politiques, les classes supérieures de la société, n'eut qu'un but : s'emparer entièrement des sympathies des humbles, entrer dans le cœur des ouvriers et des paysans, gagner à sa cause, l'armée, qui devait le seconder à l'heure décisive.

Il se fait audacieux, fort de son premier succès. Il donne sa démission de député, et, le 7 septembre 1848, il est réélu non seulement à Paris, mais dans plusieurs départements. C'est comme un essai de plébiscite qu'il vient de tenter.

Cependant, malgré cette vertigineuse marche en avant, malgré son élection même à la présidence de la République, le prince Louis Napoléon Bonaparte demeurait isolé moralement. Les ambitieux, les courtisans ne se montrèrent guère autour de lui qu'après le Deux-Décembre 1851.

Ils furent nombreux, alors, et il ne leur tint pas rigueur de leurs hésitations intéressées, de leurs lâchetés, oubliant, ainsi qu'un autre prince fameux et lointain dans l'Histoire, sinon les injures, du moins l'indifférence égoïste de ceux qui n'avaient pas cru en lui et qui lui témoignaient, soudain, tant de sympathies.

Il est un détail curieux qui se rapporte à l'élection du prince Louis Napoléon Bonaparte. Ce fut au lendemain de cette élection qu'on lui parla, comme d'un auxiliaire précieux à enrégimenter, de M. le comte de Morny, dont le royalisme et dont le libéralisme récents, ne demandaient pas mieux que de se fondre dans la politique autoritaire qui allait être inaugurée. Mais dès qu'il entendit ce nom, le Prince fit la moue et l'écarta résolument de la liste de ses amis. Il n'ignorait pas M. de Morny, il ne doutait pas de ses qualités, de son énergie et de l'appui très réel qu'il était capable de lui offrir; mais le lien de parenté qui l'unissait au comte, l'embarrassait, alors, le chagrinait, et il ne pouvait pardonner à ce frère ses inconvenantes et trop parlantes armoiries : la branche d'hortentia révélatrice, et peut-être trop sournoisement revendicatrice.

La réconciliation, pourtant, ne se fit pas difficile entre ces deux hommes et l'on sait ce qu'elle engendra.

Autant, d'ailleurs, le prince Louis Napoléon Bona-

parte avait montré de répugnance vis-à-vis de M. de
Morny, avant le Deux-Décembre, autant, plus tard,
étant empereur, il fut indulgent à son égard.

Quoique le prince Louis Napoléon Bonaparte eût
fait, dans son intime pensée, bon marché des sympathies des divers personnages influents qui diri-
geaient, alors, les partis politiques, quoiqu'il eût
donné pour mot d'ordre à ses auxiliaires de ne s'appuyer que sur le peuple et que sur l'armée, il n'avait
pas, absolument, désespéré de rallier à sa cause
quelques individualités autorisées de ces partis.

Le mouvement mondain et politique qui se produisit, autour de lui, à l'Elysée, le porta un moment
à croire que l'on se rendait sérieusement à son appel,
que l'on venait à lui, non dans une curiosité banale,
non dans un détachement courtoisement dissimulé,
mais dans toute la sincérité de préoccupations plus
élevées, dans l'intention formelle de collaborer acti-
vement à son œuvre.

Mais il s'aperçut vite de l'inanité de son espérance
et lorsqu'il eut constaté que rien ne détruirait l'hostilité qui le poursuivait hypocritement et qui, alors,
s'immobilisait en une sorte de trêve, il résolut
d'agir.

Ce fut, en ce temps, de la part du prince Louis
Napoléon Bonaparte, comme le « qui m'aime me
suive, » de tous les aventuriers, de tous les séduc-

teurs. En 1851, d'ailleurs, les partis devenaient plus hardis, plus bruyants, plus redoutables. Ayant cru à la durée éphémère de la présidence du Prince, ils se lassaient d'en attendre la fin et sa vitalité les inquiétait. La cohésion de l'opposition se faisait chaque jour plus manifeste, plus puissante. Le Prince qui, à cette époque, avait le coup d'œil prompt et la main nerveuse, ne voulut pas ruser davantage. Il rassembla ses amis et, avec leur aide, il mit à néant les projets de ceux qui ne cachaient plus la haine qu'il leur inspirait.

Le coup d'Etat du Deux-Décembre 1851 a donné lieu à de nombreuses dissertations et je n'ai pas l'intention d'ajouter une nouvelle discussion à tous les discours qu'il a provoqués, dans le sens du blâme comme dans celui de l'éloge.

Cependant, devant le temps écoulé et en dépit des résultats acquis, considérant surtout la genèse commune à tous les événements qui, dans chaque siècle déterminent l'évolution sociale, je ne crains pas de poser cette question mille fois posée déjà : le coup d'Etat du Deux-Décembre 1851 fut-il un crime ?

Je n'ignore pas et je ne perds pas de vue qu'au Deux-Décembre 1851, les lois du pays furent violées. Mais quel fait historique ou social s'édifia jamais sur le respect de la légalité ? En matière politique, même, le mot « crime » peut-il raisonnablement et absolument être prononcé ?

Le coup d'Etat du Deux-Décembre, en replaçant le peuple dans la main d'un seul homme, en le faisant s'agenouiller devant un militarisme peu intelligent qui l'annihila dans la soumission forcée à un pouvoir implacable, fut regrettable. Mais si l'on se place à un point de vue simplement humain, si l'on examine le coup d'Etat philosophiquement, on ne peut se défendre de songer qu'il eut tous les caractères d'une révolution et que toute révolution ne peut s'accomplir que dans une brutalité logique, mathématique, presque. Le Deux-Décembre fit, évidemment, faire à la liberté, au progrès, un pas rétrograde. Mais il serait naïf de penser que s'il avait eu pour inspirateurs le progrès et la liberté, il se fût déroulé pacifiquement. Il en est des peuples comme de certaines femmes : on n'a quelque chance de leur imposer une volonté, une direction, qu'en les violentant.

On paraît croire, aujourd'hui, à la venue d'une ère sociale, qui aura pour bases une justice, une humanité plus efficacement observées, acceptées dans la quiétude de toutes les âmes. Avec ceux que la servitude et que les souffrances du peuple, troublent, avec ceux qui espèrent en une pitié suprême, j'ai foi en des temps nouveaux, en effet, et qui sont plus proches qu'on ne le suppose, en des temps où le monde, dégagé de ses liens, de ses oppresseurs, se dressera libre, devant l'avenir. Mais, contrairement

à l'opinion de certains esprits impatients et généreux, de certains rêveurs trop sensibles, on peut affirmer que la révolution qui s'annonce ne sera point
davantage pacifique que ses devancières, et que des
haines vengeresses, mais fécondes, seules, naîtra le
bonheur relatif de l'humanité.

Au coup d'Etat du Deux-Décembre 1851, qui fut,
je le répète, une révolution, qui inaugura une ère sociale nouvelle, classée, non en dehors de la conception des hommes, la théorie qui précède me paraît
applicable.

Et elle est si vraie, cette théorie, elle exprime un
sentiment si absolument juste des choses, que lorsque l'empereur Napoléon III, plus tard, souhaita de
refaire son Empire en lui donnant, pour ressorts,
des institutions libérales, il échoua dans sa tentative
de réforme. Et il échoua parce que l'orientation politique de 1869 et de 1870 n'eut point pour garantie
vitale le coup de force nécessaire à toute évolution
sociale, parce qu'il hésita dans la pratique de ses
idées, parce qu'il n'osa point aller jusqu'au bout de
sa volonté.

Le Deux-Janvier 1870 exigeait, en somme, la
même énergie qui avait concouru à la réussite du
Deux-Décembre — cette énergie qui est comme la
consécration fatale de toutes les manifestations ter-
restres — qui est, devant l'avenir, la base obligée
de tout édifice.

En 1851, le prince Louis Napoléon Bonaparte
avait réduit au silence l'opposition libérale; en 1870,
le ministère présidé par M. Emile Ollivier eût dû
briser l'opposition dynastique pour assurer le calme
de ses délibérations, pour ébaucher utilement son
œuvre. Il est vrai qu'alors, le principe même du
gouvernement eût été mis en péril par un tel acte
d'autorité. Mais comme les plus vulgaires choses,
la politique obéit à une logique implacable. C'est
de cette logique que surgiront des lendemains que
nous pouvons prévoir confusément, mais dont les
orages ou les sérénités restent, pour nous, encore,
ignorés.

Il y a deux parts très distinctes à établir dans la
politique de l'empereur Napoléon III, l'une se rappor-
tant à la direction des affaires intérieures, l'autre à
l'attitude du cabinet des Tuileries devant l'étranger.

Etant donné que la politique intérieure de Napoléon III fut toute d'autorité, d'absolutisme, on ne
peut nier, en dépit des intrigues qui s'agitaient autour de lui, en dépit des rivalités, des convoitises
de ses ministres si bien décrites par M. Roulland,
que cet homme sut admirablement vouloir ce qu'il
voulait, tant que dura la formule personnelle de
son gouvernement, et sut imposer au pays une administration habilement attentive à l'expression de
sa pensée.

Les préfets du Second Empire resteront, en effet, célèbres dans les annales du fonctionnarisme, comme les femmes de cette époque dans les annales de l'amour. On administra et l'on aima avec ardeur, sous le Second Empire, et ceci s'alliait souvent, merveilleusement, à cela. La femme, qui joua un si grand rôle dans la vie intime de Napoléon III, à tous les degrés de l'échelle sociale, eut également une influence incontestable sur la marche et sur les destinées de son gouvernement.

Chaque préfecture un peu importante était comme une réduction de la Cour des Tuileries. La maîtresse de maison y tenait des assises et les femmes qui, autour d'elle, étaient le plus remarquées, soit par leur beauté, soit par leur esprit, soit par leur mondanité, se voyaient souvent appelées à Paris, aux jours des fêtes. Les portes publiques ou secrètes du château s'ouvraient devant elles et elles s'en retournaient avec la consécration jalousée de personnalités.

Le type du préfet du Second Empire, le plus attaqué, le plus attaquable, et cependant le plus populaire, fut M. Janvier de la Motte.

M. Janvier de la Motte opérait des virements irréguliers au préjudice des contribuables, introduisait dans sa préfecture des demi-mondaines en renom, avait des démêlés avec les magistrats, mais, dans ses tournées, il savait parler au paysan son langage;

il entrait dans sa cabane, s'informait de la santé de
sa vache, de la vente de ses œufs ou de son beurre,
de la vigueur de sa femme, de la gentillesse de ses
enfants et le paysan, qui jugeait l'Empereur sur les
manières de son représentant, votait pour le candidat officiel, aux heures d'élection, en récompense
de tant d'amabilité.

Tous les préfets ne procédaient pas ainsi. Il en
était qui, moins familiers, moins « peuple » que
M. Janvier de la Motte, gardaient davantage leur prestige. Mais il était recommandé expressément, à tous,
de ménager l'humble bonhomme des champs, de
procurer du travail à l'ouvrier dans les villes, et c'est
ainsi, en s'appuyant sur les intérêts constants de la
foule, que le gouvernement de Napoléon III maintenait sa cohésion apparente et pouvait, avec quelque
désinvolture, négliger les rares adversaires qui osaient
se dresser devant lui.

Il est une constatation nécessaire, d'ailleurs, à
mentionner ici. Autant les préfets servirent avec zèle
et intelligence l'empereur Napoléon III, autant les
ministres, qui se succédèrent auprès de lui, oubliè-
rent la stabilité de sa dynastie pour ne songer qu'à
leurs propres conceptions, qu'à leurs espérances,
qu'à leurs haines, qu'à leurs satisfactions. La plupart
eurent, dans les affaires, cette attitude inconsciente
que donne si étonnamment le pouvoir à ceux qui s'en
emparent, et trop esclaves de leurs instincts égoïs-

tes, ne virent pas l'abîme qu'ils creusaient sous les pas de leur souverain.

Le plus néfaste de tous ces hommes fut évidemment M. Rouher, qui sut prendre l'esprit de l'Empereur, qui sut accaparer sa volonté et que l'approbation de l'Impératrice encourageait.

Napoléon III paya cher, en effet, le titre de vice-empereur qu'il laissa décerner à son conseiller, et si l'opinion publique avait le sens de la justice, c'est à cet homme, dont je m'occuperai dans un prochain chapitre, et non aux libéraux malheureux de 1869 et de 1870, qu'elle devrait faire remonter la responsabilité des désastres qui furent l'épilogue du Second Empire.

En dépit des négations, l'œuvre politique, libérale et sociale de Napoléon III, fut immense et se rapprocha beaucoup de la conception gouvernementale du prince Napoléon.

S'emparant de l'esprit de la Révolution et dans un respect absolu de ses principes, l'Empereur, tout en répudiant le parlementarisme, ne fut point un autocrate puisqu'il consentit, dès les premiers jours de son règne, à ce que les prérogatives qui lui étaient particulièrement attribuées par la constitution — droit d'initiative, droit de signer les traités de commerce, droit de déclarer la guerre — fussent tempérées, dans leur pratique, par un corps électoral chargé tout spé-

cialement, dans son émanation populaire, de voter
les impôts et de voter les lois.

On peut objecter que les députés du Second Empire étaient tous gagnés à la cause des Tuileries et
que les candidatures officielles garantissaient le pouvoir contre un semblant d'indépendance législative, même. Les candidatures officielles, il est vrai,
donnaient à l'Empereur, dans une certaine mesure,
l'agrément qui lui était nécessaire pour imposer sa
volonté. Mais il serait injuste de ne pas reconnaître
que Napoléon III n'abusa point de cette aisance qui
lui était ménagée, et il serait plus injuste encore de
nier qu'il alla au-devant des revendications en établissant, entre son pouvoir et le corps électoral, une
communication basée sur le plus pur libéralisme,
en envoyant, au Palais Bourbon, des ministres pour
discuter les affaires, en acceptant la responsabilité
ministérielle et en choisissant ses ministres mêmes
parmi les membres du Parlement, sans imposer aux
élus l'obligation de se démettre du mandat qu'ils
tenaient du peuple.

En ce qui concerne l'attribution judiciaire de connaître des attentats contre la sûreté de l'Etat, l'Empereur, dans une sagesse qui mérite quelque hommage, se garda bien de la confier au Sénat. Un Sénat
composé d'hommes dévoués, pour la plupart, au pouvoir, ne peut être un juge impartial en matière politique. L'Empereur n'ignorait point que le public in-

firme toujours, avec raison, les sentences rendues par une assemblée d'hommes intéressés à flatter ou à servir le gouvernement dont ils sont comme les plus intimes soutiens, le gouvernement qui les paie et les favorise, et pour éviter les critiques ainsi que pour donner plus d'autorité aux verdicts à venir, il institua une Haute Cour formée de magistrats conseillers à la Cour de cassation, ainsi que de jurés tirés au sort parmi les conseillers généraux des départements.

Napoléon III, plus sincère et plus audacieux que ses familiers qui avaient l'instinctive horreur du livre ou du journal, rétablit la liberté de la presse. Puis, marchant plus nettement dans la voie des réformes, il proclama la liberté des réunions publiques, facilita le droit d'association et affirma la liberté du travail, en rejetant les lois pénales édictées avant lui, contre les coalitions des ouvriers.

L'Empereur eut le souci absolu des souffrances des humbles. Il décréta que, dans les désaccords existant entre maîtres et employés, les maîtres ne seraient plus recevables sur une simple affirmation et il établit ainsi, mieux que ne l'avait fait la Révolution, l'égalité pour tous devant la loi ; il condamna toute jurisprudence tendant à la répression des coalitions, il protégea les associations ouvrières, commerciales ou civiles, et il édicta des lois sur les sociétés de secours mutuelles ainsi que sur les caisses de retraites.

Ce n'est point là, en vérité, l'œuvre d'un tyran,

l'œuvre d'un homme préoccupé de ses seuls intérêts.
Si l'on veut bien, en présence de cet exposé rapide
d'une politique que l'on a trop souvent attaquée de
parti-pris, se rappeler les portraits que j'ai tracés, en
différentes fois, de l'empereur Napoléon III, on m'accordera que je n'ai point obéi à un simple sentiment
de sympathie personnelle, lorsque je me suis essayé
à rendre à cet homme son réel caractère de bonté
inépuisable, ainsi que la justice qui lui est due
comme chef d'Etat.

Il faudrait un volume spécial et compact pour
discuter et pour analyser la politique de l'empereur
Napoléon III. Je n'en veux rappeler ici, brièvement,
que les lignes générales.

En exposant, naguère, la participation de l'impératrice Eugénie aux affaires, et en esquissant la
physionomie du monde politique ainsi que celle du
monde diplomatique qui entouraient Napoléon III,
j'ai développé divers points de politique intérieure et
internationale — les plus importants et les plus curieux — et j'ai appuyé mon récit de lettres inédites
émanant des ministres ou des ambassadeurs reçus
aux Tuileries.

Je me suis particulièrement attaché à reproduire
l'attitude de la Cour devant l'Etranger, devant les représentants des puissances, ainsi que l'engouement
de l'Impératrice en faveur de certains d'entre eux,

et j'ai mis en relief les reproches attristés de l'Empereur à sa compagne, au sujet de cet engouement.

Napoléon III qui ne pouvait, en effet, oublier complètement, dans son triomphe et dans l'adulation dont il était l'objet, la maussaderie, la réserve, la défiance que l'Europe lui avait témoignées à son avènement, ou plutôt au lendemain de son coup d'Etat, Napoléon III qui ne pouvait perdre entièrement de vue l'égoïsme et l'hypocrisie des Cours étrangères, eût souhaité que l'on gardât plus de dignité, plus de gravité vis-à-vis des diplomates accrédités à Paris, qu'on ne leur offrît pas de prétextes à de trop agréables familiarités.

Mais son entourage ne tint compte, en aucun temps, de ses désirs. Un vent de folie emportait cet entourage et le tourbillon, vertigineux, était trop près du souverain pour ne pas, en dépit de sa tristesse et de ses révoltes, le toucher et le faire malgré lui, dévier de sa route.

L'Empereur qui, en matière de politique extérieure, poursuivait, on le sait, un rêve — le rêve des nationalités — ne vit-il pas que cette politique, dans ses hésitations forcées, imprimerait à l'édifice gourvernemental issu du Deux-Décembre, issu d'un acte autoritaire, un ébranlement fatal? Il fut aveugle, sans doute, puisqu'il ne tenta jamais de réagir contre le déséquilibrement qui s'affirmait, menaçant, à chaque phase de son règne.

Moins chargé de soucis intimes, délivré de l'inquiétante promiscuité d'un entourage inintelligent ou intéressé, peut-être lui eût-il été permis de mieux apprécier les symptômes du mal qui devait ruiner son œuvre, peut-être eût-il été mieux en mesure de diriger sa politique avec plus de perspicacité.

Le rêve qu'il avait formé — et qui, dans l'état des choses, alors, fut maladroit et d'une réalisation dangereuse — était, cependant, un beau rêve, on ne saurait le nier et digne, dans son éclosion trop tôt venue pour la paix française, des préoccupations qui troublent la génération actuelle.

La théorie des nationalités qui mène à la théorie brutale et sincère de l'affranchissement des peuples, fut, chez l'empereur Napoléon III, la même formule humanitaire et sociale, logiquement et nécessairement développée, aujourd'hui, par toute une élite d'esprits novateurs et hardis.

La diplomatie européenne — la diplomatie italienne et prussienne, principalement — mirent à profit cette théorie pour se concilier le souverain ; elles le jouèrent, à la faveur de mots trompeurs, mais il serait inique de ne pas rendre hommage à l'élévation, à la générosité des sentiments de celui qui, dans l'admirable pitié, qui, dans la sublime naïveté de son cœur, se laissait ainsi duper.

La diplomatie prussienne tira bénéfice des conceptions et des utopies de Napoléon III. Pourtant,

4

moins égoïste que la diplomatie italienne, elle tenta
de récompenser l'Empereur de sa complaisance, de
la bienveillance qu'il accordait à toute question de
politique nationaliste, en lui offrant, en diverses circonstances, une alliance. Mais cette alliance répugnait à Napoléon III. Elle indiquait, nettement, une
association de conquêtes et l'Empereur qui n'avait
point, la nature du conquérant et qui ne guerroya
que par occasion ou que par sentimentalité, la
repoussa.

Dans un cruel et singulier retour des choses, ce
fut cependant cette attitude de conquérant, ce fut
cependant cette politique d'ogre impérial, qui, dans
une heure terrible et suprême, devaient se dresser
contre lui et lui aliéner les sympathies de l'Europe.

La Prusse constatant, selon l'expression de M. de
Bismarck, après l'entrevue de Biarritz « qu'il n'y
avait rien à faire avec l'Empereur, » se fit attentive
et attendit le moment de jouer avec Napoléon III
comme le chat avec la souris. Ayant pris à son
compte la politique de conquête, elle se réserva de
compromettre le cabinet des Tuileries, et lorsque
M. de Bismarck jugea l'heure favorable pour agir, il
s'enferma avec M. Benedetti, notre ambassadeur à
Berlin, et lui dicta le fameux projet par lequel la
Prusse s'engageait, en échange d'une liberté d'action
déterminée, à laisser la France s'emparer de la Belgique.

M. le comte Benedetti, sur la demande courtoise de
M. de Bismarck, abandonna aux mains du ministre
prussien les pages compromettantes qu'il venait de
tracer et ce fut ce lambeau de papier, ce mensonge
difficile à détruire, que le cabinet de Berlin agita
devant l'Europe quand un conflit éclata.

On ignore, en France, la profonde émotion que
cette révélation provoqua en Belgique. Elle fut
immense, et dès lors, ce petit peuple se détourna de
nous. Cette émotion dure encore et, me trouvant
récemment à Bruxelles, j'ai pu me convaincre que
les sentiments hostiles, qu'elle fit naître contre nous,
ne sont point apaisés. On est persuadé en Belgique,
en effet, ou plutôt on veut être persuadé que la
France a cherché, un jour, dans un acte violent, une
annexion et si l'on n'ose trop ouvertement, chez nos
voisins, se réjouir de nos désastres, dans la crainte
instinctive de l'Allemagne, on n'est pas trop éloigné
de considérer notre défaite, dans ses résultats,
comme l'absolu d'une délivrance, comme l'abstraction d'un péril.

Si, donc, Napoléon III fut réfractaire à toute idée
de conquête, on a quelque droit de se demander,
étonné, pourquoi il fit la guerre à la Russie ; pourquoi il entreprit la campagne d'Italie contre l'Autriche ; pourquoi il organisa l'expédition du Mexique ;
pourquoi, enfin, il se jeta si misérablement dans
une lutte contre l'Allemagne ?

La guerre contre la Russie n'eut, au fond, pour l'Empereur, qu'un but dissimulé par un prétexte de politique internationale et ce but était de s'assurer une alliance avec l'Angleterre. En outre, Napoléon III n'aimait pas les Russes. Dans une bizarrerie particulière de son esprit, il semblait que l'oubli des tortures infligées par les Anglais à son oncle, fût entré en lui, en même temps qu'il reportait sur les Russes une rancune qu'on ne saurait, sans puérilité, mettre à l'actif d'une retraite célèbre et néfaste pour les armes françaises. Il ne négligeait aucune occasion d'exprimer son antipathie pour la Russie, tandis qu'en dépit des lettres intimes que j'ai publiées, et qui prouvent qu'il n'aimait point davantage les Anglais ou que, du moins, il ne leur pardonnait ni Waterloo ni Sainte-Hélène, il ne cessait d'affirmer, dans une raison d'Etat un peu problématique, ses sentiments de cordialité à l'égard de ces derniers. En dehors de l'exposé et de l'analyse de ces diverses et personnelles impressions, il est nécessaire d'ajouter que Napoléon III sentait que l'intérêt commercial du peuple français était évidemment plus en contact avec l'intérêt commercial du peuple anglais. De là, sans doute, son obstination à se rapprocher de l'Angleterre et son dédain pour toute autre alliance européenne, à cette époque. Je n'oserais dire que l'Empereur, socialiste et humanitaire couronné, n'eût point contre la

Russie, ou plutôt contre son autocratie, contre son
esclavagisme, une prévention toute sentimentale.
Mais, dans l'admission de cette hypothèse, pourquoi
se fit-il indulgent en faveur de l'Angleterre, si faussement libérale, si cruelle dans l'application de ses
lois et dans l'asservissement de ses populations
coloniales?

L'empereur Napoléon III fut un sphinx, un être
indeviné et il restera, dans l'Histoire, comme la
vivante synthèse d'une philosophie inviolée.

La guerre contre l'Autriche, on ne saurait trop
le répéter, fut, de la part de Napoléon III, la réalisation d'une promesse. L'Empereur, en effet, lié par
des engagements antérieurs, aux partis libéraux de
l'Italie morcelée, voulut se délivrer de ces engagements en leur donnant, une fois pour toutes, un
effectif résultat, une sanction. La pensée de débarrasser les Italiens du joug autrichien, la pensée
d'être le consécrateur de leur indépendance, de leur
unification, flattait aussi son rêve et cette guerre
fut autant entreprise pour la satisfaction d'une idée
longtemps caressée et jamais appliquée, que pour
demeurer fidèle à un serment. Quant à une alliance
dont l'utilité lui serait profitable, un jour, et serait la
récompense de ses efforts bienveillants, de cette campagne sans lendemains visiblement pratiques, Napoléon III y songea-t-il? Peut-être, oui, ainsi qu'il songea à l'établissement d'une confédération des peuples

latins, confédération assez forte, présentant assez de cohésion, se trouvant édifiée sur une communauté d'intérêts et de sentiments assez intimes, pour mettre en échec, au besoin, la confédération des peuples du Nord qui déjà se dessinait, en des revendications, en des appels impérieux.

On connaît les lettres de M. le prince de Metternich qui ont jeté, sur l'expédition du Mexique, une lumière toute particulière et qui nous montrent cette expédition comme la mise en œuvre d'un beau roman, d'un charmant conte de fées, comme aussi la revanche de l'impératrice Eugénie contre l'Italie, au bénéfice de l'Autriche. Cette campagne, en effet, appartient toute à l'initiative de l'Impératrice secondée, sinon inspirée, par son amie, Mme de Metternich. On fut longtemps avant d'entretenir l'Empereur des projets que l'on formait et lorsque l'Impératrice se décida à les lui communiquer, après l'avoir engagé malgré lui, après avoir joué de son nom à son insu, il était trop tard pour reprendre une parole donnée, sans provoquer un scandale de Cour, sans risquer des ruptures qui eussent pu avoir d'irrémédiables et de fort graves conséquences.

Cependant, Napoléon III ne se laissa point entraîner dans cette aventure dont il ne cessait de déplorer l'inutilité, la futilité même, sans révolte. Il y eut, à ce sujet, des discussions longues, pénibles et violentes entre l'Impératrice et lui, et ce fut, m'a-t-on raconté, sur une scène presque brutale que l'Empereur, abandonnant toute querelle, s'en remit au destin.

— Pourquoi, avait dit Napoléon III à sa compagne, pourquoi ferais-je la guerre aux Mexicains? Pourquoi, sous le prétexte d'une dette insignifiante à recouvrer, irais-je m'embarrasser d'une chicane, jetterais-je mon pays et mes soldats dans une bagarre sans gloire et sans profits? On trafique de mon nom, on intrigue, autour de moi, et vous vous faites la complice bénévole des amateurs de romans-feuilletons en action, des chevaliers d'industrie.

Le lendemain de cette scène, M. de Morny informé par l'Impératrice de la rébellion de l'Empereur et du péril qui menaçait le « rêve californien, » alla trouver Napoléon III et ramena en lui la douceur, la résignation, en même temps qu'il lui arrachait habilement la promesse de ne plus s'opposer à l'expédition.

M. de Morny avait à glaner une fortune colossale dans l'aventure mexicaine et cette fortune, comme Paris, pour le roi Henri, valait une messe, valait bien, pour lui, un discours. Il fit ce discours et son éloquence eut raison des objections du souverain. Les faits, d'ailleurs, avaient un tel commencement d'exécution à Paris et à Vienne, qu'il eût été, je le répète, impossible de les détruire, de les désavouer, sans amener des complications que nul ne désirait.

Cette analyse rapide d'événements connus dans leur réalisation et dans leurs résultats, d'événements que des documents officiels destinés à demeurer longtemps encore ignorés, permettront de mieux établir, de mieux juger un jour, cette analyse démontre, en toute évidence, et implacablement, que la volonté, que l'initiative d'un homme, dans le pouvoir suprême, ont de redoutables surprises pour l'avenir et pour la sécurité des peuples. L'empereur Napoléon III posséda cette initiative et cette volonté; il commit la faute de les laiser partager par l'Impératrice et de même qu'un amant aime ou trahit une maîtresse, selon le caprice de l'heure écoulée ou de l'heure qui va naître, il obéit, malgré les qualités incontestables qui le distinguaient, aux passions qui l'animaient, il se soumit à l'égoïsme instinctif qui dirige tout homme — citoyen ou prince — dans les actes de la vie.

Le mot fameux : — « l'Etat, c'est moi » — a peut-être sa raison d'être prononcé, sa logique, sa grandeur même, dans l'abominable expression de son despotisme, lorsqu'il est jeté au-dessus d'une société qui se forme, qui ne se comprend pas encore. Il est épouvantable et criminel, devant une agglomération d'hommes libres, conscients de leur force, de leur vitalité, de leur intelligence, mus par le sentiment d'un devoir commun à accomplir, inspirés par l'admirable doctrine de la pitié, conduits, irrésistiblement, vers des terres longtemps promises, vers des destinées irrévocablement assurées.

Venant de rappeler brièvement les entreprises belliqueuses du Second Empire, il serait logique de compléter cette page historique en retraçant les incidents, inconnus du public, qui eurent pour résultat de rendre inévitable la guerre franco-allemande de 1870. La place semblerait, en effet, indiquée ici pour établir, dans leur vérité, dans leur impartiable et stupéfiante genèse, les faits qui se rattachent à cette campagne. Je ne dirai rien, cependant, en ce chapitre consacré plus spécialement à la personne de l'empereur Napoléon III, de la guerre de 1870. Devant traiter la question qui est particulière à cette guerre, dans une autre partie de ce livre, je prie le lecteur de me permettre de retarder cette narration et d'achever de fixer, hors de toute passionnante étude, la figure de Napoléon III.

J'ai raconté, précédemment, une plaisante anecdote relative aux sentiments religieux de l'Empereur, et j'ai dit qu'il céda surtout aux sollicitations de l'Impératrice, dans sa politique en faveur de la Papauté, et dans l'intérêt apparent qu'il témoigna au clergé français.

L'Empereur, en effet, était, je le répète, fort peu religieux et n'aimait point trop le clergé. Il redoutait l'envahissante influence de l'Eglise dans l'Etat, et comme, de son côté, le clergé ne se gênait aucunement pour manifester vis-à-vis du souverain ou de son gouvernement une hostilité constante, Napoléon III n'eût demandé peut-être qu'une occasion pour restreindre la très grande autorité que ses adversaires ne cessaient de prendre, rendus audacieux par l'approbation de l'Impératrice.

Les évêques, qui n'ignoraient pas la pensée de la jeune femme à l'égard des choses religieuses, ne craignaient que fort peu l'Empereur et se faisaient d'autant plus arrogants, d'autant plus boudeurs, d'autant plus exigeants devant les concessions qui leur étaient offertes, qu'ils étaient davantage certains de n'être pas sérieusement inquiétés.

L'attitude du clergé fut très particulière sous le Second Empire. Malgré l'appui que Napoléon III prêta à la Papauté, au détriment des intérêts français même, malgré l'indulgence que, durant tout son règne, le souverain eut pour les évêques et pour les prêtres factieux, le clergé n'abandonna point une minute l'antipathie avec laquelle, dès les premières heures de son avènement, il avait accueilli Napoléon III, et ne songea, en aucun temps, à le remercier sincèrement de sa générosité — générosité aventureuse qui nous valut plus d'un mécompte, et qui mit, plus tard, entre l'Italie et nous, un infranchissable abîme.

La plupart des évêques faisaient ce qu'on nomme

vulgairement « patte de velours » devant l'Empereur
lorsqu'ils se présentaient à Paris, ou lorsqu'ils le
recevaient dans leurs cathédrales ; mais ils le combattaient énergiquement, haineusement et sournoisement, mais ils ne lui accordaient aucune trêve
dans la lutte qu'ils avaient entreprise contre lui.

D'aucuns même, comme Mgr Pie et comme
Mgr Dupanloup, n'hésitaient pas à provoquer ouvertement la révolte contre le pouvoir impérial, et de ce
conflit permanent, naissait logiquement une anarchie
d'Etat qu'il eût été sage de réprimer avec vigueur.

Mais, dès que Napoléon III parlait de sévir, de
mettre à la raison quelque prélat imprudent, l'Impératrice qui avait des fidèles, des émissaires, un
peu partout, était informée, et c'étaient, alors, aux
Tuileries, des fureurs, des récriminations, des larmes
et des menaces — toute une exaltation de femme
dont on dérange le caprice et la superstition.

L'impératrice Eugénie n'eut jamais le souci réel
de la dynastie impériale, de l'avenir de son mari et
des intérêts de la France. Elle fut autoritaire, inquiétante, tracassière, et elle n'obéit, en tout temps,
qu'à ses seuls et personnels sentiments, sans se demander si ces sentiments étaient conformes avec la
raison d'Etat, avec la sécurité exigée par les institutions gouvernementales.

Ainsi qu'elle fit des cocodettes, ainsi qu'elle fit
des mariages, elle fit des évêques, et il faut avouer

que ses choix ne furent pas des plus heureux.

Parmi les prélats qu'elle inventa et qu'elle imposa aux Tuileries, en dépit de l'instinctive répugnance de l'Empereur, il est impossible de ne pas citer M. Bauër — cet homme étrange qui lui vint des mains de la reine Isabelle d'Espagne, qu'elle chargea de moraliser la Cour, et dont elle fit le desservant attitré de sa chapelle, avec l'étiquette honorifique — sorte de passe-partout mondain — de « Monsignor ».

M. Bauër était un homme étrange. En effet, israélite baptisé, sinon converti, après avoir parcouru l'Europe et l'avoir sermonnée, comme plus tard il devait sermonner les élégantes amies de la souveraine, il parut tout à coup à Paris où la reine Isabelle le protégea et le présenta à l'Impératrice. On se racontait que cet abbé, dont la faveur si rapide étonnait, était un abbé bizarre, et que, naguère, avant de porter la robe, il avait un peu usé de toutes les professions, ayant été peintre, commis-voyageur, photographe et moine. Mais le mystère qui était en sa personne ne pouvait déplaire à l'Impératrice, très friande de choses romanesques, et, bon gré, mal gré, il se trouva installé à la Cour et y tint un moment le rôle de favori. Arrivé à Paris en 1866, trois ans après, lors de l'inauguration du canal de Suez, la jeune femme l'emmenait avec elle et ce fut lui qui bénit la mer, au jour solennel de l'ouverture des fêtes. La guerre de 1870 l'a englouti comme tant d'autres. Après la tourmente, il voulut, dit-on, continuer ses fonctions sacerdotales et occuper une chaire parisienne. Mais l'archevêque ne lui permit pas d'exercer le ministère, et il disparut ou plutôt il se retira du monde religieux. Il devint, à partir de cette époque — ce fut sans doute une compensation qu'il se donna — un abonné de l'Opéra ; il reprit l'habit civil et fut l'un des plus assidus visiteurs du foyer de la Danse.

Les Tuileries, cependant, ne virent pas que des prêtres interlopes se mêler aux courtisans qui les emplissaient. Les souverains y offrirent l'hospitalité à des hommes d'église éminents et dont les sentiments d'affection envers la famille impériale ne pouvaient être suspectés. C'est ainsi que l'évêque de Nancy, dont j'ai rapporté l'aventure avec l'Empereur, se montrait au château ; c'est ainsi qu'un prélat intelligent, Mgr Donnet, de Bordeaux, y faisait quelques apparitions.

Il est, à son sujet, une anecdote fort amusante aussi.

Une fois, comme le cardinal Donnet s'était attardé aux Tuileries et que, devant l'entrée de quelques femmes décolletées, pour la soirée, il se levait et disait adieu à Napoléon III, le souverain voulut le garder et s'obstina dans son insistance.

Poussé dans ses plus extrêmes retranchements et à bout d'arguments, le cardinal, désignant alors le cercle des femmes qui entouraient l'Impératrice, dit à l'Empereur :

— Votre Majesté ne voit donc pas que je suis chassé par les « épaules. »

Napoléon III sourit et répliqua :

— Pardon, Éminence, je ne vois qu'une chose : les « seins » devraient vous retenir.

Le cardinal, devant ce calembour imprévu et quelque peu irrévérencieux, oublia toute excessive austérité et, de bonne grâce, demeura quelques instants encore. Mais cette bonne humeur, entre l'Empereur et les représentants du clergé, n'était qu'exceptionnelle ; il existait, entre le souverain et les évêques, un mécontentement qui ne fut jamais apaisé.

Pie IX ne pardonnait point à Napoléon III de ne pas avoir appuyé, par les armes, ses revendications au sujet des Romagnes séparées des États pontificaux, et il entretenait dans le clergé de France un ferment de révolte et d'opposition qui se manifestait quotidiennement et qui rendait difficile tout rapprochement sincère.

Cette opposition s'accentuait, principalement, à l'époque des élections législatives. Il n'était pas rare, alors, de voir les prêtres des plus humbles paroisses prendre part à la lutte politique, sous l'inspiration des évêques, et patronner le candidat libéral, adversaire du candidat officiel.

Dans les départements voisins de Paris, où l'opposition est plus aisée, où la population écoute volontiers les ennemis de tout gouvernement, cette attitude du clergé s'affirmait davantage, devenait plus militante.

Une sorte de fatalité, une sorte d'amour-propre mal compris aussi, il faut le dire, laissaient l'Empereur hésitant dans l'hypothèse d'une rupture avec la Papauté. Aigri, indigné par l'ingratitude de la Cour de Rome et du clergé, il eut, en diverses circonstances, la pensée de se délivrer de la tutelle religieuse qui pesait sur sa volonté. Mais il s'arrêta toujours devant une résolution suprême, et lorsque, pour donner une leçon à Rome et aux évêques, il s'avisa de protéger officieusement le mouvement qui eut lieu, un instant, en France, en faveur d'une Eglise gallicane, mouvement que Mgr Darboy dirigeait, il ne réussit qu'à provoquer, comme toujours, autour de lui et contre lui, d'ardentes haines, d'implacables ressentiments.

L'Empereur fut trop souvent dupe de sa générosité, de la bonhomie qui était en lui. L'homme d'Etat qu'il était, eût dû se souvenir pourtant, que nul pouvoir n'amena jamais le clergé à l'obéissance, sans un coup violent d'autorité, frappé sans pitié; l'homme d'Etat qu'il était, eût dû comprendre que nul pouvoir ne peut espérer vaincre la résistance de l'Eglise aux institutions de la société moderne.

Il a fallu vingt années de discussions et de guerre

à outrance, durant lesquelles l'élément civil n'a point désarmé une minute, a repoussé sans cesse es exigences de l'Eglise, pour que le clergé renonçât à son hostilité envers le gouvernement établi; il a fallu qu'un Pape, profond politique, intimât l'ordre à ses évêques d'accepter les lois républicaines pour que cette anarchie, qui contribua à abattre le Second Empire, disparût en apparence. Il serait, toutefois, imprudent d'accorder au clergé, dans sa soumission même, plus de crédit qu'il n'en offre; car la trêve qu'il a signée et qui lui a été imposée, ne peut être que factice, car, derrière cette trêve, grondent toutes les colères, tous les espoirs d'une revanche.

L'une des plus curieuses pages de la chronique du Second Empire est certainement celle qui se rapporte à la question des titres de noblesse. Ainsi que son oncle, Napoléon III tenta la conquête de l'ancienne aristocratie et voulut s'entourer de ducs, de comtes — de barons créés nouvellement, dans l'espérance qu'ils lui seraient reconnaissants de leur élévation.

A vrai dire, l'Empereur, dans sa pensée errante, dans son socialisme non avoué, n'attachait qu'une importance relative à la noblesse et il ne fut pas, autant que Napoléon Ier, tourmenté du désir de rendre à cette caste spéciale le prestige, sinon les privilèges qui lui sont nécessaires pour maintenir sa puissance et pour forcer le respect de la foule. Mais il considérait la noblesse comme une chose décorative, comme un moyen d'émulation utile à son gouvernement, à la majesté de son pouvoir. C'est pourquoi il rétablit la loi qui consacrait une noblesse d'Empire ; c'est pourquoi il chargea son garde des sceaux, pour se concilier les sympathies réfractaires de l'aristocratie de naissance, de la rédaction d'une circulaire fameuse concernant la revision des titres, leur authenticité et la régularisation de poursuites judiciaires à exercer contre ceux qui, indûment, prendraient un nom ou une qualité qui ne leur appartiendraient pas.

Toutefois, avant d'arrêter une résolution définitive à ce sujet, Napoléon III avait voulu connaître l'opinion des principaux hommes de son Empire et il m'a été communiqué, sur cette question, des notes fort intéressantes.

Le souverain ayant fait appeler MM. Rouher, de Morny, de Persigny et le comte W..., l'auteur des notes que j'indique, et leur ayant soumis son projet, attendit leur avis selon son habitude dans les conseils.

Alors s'éleva entre les quatre personnages qui entouraient l'Empereur, une discussion très caractéristique.

M. Rouher qui n'était point encore le vice-empereur, M. Rouher, le lourd montagnard et le démocrate converti, se prit à hocher la tête et ne répondit tout d'abord aux interrogations de Napoléon III que par des monosyllabes, que par des paroles indécises qui ne renfermaient ni une adhésion ni une opposition aux idées du maître.

M. Rouher, dans son atavisme, avait fort peu le souci de la noblesse. Pourtant, dans son esprit d'autorité, il ne la dédaignait pas, et si pour lui-même il en faisait un cas très insignifiant, il n'était pas éloigné de l'admettre comme un rouage gouvernemental nécessaire, comme une sorte de raison supérieure destinée à tenir le peuple en échec dans ses tentatives d'affranchissement. Et c'est sous l'influence de cette théorie politique qu'il exprima sa pensée.

— Je crois, dit-il, que la noblesse a fait son temps, que la société moderne aurait tort, désormais, de s'appuyer sur elle, que l'Etat et la direction des affaires, en dehors de toute caste sanctionnée, ne peuvent reposer que sur un principe d'égalité, ne peuvent appartenir qu'aux seuls fils de leurs œuvres. Mais je crois, aussi, que le peuple a besoin de voir sans cesse au-dessus de lui une lumière, un objet qui brille et qu'il ne peut atteindre. Le peuple est instinctivement irrespectueux, et sa soumission est en raison directe avec son effacement. Il ne faut pas trop le rapprocher du pouvoir. En créant une noblesse fidèle à l'Empire, c'est-à-dire une catégorie d'hommes qui seront entre le peuple et le pouvoir plus encore, socialement, que les fonctionnaires, et qui plus qu'eux empêcheront un contact imprudent, on s'assure de la passivité de la foule et de sa neutralité politique, on augmente le prestige gouvernemental et on stérilise les revendications de la rue. C'est pourquoi le projet de l'Empereur est excellent.

M. de Morny parla peu. Il était d'avance rallié au désir de Napoléon III, et il se contenta de faire de l'esprit, d'étaler une fois de plus, son scepticisme élégant.

— Etre noble, dit-il, rééditant le mot célèbre d'une femme indulgente aux amoureux, gêne peu et fait plaisir. Faisons donc des nobles. Ceux que nous empanacherons ainsi ne seront ni plus ni moins sots qu'au temps où ils étaient roturiers, et s'il se trouve parmi eux quelques hommes assez malins pour savoir bien porter leurs titres, ce sera tant mieux et autant de gagné sur les imbéciles. La noblesse n'est pas absolument nécessaire à l'Empire; il a celle du faubourg Saint-Germain qui le combat, mais dont il peut se parer, à l'occasion.

Et après un silence :

— Hélas, tant de nobles aujourd'hui sont si misérables qu'on ne s'aperçoit même plus, sous leur indigence, de leur noblesse. Je vous en prie, si nous faisons des nobles, assurons-nous que ceux que nous favoriserons possèdent un champ d'or, avant toute chose, comme base de leurs armoiries.

Pendant que MM. Rouher et de Morny avaient discouru, M. de Persigny s'était montré impatient. Ce fut donc avec vivacité qu'il s'exprima. M. de Persigny, ainsi que M. Rouher, était un autoritaire, mais un autoritaire plus loyal, plus généreux, et il lui répugnait d'avoir recours pour « mâter » le peuple, selon son expression, à des expédients. Il était de ceux qui, dans une partie, jouent cartes sur table, qui, dans un duel, offrent crânement la poitrine aux coups de l'adversaire; et, en politique, s'il eût voulu qu'on réduisît le peuple à l'impuissance, en dépit des rêves humanitaires qui le hantaient, il eût souhaité tout autant qu'on lui livrât bataille ouvertement, sans hypocrisie, sans guet-apens. Quoiqu'il pensât que le peuple doit être soumis à une direction implacable, il ne le voulait pas humilié; il le voulait heureux et susceptible d'être organisé en un état social et de bonheur plus en rapport avec ses besoins, avec sa dure existence. Or, les théories de M. Rouher, en consacrant l'abaissement du peuple, lui déplaisaient et le scepticisme de M. de Morny l'agaçait. Parvenu, il était resté, simplement, l'homme sans morgue des premières heures de sa vie, et une noblesse, c'est-à-dire un clan d'individus placés au-dessus de l'humanité, par le fait d'une estampille officielle et de parade, ne pouvait le trouver bienveillant.

On sait que M. de Persigny avait la réplique brutale, mettait dans son langage une violence extrême. Il fut terrible dans sa réponse aux observations de MM. Rouher et de Morny.

— La noblesse est une institution ridicule, s'écria-t-il, et qui n'a jamais été utile au pouvoir. Elle l'a encombré de sa suffisance et de sa sottise et ne lui a jamais rien rapporté. L'Empire n'a rien à gagner à la création de ducs ou de barons, à l'exhibition d'ânes portant des reliques. Vous pensez comme moi, Rouher, et vous n'êtes pas sincère, vous voulez flatter l'Empereur en affirmant que la noblesse peut ajouter du prestige à son autorité. Quant au petit discours de Morny, il ne compte pas. C'est de la « blague » et Morny parle, devant nous, comme devant les dames; c'est un dandy, c'est un poseur. Le torse et la blague ne tiennent pas lieu d'idées, et si ça réussit devant les femmes, ça n'est pas acceptable en politique. Je m'en f..., de votre noblesse, ancienne ou nouvelle, et vous devriez faire comme moi, car si vous n'avez qu'elle pour vous plastronner, le jour où le peuple gueulera et vous boutonnera, je ne donnerai pas un sou de votre peau.

Et il ajouta, dans un geste brusque :

— Regardons plus haut. Nous sommes payés pour cela. Faisons les peuples unis, paisibles, sous l'impulsion intelligente de chefs indiscutés et laissons à d'autres les mesquineries et les bêtises.

Durant cette « sortie, » M. Rouher se tint impassible et attentif, tandis que M. de Morny caressait nerveusement son menton.

L'Empereur, chagriné du ton agressif qui avait été

donné à l'entretien, et tenant quand même à son idée, intervint alors dans la discussion et rétablit le calme parmi ses conseillers.

— Nous nous égarons, dit-il tranquillement, et vous ne m'avez peut-être pas très bien compris. Je ne veux pas, en créant une noblesse, ainsi que mon oncle, élever des privilèges, mettre un obstacle entre le peuple et moi; je veux simplement me donner un moyen de plus d'honorer et de récompenser ceux qui m'auront bien servi.

— Mais, sire, dit encore M. de Persigny, la noblesse n'est pas nécessaire pour cela.

— Voyons, Persigny, murmura l'Empereur avec douceur, soyez raisonnable et ne faites pas ainsi la mauvaise tête. Vous savez bien que vous n'êtes pas méchant.

Le terrible homme, alors, eut un sourire. Nul mieux que lui ne savait deviner Napoléon III. Il se convainquit que nul argument ne prévaudrait contre l'obstination du souverain et, comme le chien sous la voix qui le gronde, il se fit humble, presque attristé, et ne prononça plus un mot.

M. le comte W..., n'ayant aucun motif pour contrarier l'Empereur et trouvant peut-être un peu puérile cette conversation, approuva sans réserve le projet et ce fut ainsi qu'on décida la création d'une noblesse nouvelle qui devait faire du Second Empire, avec tant d'autres détails, comme une imitation affaiblie du règne de Napoléon Ier.

Le destin a des bizarreries, souvent : de ces quatre hommes qui entouraient Napoléon III et qui le conseillaient, seul M. Rouher demeura rôturier et fut le plus puissant.

Politiquement, l'empereur Napoléon III fut sans cesse balancé par un rêve, sans cesse sous l'influence d'une illusion, d'un mirage, sans cesse à la poursuite d'un but qu'il ne put atteindre. Fataliste, une fatalité pesait sur ses jours. Il conçut une œuvre et, pareil à ces malades étranges qui ne trouvent jamais le mot juste pour exprimer leur pensée, il chercha vainement les matériaux nécessaires à l'édification de cette œuvre. Il fut bon et provoqua des larmes; il aima le peuple et il l'entraîna dans une catastrophe. Les feux-follets, dans les légendes, égarent les voyageurs et les mènent aux abîmes. Un feu-follet était devant l'empereur Napoléon III. Il le regarda et le suivit, dans toute la naïveté d'une imagination séduite. Songeur et mystérieux, il fut le héros du songe et du mystère; il alla vers le songe et vers le mystère, irrésistiblement, dans une prédestinée, et si jamais quelque drame s'inspire de son nom, on le verra, ombre vagabonde et inquiète, traverser la vie dans la folie calme de l'inconnu, dans la résignation d'un être condamné.

III

LE PRINCE NAPOLÉON

On sait que le prince Napoléon, fils de Jérôme,
ancien roi de Westphalie, et cousin-germain de Louis
Bonaparte, président de la République française, fut
très nettement opposé au coup d'Etat du Deux-Décembre, et l'on sait également que son indépendance
politique faillit provoquer une rupture sérieuse entre
lui et l'homme qui devait être Napoléon III. A la suite
des déclarations libérales du prince Napoléon, il y
eut, en effet, entre les deux cousins, une sorte de
bouderie qui les éloigna l'un de l'autre. Mais cette
séparation ne devait pas durer; le prince Louis Bonaparte, étant empereur, rappela auprès de lui son
parent, et lui rendit sinon sa confiance, du moins
toute son affection.

Ces deux hommes s'aimaient sincèrement, et,
malgré tout ce qu'on put dire pour ridiculiser le

Prince, pour le faire odieux aux yeux de l'Empereur, en dépit même de l'hostilité non dissimulée que l'Impératrice lui témoignait, Napoléon III ne cessa de se montrer bienveillant à son égard, ne cessa de lui exprimer des sentiments de très profonde amitié.

La raison d'Etat l'obligea parfois à désavouer, à blâmer publiquement les paroles ou les actes de son cousin; mais, dans l'intimité, il savait atténuer cette sévérité, il savait faire oublier au Prince une autorité qui eût pu le blesser, qui eût pu surtout, étant donné son tempérament ardent, irascible et tout d'instinctive révolte, le jeter davantage dans une opposition qui, en somme, de sa part, avait plutôt le caractère d'un dandysme politique que celui d'une rivalité.

Une anecdote dira toute la cordialité qui existait entre l'Empereur et son cousin, et qui démentait affectueusement la gravité de leurs démêlés apparents.

Un soir, comme le prince Napoléon se trouvait aux Tuileries, et comme, dans la journée, il avait prononcé des paroles séditieuses aussitôt rapportées à l'Empereur, ce dernier le prit à part et lui dit :

— Tu as encore « fait des tiennes, » aujourd'hui, Napoléon?

Le Prince se mit à rire et répliqua :

— Ai-je vraiment été si révolutionnaire qu'on l'a, je le vois, raconté à Votre Majesté?

— Révolutionnaire, murmura l'Empereur, c'est un mot qui signifie bien des choses ou qui ne signifie rien. Non, tu n'as point été révolutionnaire, mais tu as été imprudent.

Puis il ajouta :

— J'ai en toi un terrible cousin, Napoléon. Tu me gênes beaucoup — beaucoup, répéta-t-il en appuyant sur le mot. Mes ministres me cherchent querelle à cause de toi. Nous sommes souvent d'accord, pourtant, mais je ne le leur dis pas. — Ah, Napoléon, tu as sur moi un grand avantage : tu peux exprimer ta pensée sans risquer de bouleverser le monde.

Le prince Napoléon avait, en effet, selon l'expression de l'Empereur, un avantage sur son cousin : il lui était possible, sinon permis officiellement, de faire entendre au peuple, en certaines circonstances, des paroles de liberté ; et l'Empereur disait vrai, aussi, en affirmant à son parent que sa pensée était souvent étroitement liée à la sienne.

Le prince Napoléon, de son côté, n'ignorait ni la sensibilité naturelle de Napoléon III, ni les qualités remarquables et politiques de son esprit. Il discutait souvent avec lui les projets qu'en dehors de ses ministres mêmes, il aimait à élaborer, et qu'avec plus de résolution, qu'avec plus de tyrannie — tranchons le mot — il eût certainement mis à exécution. Si une gêne, donc, fut sans cesse entre l'Empereur et son cousin, cette gêne provenait autant de la méprisante attitude que prenaient les ministres ou les courtisans, devant le Prince, que de l'inimitié implacable, jamais apaisée, que l'Impératrice lui avait vouée.

J'ai déjà parlé de la haine que l'impératrice Eugénie nourrissait contre le prince Napoléon, et depuis la publication des pages où je mettais en relief cette animosité, des écrivains complaisants ou intéressés ont tenté d'infirmer mon récit et de nous montrer un prince Napoléon et une impératrice Eugénie s'en allant, au travers du règne impérial, en ennemis l'un de l'autre toujours, mais en prêtant au Prince l'initiative de l'attaque et à l'Impératrice l'attitude d'une pauvre femme persécutée.

Il faudrait beaucoup de naïveté pour accepter ces rectifications, pour s'arrêter à ces falsifications historiques.

Quoique l'Impératrice inspirât, par son caractère, un invincible sentiment d'éloignement, de colère, de pitié même, au prince Napoléon, il eût pu sans doute, dans la force et dans l'habitude des faits accomplis, se familiariser avec elle et, sinon avoir quelque amitié pour elle, du moins la supporter dans une indifférence patiente. Mais ce sentiment que le prince eût aisément trouvé en lui, si l'Impératrice lui avait témoigné une simple apparence d'amabilité, une neutralité intelligente, ne pouvait, avec autant de facilité, visiter le cœur de la jeune femme pour se reporter sur son cousin.

L'Impératrice n'ignorait pas, en effet, qu'à l'époque de ses fiançailles, le Prince avait été l'un de ceux, parmi les conseillers de Napoléon III, qui s'étaient le plus élevés contre son mariage, et le souvenir de cette hostilité, de ce dédain, ne lui permettait pas d'être favorable à cet homme.

A la nouvelle de l'irrésistible passion qui poussait l'Empereur dans les bras de Mlle de Montijo, non seulement le vieux roi Jérôme fit entendre de véhémentes représentations au souverain, mais le prince Napoléon également se rendit auprès de son cousin, pour lui démontrer la folie, le péril d'une telle alliance.

Le Prince connaissait Mme de Montijo et sa fille; il les considérait comme des aventurières de haut rang, et il lui paraissait impossible que l'Empereur ne comprît pas l'amoindrissement qu'il allait s'infliger, en devenant le mari d'une étoile de plages.

Le prince Napoléon qui commit tant d'imprudences politiques durant sa vie, lorsqu'il s'agit de sa propre personne, avait cependant le sens exact des choses, et plus d'une fois, pendant le règne de son cousin, il indiqua les maux dont souffrait l'Empire ainsi que les remèdes à y apporter.

A l'occasion du mariage de Mlle de Montijo, mû par une sorte de pressentiment, il fut perspicace et laissa voir sa pensée tout entière à l'Empereur.

Il alla le trouver, lui parla nettement, et dans la

sincérité, dans l'emportement de ses convictions, dans le désespoir que lui inspirait l'union projetée, il tutoya son cousin, contrairement à la règle qu'il s'était imposée depuis que le prince Louis Bonaparte avait pris possession du trône.

— Tu ne peux songer sérieusement à épouser Mlle de Montijo, lui dit-il. C'est une belle personne, j'en conviens, capable de provoquer un violent amour. Aime-la donc, mais ne la prends pas pour femme, n'en fais pas une impératrice. Que dira le pays? Que dira l'Europe? De ce mariage sortira ton malheur, le nôtre et celui de la France. Je te supplie de ne pas le conclure. Tu es épris de Mlle de Montijo. Eh bien, soit! C'est un morceau de roi, en effet. Fais-en ta maîtresse; paie, chèrement même, cette fantaisie, et que tout ce roman s'achève ainsi.

L'Empereur n'écouta point davantage les conseils de son cousin que ceux de ses amis qui voyaient, également, dans l'élévation de Mlle de Montijo, une maladresse intime, une faute politique; il sourit aux remontrances du Prince comme il avait souri à celles de ses familiers, et touché par la baguette magique d'une fée — d'une méchante fée donneuse de mauvais sorts — il s'abandonna à la direction de cette baguette, incapable désormais de secouer l'enchantement qui l'avait frappé, incapable de ne plus vouloir celle qui était au terme de cet enchantement.

Mlle de Montijo étant impératrice, n'eut point la grandeur d'âme d'oublier la franchise et la brutalité du prince Napoléon, et elle le poursuivit d'une haine que la chute même de l'Empire, que l'exil, que la mort de son mari et de son fils n'apaisèrent pas.

Humainement, peut-on lui reprocher cette haine qui eut un contre-coup dans l'avenir de la dynastie impériale, que l'on voit à l'origine de tous les désastres qui atteignirent Napoléon III, qui mit de la colère sur son cercueil, qui mit des mensonges sur la dépouille mutilée et méconnaissable du Prince Impérial? Hélas, peut-on reprocher à Mlle de Montijo, devenue Impératrice des Français, d'avoir été belle, d'avoir su jouer les grandes amoureuses et d'avoir, sous l'éclat de son sourire — pareille à ces fleurs précieuses qui cachent la mort — vu tomber toutes les joies et toutes les espérances de ceux qu'elle avait charmés?

La légende que l'on a essayé d'établir, et qui veut que le prince Napoléon ait été le persécuteur de l'Impératrice, s'appuie sur plusieurs faits qu'il est nécessaire de mentionner et de démentir.

Le prince Napoléon, dit cette légende, espérait que l'Empereur ne se marierait jamais et que sa succession lui serait ainsi assurée, faute d'héritier direct pour la recueillir. Sa secrète pensée ayant été détrompée, il se serait vengé de cette déception en vouant à l'Impératrice un farouche ressentiment, et

un soir, dans un dîner en l'honneur de la souveraine,
à Compiègne, ce ressentiment aurait éclaté soudain
et publiquement, lorsque, au moment des toasts, Napoléon III ayant prié son cousin de lever, le premier,
son verre en faveur de la jeune femme, le prince aurait refusé nettement d'accéder à ce désir.

Rien n'est plus faux. Lorsque le prince Napoléon
s'opposa au mariage de l'Empereur avec Mlle de
Montijo, il lui représenta non seulement qu'une
question de sentiment pouvait et devait avoir une
toute autre conclusion qu'une union officielle, étant
donnée la qualité de celle qui faisait naître cette question de sentiment, mais il lui démontra surtout que
l'Empereur des Français avait d'autres alliances à
rechercher en Europe, en France, même, que celle
d'une femme quelque peu compromise, et que sa
beauté, promenée, exhibée de tous les côtés, rendait
trop tapageusement célèbre.

Quant à l'aventure du toast, elle est de toute in-
vention, et l'une des personnes les plus influentes,
les plus en vue de la Cour des Tuileries m'a adressé
à son sujet, et au sujet aussi d'une prétendue demande qu'aurait faite le Prince pour obtenir la main
de Mlle de Montijo, une lettre qui ne laisse aucune
place à la discussion.

« Il n'est pas vrai, dit la personne que je cite, que
le prince Napoléon ait jamais refusé à l'Empereur de
boire à la santé de l'Impératrice, le jour de sa fête.

Il est exact que le Prince ne savait pas dissimuler
sa pensée, car c'était un caractère franc et loyal,
haïssant le mensonge et ne sachant point cacher ses
impressions bonnes ou mauvaises. Il n'ignorait pas —
et il souffrait de la situation qui lui était faite — qu'à
part l'Empereur, ainsi que deux ou trois amis, il
était détesté à la Cour des Tuileries, où chacune de
ses paroles, où chacun de ses gestes étaient mal inter-
prétés. On ne peut donc reprocher au Prince de ne
s'être pas plu dans un pareil milieu. L'Empereur
était impatiente de tous ces commérages sur son cousin, mais il n'était pas en sa puissance de les empêcher.
D'ailleurs, l'affection qu'il témoignait au Prince était
également critiquée à la Cour et, à ce propos, l'on
raillait ouvertement ce que l'on appelait les tendresses de l'Empereur.

« Quant au soi-disant projet de mariage qu'aurait
formé le Prince, amoureux de Mlle de Montijo, c'est
là un racontar grotesque indigne de toute attention.
Jamais à la Cour, il n'a été question de ce fait, et si
le Prince a pu, comme tant d'autres, être frappé de la
beauté de Mlle de Montijo, il est bien certain qu'il n'a,
en aucun temps, songé à l'aimer, encore moins à
l'épouser.

« L'Impératrice, en dehors de raisons très personnelles, haïssait le Prince, car elle lui reconnaissait
un esprit supérieur et craignait son influence sur
l'Empereur.

« Après la mort de Napoléon III, elle l'a repoussé, comme tuteur du Prince Impérial, comme directeur de ses études e de son éducation. Je suis convaincu qu'il eût été auprès de lui, cependant, de bon conseil, et qu'il aurait évité à celle qui le détestait, le deuil qui l'a frappée. L'Impératrice n'a-t-elle point dit, lorsqu'on a tenté de lui désigner le prince Napoléon, comme éducateur de son fils, que cette tutelle « porterait malheur » au pauvre enfant ? Hélas, n'est-ce point cette obstination dans une haine implacable qui a plutôt porté malheur au fils de Napoléon III, et qui a mis la déroute dans l'avenir de la dynastie impériale ? »

Les événements sont d'accord avec cette lettre qui a pour auteur, je le répète, l'une des personnes les plus importantes de la Cour des Tuileries, l'une des personnes les plus dévouées à l'Empereur, et qui a, durant le régime impérial, suivi heure par heure, la lente agonie de Napoléon III, traqué, annihilé par les incessantes tracasseries de l'Impératrice.

Lorsque l'Empereur mourut, en effet, ce fut sur l'initiative de l'Impératrice que le prince Napoléon fut écarté du conseil de famille ; et lorsqu'à son tour le Prince Impérial disparut, ce fut l'Impératrice encore qui força, dans un outrage peu compatible avec la douloureuse solennité de la minute qui sonnait alors pour elle, le prince Napoléon à s'éloigner de Chislehurst aussitôt après les obsèques du malheureux enfant.

Le prince Napoléon, ayant témoigné le désir de présenter ses hommages et l'expression de son chagrin à l'Impératrice, se vit refuser la porte de la souveraine exilée. Il comprit que, même devant le cadavre de son fils, cette mère n'oubliait point son passé de violences et de rancunes, et il quitta son inhospitalière demeure. Il comprit, également, le complot qui se tramait autour du cercueil de son cousin pour lui arracher son titre, désormais incontestable, de chef suprême de la dynastie, et il céda la place aux intrigants, disant simplement à ceux qui s'étonnaient de son brusque départ : — « Je ne suis rien ici, et n'ai rien à y faire. »

Je me souviens qu'un jour, à Versailles, au temps où la Chambre des députés siégeait en cette ville, le prince Napoléon, représentant du peuple, monta à la tribune lors d'une délibération sur le budget des cultes, et dans une allusion à la politique de l'Empire, en ce qui concerne Rome, s'écria, désignant l'Impératrice, que s'il lui était permis de parler, de divulguer les secrets du règne de Napoléon III, il édifierait le Parlement sur les causes de cette politique et sur l'influence néfaste et pernicieuse qu'eut l'Impératrice dans les conseils de l'Empereur.

Je ne sais, en vérité, si le prince Napoléon, dans un sentiment naturel de révolte contre la haine qui le poursuivait, avec tant d'acharnement, depuis tant d'années, obéissait ce jour-là à un désir de vengeance en accusant, par son indication et pour la première fois de sa vie, l'impératrice Eugénie, des maux qui s'étaient abattus sur la France et sur Napoléon III ; je ne sais point davantage si, dans ses papiers, il a légué à ses héritiers qui s'empresseront de les détruire sans doute, quelques feuillets formulant nettement l'accusation esquissée naguère, et relevant orgueilleusement sa mémoire des injustes humiliations qu'il eut à subir. Il est mort, et, dans sa mort même, la haine de l'Impératrice l'a suivi, raffinée, en dressant contre lui son propre fils, celui en qui, peut-être, il avait mis la douceur de ses moments derniers — la certitude de sa réhabilitation politique.

Le prince Napoléon avait le masque des Césars, et il n'est pas téméraire d'affirmer, en dépit des contradictions de sa vie, qu'il en avait le caractère. Taillé en athlète, grand, fort, il s'en allait par les rues, marchant comme dans une gravité étrangère à tous les êtres, à toutes les choses qu'il coudoyait ; et, à le voir ainsi passer, avec sa tête d'empereur romain penchée un peu sur la poitrine, on avait comme l'évocation de ces patriciens qui, dans la Ville antique, au temps des cirques et des divinités païennes, cheminaient enveloppés du large peplum aux franges de pourpre.

Moralement, son attitude est plus malaisée à fixer.

Avec une pensée presque toujours juste, une sorte
de nervosité, de déséquilibrement, l'entraînait sans
cesse dans une voie funeste à sa réputation, à l'excellence de ses avis, à la perfection de ses désirs. Démocrate et autocrate à la fois, il avait des aspirations
de liberté et des crises d'autorité qui le rendaient
souvent incompréhensible pour ses amis les plus intimes, et, si je puis me permettre une comparaison,
j'ajouterai, qui le faisaient ressembler assez exactement à un navigateur placé entre deux mers de nature
contraire, entre une eau calme et une eau tempé-
tueuse, et qu'un sort malin empêcherait de s'engager sur l'un ou sur l'autre de ces deux océans.

Dans son intimité même, ce contraste frappait l'observateur. Ce prince démocrate, en effet, apparaissait
au visiteur dans toute la dignité du rang qui était le
sien, et il avait établi dans sa maison une étiquette
des plus sévères. Ne disait-on pas, dans l'entourage
impérial, que l'on était plus à la Cour au Palais-Royal
qu'aux Tuileries?

Si le prince Napoléon avait de grands défauts, il
avait, dans la même mesure, des qualités qui en ont
fait l'un des hommes les plus remarquables de notre
époque.

Causeur brillant, il était, ainsi que l'Empereur son
cousin, un charmeur, provoquant la discussion, re-
cherchant la contradiction, pour se donner la joie de
montrer l'éclat de son esprit, pour mieux, dans une

coquetterie pareille, presque, à une ruse féminine, triompher des arguments d'un adversaire et, par cela même, se le rendre sympathique.

Cette grâce, cette séduction, cependant, que le Prince savait si bien mettre en relief, devant ceux qui étaient admis en sa présence, par une fatalité inexplicable, disparaissaient de toute sa personne lorsqu'il lui était offert de paraître ou de parler publiquement. Il y avait en lui, alors, comme une sorte de dédain non dissimulé pour tous ceux qui l'approchaient ou qui l'écoutaient, et les sentiments favorables qu'il avait fait naître, dans la familiarité de sa demeure, abandonnaient, devant cette posture déplaisante et maussade, ceux-là mêmes qui s'apprêtaient à l'applaudir.

Ce dédain pour les hommes politiques, qu'il était par sa situation appelé à voir, pour la foule qu'il flattait en apparence, était réel dans l'esprit du prince Napoléon et lui valut, on peut l'affirmer, presque tous les mécomptes qui assombrirent son existence et qui firent, de ses jours, comme une succession d'heures factieuses et brouillonnes, alors que sa pensée, très au-dessus de sa conduite, très étrangère à la direction qu'une maladresse instinctive imprimait à son attitude, s'élevait en des conceptions qui rappelaient les conceptions dont était hanté le cerveau de Napoléon Ier.

Une brusquerie affectée ou naturelle éloignait, en

outre, du Prince, ceux qui se seraient volontiers, sinon inféodés à sa politique, du moins faits ses avo-
cats auprès de l'Empereur, aux jours où la calomnie
tentait de briser l'affection qui unissait le souverain
à son cousin. Cependant, le prince Napoléon n'était
pas consciemment mauvais : le cœur, chez lui, avait
conservé comme la naïveté d'une jeunesse réfractaire
aux morosités, aux déceptions, aux amertumes de
la vie, et il regrettait souvent le mal qu'il venait de
faire, la raillerie ou l'outrage qu'il avait distribués.
Si quelque ami se trouvait alors auprès de lui et lui
exposait l'inhabileté ou l'injustice de sa conduite, il
l'écoutait, recevait ses remontrances avec intérêt et,
reconnaissant ses torts, se hâtait de les réparer,
sans fausse honte comme sans l'ostentation d'une
condescendance princière.

Il est une anecdote qui peint aimablement cette
bonté qui était en lui, prête à s'exprimer sans cesse,
mais que l'occasion, souvent et malheureusement,
ne lui permettait pas de prouver toujours.

Un jour, à Compiègne, M. Billault, ministre sans
portefeuille, qui, avec MM. Rouher et Magne, était
chargé par l'Empereur de défendre la politique des
Tuileries devant les Chambres, M. Billault, dis-je,
vint à passer auprès du prince Napoléon qui causait
avec un ami, et le salua avec déférence.

On sait que M. Billault était de ceux qui se rendaient
régulièrement au Palais-Royal, chez le roi Jérôme,

et une légende voulait même qu'il existât des raisons très particulières pour que le vieux roi eût de l'affection pour son visiteur.

M. Billault, donc, ayant salué, le prince Napoléon le regarda et, demeurant immobile, ne lui rendit pas sa politesse.

La personne qui s'entretenait avec lui ne put, alors, réprimer un mouvement de surprise et elle eut la franchise immédiate de provoquer, au sujet de cet incident, en apparence insignifiant et inaperçu, mais qui était susceptible d'avoir des complications graves, une explication. Et le dialogue suivant s'engagea entre elle et le Prince :

— N'avez-vous pas vu, monseigneur, que M. Billault s'est incliné devant vous?

— J'ai parfaitement vu M. Billault et j'ai tout autant remarqué son salut; mais il ne me plaît pas de lui être agréable, de recevoir de lui des marques de courtoisie et de lui en donner.

— Pourquoi, monseigneur? Oubliez-vous que M. Billault est un de vos amis, que c'est un homme d'un esprit charmant et qu'il a beaucoup aimé votre père?

— Je n'oublie rien et j'oublie tout, quand il le faut. Billault a fait, hier, un discours, à la Chambre, tellement faible — tellement mou et plat (*textuel*) — (il s'agissait, alors, de la question romaine, au sujet de laquelle le Prince était toujours disposé à la vio-

lence), que je lui retire ma confiance. On ne peut
être mon ami et prendre le mot d'ordre de sa politique chez l'Impératrice.

— Monseigneur, vous êtes injuste. En effet, M. Billault a parlé hier pour plaire à l'Impératrice et s'est
conformé à sa politique ; mais il vous aime malgré
tout, et vous savez mieux que personne que, ténor des
Tuileries, dans la question romaine, il ne pouvait s'exprimer autrement qu'il l'a fait. Est-ce qu'un musicien,
dans un orchestre, a la faculté de donner une note
différente de celle qu'indique sa partition ? Allons,
laissez là votre colère et allez lui serrer la main. Il
sera tout heureux de ce retour mérité et il vous
aimera davantage. Vous n'avez pas tant de dévoués
ici, monseigneur, pour négliger ceux qui ont le courage de ne pas vous fuir.

Le Prince, ayant écouté attentivement les paroles
de son interlocuteur, réfléchit une seconde ; puis,
dans un geste de profonde mélancolie, de tristesse même, il se leva et conclut :

— Vous dites vrai : Billault n'est pas le maître de
ses discours et je lui dois des excuses.

Et, avec la cordialité gracieuse qu'il savait prendre dans les circonstances qui l'intéressaient, le
prince Napoléon se mit à la recherche du ministre
et lui présenta les regrets de sa méchante humeur.

Cette anecdote ne démontre pas seulement que le

prince Napoléon savait, à l'occasion, obéir aux plus élémentaires impulsions du cœur, elle jette surtout une lumière toute particulière sur les dessous de la politique impériale dans la question romaine, sur les exigences occultes qui maintenaient cette question dans un état de conflit et de péril permanents, car la personne qui conversait, ce jour-là, avec le Prince était bien informée et se trouvait être l'une de celles qui eurent, sous le Second Empire, une influence considérable.

J'ai dit, ailleurs, et au début de ce chapitre, que l'Empereur et le prince Napoléon s'aimaient et que toutes les légendes qui montrent ces deux hommes comme des ennemis acharnés, comme des rivaux sans cesse prêts à se jeter l'un sur l'autre, à se meurtrir, sont fausses.

Le prince Napoléon n'a eu, sous le règne de son cousin, à subir qu'une haine, celle de l'Impératrice, à laquelle logiquement s'ajoutèrent toutes les rancunes, toutes les férocités des courtisans de la jeune femme.

Si l'Empereur avait eu l'audace ou la puissance de se mettre entre son cousin et ces ressentiments, il aurait pu se servir utilement du prince Napoléon ; il aurait pu endiguer ses défauts, employer ses qualités pour la cause qui était la sienne, et l'entente publique, reconnue, respectée, de ces deux hommes,

eût été pour la politique impériale une base de
succès, une garantie d'avenir.

Le plus grand reproche qui ait été adressé au
prince Napoléon se rapporte à ses discours qui, le
plus souvent, semblaient contredire ouvertement,
systématiquement, les desseins de l'Empereur.

Il est, cependant, au sujet de ces discours, un
détail curieux qu'il est utile de révéler au lecteur.

Le prince Napoléon — et je suis en mesure d'affirmer hautement ce fait — ne prononça jamais un
mot, une phrase, officiellement, sans qu'au préalable
ce mot, cette phrase, eussent, par lui, été soumis à
l'approbation, à l'examen de l'Empereur.

Le Prince remettait, chaque fois qu'il lui était
offert de parler publiquement, le texte de sa harangue
à son cousin, et le souverain le lui rendait presque
aussitôt.

Lorsqu'une pensée contraire à la sienne se trouvait dans les feuillets, l'Empereur se contentait de
dire au Prince : — « Il y aurait peut-être quelques
corrections à opérer, ici ou là, dans ton discours,
Napoléon. » — Mais il ne lui a jamais intimé l'ordre
de changer son texte, mais il ne lui a jamais déclaré
que ce texte fût mauvais ou dangereux.

Le Prince, toujours, se soumettait au désir de
l'Empereur, reprenait ses phrases, et écrivait celles
qui plaisaient à son cousin. Pourtant, il arrivait
qu'il surprenait Napoléon III par des violences, par

des attaques inconsidérées et étrangères au programme élaboré en commun. C'est, qu'entre l'heure
de sa conversation avec l'Empereur et le jour où le
discours devait être prononcé — et cela il faut le
déclarer nettement, il faut que nul ne l'ignore —
des intrigues, des diffamations, des vexations, parties
du cabinet de l'Impératrice, étaient venues mécontenter et atteindre le Prince ; c'est qu'on provoquait
sottement et sans profit pour qui que ce fût, sa véhé-
mente nature, instinctivement rebelle ; c'est qu'on le
traquait dans son obéissance aux souhaits du souverain, dans la douceur même qu'il s'imposait, comme
l'on traque, comme l'on aiguillonne la bête qui,
dans l'arène, regrette et pleure la paix de sa litière.

On se souvient de l'indignation qui secoua les
ministres, la Cour tout entière, lorsque le prince
Napoléon fit entendre, en Corse, une harangue
fameuse. Eh bien, cette harangue qui motiva un
désaveu au *Moniteur*, cette harangue que l'on tenta
de dresser contre le Prince comme un prétexte à
l'exil, presque, l'Empereur la connaissait, l'Empereur
l'avait lue, et il l'avait renvoyée à son cousin sans
une atténuation, sans une observation.

— On voudrait, disait Napoléon III à l'un de ses
intimes, à l'un des hommes qu'il a le plus aimés, on
voudrait m'amener à chasser mon cousin des Tuileries, à ajouter une excitation de plus à toutes les
excitations qu'on dirige contre lui, à lui fermer et

ma porte et mon cœur. Jamais, je ne suivrai ces conseils, jamais je ne le considérerai comme un adversaire. Le Prince semble désapprouver mes actes en dehors de moi, mais en ma présence il est ce qu'il doit être, il est mon ami. Il n'y a là, aucune hypocrisie de sa part. Il est sincère quand il me témoigne son attachement, et il est sincère encore quand, poussé à la révolte par tant de haines déchaînées, par tant de mépris, il se lève pour combattre, non ma personne, mais les hommes et aussi les femmes qu m'entourent. Je lui pardonne sa colère ; à sa place, j'ignore ce que je ferais, et l'âme humaine, dans l'indifférence aux attaques et aux outrages, se heurte à des limites qu'elle ne saurait franchir. Napoléon m'aime, au fond, et je ne lui demande que de m'aimer. Pourquoi apporterais-je une amertume, en me détournant de lui, à toutes les amertumes qui le frappent ?

« Le prince Napoléon n'est point un hypocrite, » disait l'Empereur. Le prince Napoléon, en effet, haïssait le mensonge, marchait loyalement dans la vie, allait droit à un adversaire, courait sur l'obstacle, au risque de se briser contre lui, et avait l'horreur des faux-fuyants ainsi que des compromissions.

C'était là plus qu'il n'en fallait, comme qualités, pour avoir une influence directe sur les destinées d'un Etat. Cependant, le Prince ne fut populaire ni devant la Cour, ni devant le monde politique, ni devant le peuple.

Fût-il doué de tout charme, de toute intelligence, de toute probité, un homme ne résiste pas à l'accumulation de faits mensongers sous lesquels on l'ensevelit; un homme, quel que soit son courage moral, quelle que soit sa force spirituelle, ne se débarrasse point du réseau de mailles inextricables que jette sur lui la calomnie. Ce fut le cas du prince Napoléon.

Il avait le sens théorique du gouvernement, et les hommes de gouvernement le répudièrent. Il lutta pour le peuple qu'il aimait, et il fut raillé par le peuple. Il était aristocrate et prince plus que bien des princes et des aristocrates, et il fut vilipendé par les classes élevées de la société. Il fut démocrate, et les démocrates ne lui donnèrent jamais leur confiance. Décrié, jalousé, redouté — car sa haute supériorité intellectuelle s'imposait malgré tout — il fut comme le produit avorté d'un rêve gigantesque, d'un rêve césarien qu'aurait traversé l'informe grimace d'une mauvaise fée.

Le rôle apparent du prince Napoléon fut donc, sous le Second Empire, le rôle d'un mécontent, d'un frondeur, presque d'un factieux. Cependant, non seulement il aimait l'Empereur et en était aimé, mais sa politique, sur beaucoup de points, s'accordait avec celle de Napoléon III. Son libéralisme, son radicalisme même, n'étaient point incompatibles avec le socialisme nuageux qui hantait l'esprit et l'imagination du souverain, et sa théorie des nationalités flattait merveilleusement le rêve de l'Empereur. L'unité allemande, même, ne l'effrayait pas; mais il eût souhaité qu'elle s'édifiât dans un entente avec la France, et il fut l'un de ceux qui déplorèrent le plus l'échec de M. de Bismarck, à Biarritz, lorsqu'il s'y rendit dans le dessein d'amener le cabinet des Tuileries à seconder ses projets.

Malheureusement, ces sentiments favorables à la politique de Napoléon III étaient démentis chez le Prince, non seulement encore par des colères, par des irritations qui lui venaient de la Cour et par les vexations dont on l'accablait, mais aussi — il faut bien le reconnaître — par un tempérament terrible d'enfant gâté, par une aisance à commettre des impairs sans cesse renouvelés, par une fatalité à manquer le coche, selon une expression vulgaire, à parler lorsqu'il aurait dû se taire et à se taire lorsqu'il aurait dû parler.

Malheureusement, surtout, ces sentiments étaient annihilés par l'attitude d'hostilité affectée que prenait le Prince en dehors des Tuileries, dans l'éclat du Palais-Royal, et par le choix des hommes dont il s'entourait, dont il faisait ses conseillers habituels, en politique, ou ses compagnons de plaisir.

Sa Cour — car le Prince avait comme une sorte de Cour — n'était composée que de personnalités opposantes à l'Empire, et cet assemblage de politiques, de journalistes, d'écrivains ennemis des Tuileries, fournissait quotidiennement à l'Impératrice un prétexte plausible pour rendre, à son cousin, la vie officielle ou intime du château, intenable.

Quant à l'Empereur, il ne redouta jamais sérieusement les familiers du prince Napoléon, et il avait coutume de dire, lorsqu'on l'entretenait de ces hommes, en les lui représentant comme très redoutables :

— Mais non, mais non, ils ne sont pas tant à craindre que cela. Ce sont des moutons enragés qui ne demandent qu'à être guéris : quelques bons sièges de sénateur les apaiseraient et les rendraient à la santé.

Il ne faudrait pas croire que le prince Napoléon, en appelant à lui les hommes que j'indique, marquait un désir de parader, de jouer au dauphin *in partibus*, de rechercher dans une admiration intéressée et de commande, la satisfaction d'une vanité ou d'un orgueil méconnu, la possibilité même de trouver des capitaux pour accroître sa fortune ou pour mieux combattre le gouvernement de son cousin. Le prince Napoléon avait, au contraire, l'horreur des courtisans comme des affaires d'argent, et en ce qui concerne ces dernières, une anecdote dira péremptoirement toute la probité qu'était la sienne, tout l'effroi que lui causait un or qui ne lui appartenait pas.

C'était après la guerre de 1870, et le prince-Napoléon ayant exprimé le désir de fonder un journal pour soutenir ses idées, une personne fort riche et qui avait pour lui un sincère enthousiasme, apprenant son projet et son embarras — car ses propre ressources ne lui permettaient pas de subventionner un organe important — vint le trouver et lui offrit de lui prêter la somme qui lui était nécessaire, sans conditions, en le laissant libre de déterminer les remboursements. Le Prince, heureux de mettre à exécution ses desseins, accepta tout d'abord l'argent de son généreux partisan. Cependant, lorsqu'il fut en possession du capital souhaité, il s'assombrit, il se prit à réfléchir, et comme un jour l'un de ses amis lui demandait la cause de son inquiétude, il lui fit cette réponse :

— Vous savez que M. X... m'a remis une somme d'argent destinée à fonder le journal de mes rêves. Eh bien, c'est cette générosité, c'est ce dépôt de capital qui me troublent. L'argent qui est là, chez moi, et que je vais employer, n'est pas à moi. Il peut profiter comme il peut être dévoré. Décidément, je n'ai pas le droit, n'étant pas en mesure de le rendre en cas d'insuccès, de m'en servir. Oui, cet argent me gêne, me brûle (*textuel*) ; je ne dois pas le garder. Il me semble que c'est un bien mal acquis, et je vais, aujourd'hui même, le reporter à son propriétaire. S'il me faut, absolument, un journal, je vendrai des terrains que je possède près de Prangins, je vendrai Prangins même; mais il ne sera pas dit que j'ai spéculé avec la fortune d'autrui.

Et le Prince fit ce qu'il disait. Il rendit à M. X... son or, et, s'étant appauvri personnellement, put subventionner son journal sans être le débiteur de qui que ce fût.

C'est là, certainement, en dehors de toute appréciation exagérée, un acte de probité incontestable et louable, un exemple d'honnêteté que l'on ne doit pas oublier, lorsqu'on parle du prince Napoléon, et qui met sur sa mémoire si heurtée, si controversée, comme une paix, comme une sérénité qui l'élèvent et forcent à l'estimer.

Je sais bien que le public, qui ne se trouve guère intéressé par les actions simples et délicates, que seuls les scandales font curieux, que seule l'apothéose du coquin qui passe triomphant ou que la ruine retentissante d'un homme d'honneur sollicite, je sais bien que le public ignore le caractère chevaleresque du prince Napoléon et je prévois son étonnement à la lecture de ces quelques lignes. Le public, en effet, s'est habitué à ne voir, dans le Prince, qu'une grotesque figure féconde en légendes bouffonnes ou odieuses.

Du prince Napoléon, il n'a retenu que le sobriquet ridicule dont les caricaturistes et les pamphlétaires l'ont flétri, et il a sans cesse ri à l'évocation de sa personnalité, à l'écho de son nom. Ce sobriquet a plus fait, pour la déroute des espérances et de l'autorité du prince Napoléon, que la réputation détestable que le monde politique lui avait donnée, et devant le public, il s'est constamment trouvé dans la situation d'un acteur qui jouerait un rôle dramatique et qui n'éveillerait que la gaîté.

On a représenté le prince Napoléon comme se vautrant en des orgies crapuleuses, alors que ses dîners auxquels était conviée l'élite des écrivains et des artistes, avaient le charme et l'éclat des assemblées de la Renaissance. On l'a représenté comme un homme sans idéal, alors qu'il fut réellement — et on ne saurait trop le déclarer — dans ce Second Empire si réfractaire aux choses de l'esprit, un protecteur éclairé des Lettres et des Arts, un amant du Beau, un créateur, presque, d'intelligences. Son masque de César, son masque moulé sur celui de Napoléon Ier, semblait devoir porter toute la majesté grandiose, toute l'écrasante gloire de son oncle. Le peuple que frappe, cependant et surtout, le caractère extérieur des choses, ne crut pas à ce masque, à cette résurrection de celui qui fut — l'Empereur — sans épithète, et il railla cette silhouette de César comme il eût raillé l'apparition drolatique d'une ombre chinoise et parodiste.

La guerre de 1870 qui surprit le prince Napoléon

durant un voyage dans le nord de l'Europe, le déses-
péra. Lorsqu'il eut connaissance des événements
qui se précipitaient et que l'on précipitait avec tant
d'inconscience, il revint en hâte et se rendit, à peine
de retour en France, à Saint-Cloud, où, ainsi que je
l'ai déjà dit, l'Empereur, l'Impératrice et la Cour
étaient en déplacement.

S'étant présenté devant Napoléon III, il y eut,
entre le Prince et son cousin, une scène terrible qui
n'a jamais été racontée et que je vais faire connaître.

Dès son entrée dans le cabinet de l'Empereur, le
Prince, emporté par son exaltation, fut violent.

— C'est la guerre, alors, dit-il; c'est la guerre
quand nous ne sommes préparés à rien, quand nous
ne sommes point en mesure de tenir campagne.
C'est la guerre, contre une nation puissante qui n'a
rien laissé au hasard et qui va nous écraser.

L'Empereur eut un murmure :

— C'est la guerre.

— Et, s'écria le Prince, si je suis bien renseigné,
c'est l'Impératrice qui l'a voulue cette guerre. C'est
Eugénie et les hommes néfastes qui lui obéissent
« qui nous ont mis dans ce pétrin ». Je vous l'avais
bien dit que cette femme ferait votre malheur, sire,
et le nôtre. Votre règne n'est semé que des ruines
qu'elle a provoquées.

L'Empereur se leva, et se dressa, pâle, devant le
Prince :

— Napoléon !

— Pardonnez ma franchise. Mais ne voyez-vous donc pas que l'Impératrice et ceux qui l'entourent et qu'elle inspire de sa haine contre votre gouvernement, de la pensée d'autorité et d'absolutisme qui la dirige, sont à la joie, ici, et n'attendent qu'une chose, de cette guerre heureuse ou malheureuse : la chute de vos conseillers habituels, le retour à l'Empire du Deux-Décembre ?

— Napoléon fit doucement l'Empereur, tes paroles sont mauvaises; tes pressentiments — qui sont peut-être les miens, hélas — entraînent ta parole au delà de ta pensée. Tu es injuste envers Eugénie. Elle croit à la victoire : faisons comme elle et soyons calmes.

Puis, allant au Prince et lui prenant la main, il ajouta :

— A quoi servirait, d'ailleurs, de se quereller sur les événements ? C'est la guerre, et il n'y a plus à revenir sur ce qui a été décidé.

— Soit, déclara alors le Prince, mais retenez ceci : bouclons nos malles, et bouclons-les bien, car nous sommes « foutus ! »

Et il abandonna Napoléon III à ses réflexions, à sa tristesse.

Le lendemain de cette scène, le Prince se trouvant avec Mme la marquise de…, lui raconta son entrevue orageuse avec l'Empereur, et c'est Mme la marquise de… qui me l'a rapportée.

Ce jour-là, le Prince répéta à Mme de... à peu près les mêmes paroles qu'il avait fait entendre à son cousin.

— Nous sommes perdus, lui dit-il. Nous entrons en campagne sans alliés, et il ne faut pas espérer que l'Italie ou que l'Autriche nous vienne en aide. L'Italie n'est pas prête et mon beau-père, Victor-Emmanuel, ne saurait entrer en ligne, avec ses troupes dans l'hypothèse la plus favorable, avant un ou deux mois. Quant à l'Autriche, pourquoi nous appuierait-elle ? L'avons-nous repêchée à Sadowa ? Vous avez vu Metternich : ne vous a-t-il pas dit que son gouvernement demeurerait simple spectateur de la lutte qui va avoir lieu ? — Ah, l'Impératrice et son parti ont su mener les choses au point où ils les désiraient. Cependant, un fait m'étonne : comment se fait-il qu'Ollivier soit si aisément tombé dans le piège qui lui était tendu ? Comment se fait-il que lui, si patriote, si sage, si réservé, se soit laissé entraîner à la suite de tous ces fous ? Il y a, sous roche, voyez-vous, quelque anguille dont on parlera plus tard. Quoi qu'il en soit, nous sommes perdus.

Une certaine obscurité paraît, sans doute, résulter de la scène et de la conversation que je viens de reproduire. Dans un chapitre prochain : *la Déclaration de guerre*, je ferai connaître au public le sens des paroles du prince Napoléon ainsi que les intrigues organisées, autour de l'Empereur, pour amener

entre lui et le roi de Prusse, un conflit inévitable,
pour rendre impossible, au cabinet du Deux-Janvier
toute tentative d'apaisement.

Après la chute de l'Empire, après la mort de l'Empereur et durant tout le temps que vécut le Prince Impérial, le prince Napoléon garda une grande réserve et demeura comme dans l'attente des événements. Rejeté, ainsi que je l'ai rapporté, des conseils familiaux ou politiques qui se tenaient à Chislehurst, sans rompre les liens qui l'attachaient aux hommes qui lui étaient plus particulièrement dévoués, il se consacra exclusivement à l'éducation de ses fils et voyagea, entre l'avenue d'Antin, où il habitait, et Rome, résidence de son beau-frère, le roi Humbert d'Italie.

Lorsque, après la mort même du Prince Impérial, il comprit que la haine de l'Impératrice ne désarmait pas, que des intrigues se formaient dans l'entourage de la souveraine et dans le parti qui lui obéissait en France, pour l'éloigner, avec autant d'acharnement que naguère, de la direction des affaires bonapartistes, il sortit de sa réserve, prit une attitude militante et se posa, nettement, devant le pays et devant les siens, en qualité de chef, en qualité de prétendant, quoiqu'il dissimulât, sous une théorie de soumission aux volontés du peuple, ses espérances et ses revendications.

Mais le mauvais sort qui le poursuivait, en politique, ne lui permit jamais d'avoir ce qu'on nomme un parti — un parti constitué, viable, homogène et puissant ; — et, ayant été élu député, il se trouva comme isolé dans le Parlement.

Je me le rappelle alors, ressemblant un peu, dans sa solitude, à quelque fauve réfugié dans une ombre pour y guetter la proie convoitée ou pour y mourir. Il siégeait à droite de l'Assemblée, mais au plus haut rang de l'amphithéâtre, et tout près d'une portière conduisant aux couloirs. Il restait peu sur son banc, allant et venant, de la salle des séances aux corridors, et ne paraissant attentif que lors des discussions importantes.

J'ai rapporté plus haut une délibération sur le budget des cultes à laquelle il se mêla. — Ce fut, je crois, la seule fois qu'il parla devant ses collègues, et son attitude, en ce jour, demeure curieuse.

Quand il monta à la tribune, dominant l'Assemblée de sa taille athlétique, il y eut un long murmure, bientôt étouffé sous des « chut ! » et suivi d'un silence profond.

Le Prince, sans paraître s'émouvoir de cet accueil énigmatique et qui laissait devant lui le succès aussi bien que l'affront, s'adressa aux députés, dans un langage familier, comme s'il eût conversé avec quelques intimes, dans un salon, et dans son attitude même, et dans ses gestes, il y avait comme une sorte d'affectation à se montrer « bon enfant ».

Les deux pouces appuyés sur les poches de son pantalon, ses autres doigts tapotant les cuisses, il discourut durant plusieurs heures, s'élevant avec véhémence contre le parti catholique, affirmant les droits de la société civile en face du monde religieux, et forçant à l'applaudir toutes les gauches réunies dans une acclamation, tandis que les droites l'invectivaient.

Cependant, les droites mêmes oubliaient, par instant, leur colère, pour écouter, pour admirer peut-être, en secret, la parole éloquente qu'il exprimait. Le prince Napoléon, reprenant l'Histoire, en effet, marquait d'un mouvement oratoire merveilleux chaque période de son discours, et ceux qui eurent la bonne fortune de l'entendre, ce jour-là, ne peuvent que rendre hommage à son prodigieux talent.

Il ne se souvint peut-être pas assez qu'il était, lorsqu'il le voulait, un charmeur, et, emporté par la violence même du sujet qu'il traitait, il fut brutal. Sa voix grasse et bien timbrée, détachant chaque mot, tombait sur ses adversaires dans une logique étudiée, sans défaut. Son geste dédaigneux, le roulement énorme de ses épaules, disaient le peu de cas qu'il faisait de leurs arguments, de leurs interruptions, et lorsqu'il eut achevé son discours, lorsqu'il descendit de la tribune pour retourner à sa place, salué par une triple salve de bravos républicains, il dut s'arrêter dans l'hémicycle. Les droites, en effet,

7.

ameutées contre lui, indignées, vociférantes, quittaient leurs bancs et s'avançaient vers lui, menaçantes.

Ce fut, alors, un spectacle inouï et qui restera toujours en ma mémoire.

Devant cette avalanche humaine qui lui barrait le chemin de sa place, le prince Napoléon, au pied de la tribune, se redressa, se campa, frémissant, farouche presque, l'œil animé, les narines et les lèvres palpitantes et attendit l'attaque. Déjà, des députés étaient près de lui qui levaient leurs poings et qui l'outrageaient, déjà le remou de l'hémicycle le faisait dériver quand, secouant ses larges épaules, marchant en avant et fonçant contre l'obstacle, il fit une trouée dans les rangs de ses ennemis et gagna son banc, en deux ou trois bonds. Et là, s'étant assis et ayant croisé les bras sur sa poitrine qui avait le souffle d'une forge, il regarda dédaigneusement ses insulteurs, il sourit, il fut vraiment César — *Cæsar imperator* — et donna l'image du beau prince qu'il eût été, s'il avait régné, du beau tribun, aussi, qu'il eût été si, sorti du peuple, il avait possédé l'affection du peuple.

Lorsque les décrets relatifs aux congrégations religieuses furent signés, le prince Napoléon n'était plus député et, ne pouvant faire un discours, ce fut par une lettre fameuse, approuvant les mesures légales qui allaient être prises contre les associations catholiques, qu'il se rappela au souvenir du public.

On sait le bruit et l'émotion que provoqua cette lettre.

J'eus, à cette époque, l'occasion de voir le Prince et d'être reçu par lui, avenue d'Antin. J'étais chargé, auprès de lui, d'une mission concernant divers journaux de province et nous causâmes.

Le Prince voulait alors gagner à sa cause certains organes de la presse départementale, et je ne lui cachai pas que la lettre qu'il venait d'écrire mettait, entre lui et cette presse, une impossibilité absolue de rapprochement.

Le Prince m'écouta et lorsque j'eus parlé, roulant une cigarette, le gilet ouvert et laissant passer la chemise en bourrelet, il marcha de long en large durant quelques secondes, dans le salon, puis il fit sa réplique.

— Monsieur, me dit-il, on se trompe sur le sens et sur la portée de la lettre que je viens de publier. Elle n'a rien d'anti-religieux, d'hostile à la liberté, elle réclame et approuve l'application des lois qui doivent être les mêmes pour tous les citoyens et que je ferais respecter, énergiquement, si j'étais au pouvoir. Vous affirmez que la presse de province — la presse modérée — ne peut, après cette déclaration signée de mon nom, me patronner. Certains journaux ont, en effet, une situation toute spéciale que je vois fort bien : ils comptent, parmi leurs lecteurs, autant de bonapartistes, de royalistes que de républicains allant à la messe et s'ils me louangeaient, et si, même simplement, ils osaient dire que je ne suis point un mangeur de curés, on ne les croirait pas et les abonnés s'en allant mécontents, ils seraient ruinés. Cela est fâcheux; mais en dépit du mal que cette situation me cause, si j'étais à écrire ma lettre, je l'écrirais telle qu'elle a été imprimée. Les modérés savent bien, cependant, que je suis l'ennemi de toute persécution, le partisan de la liberté de conscience, l'observateur du Concordat. Mais ils sont comme les grenouilles qui demandent un roi : je m'offre à eux et ils me repoussent craignant que je ne les dévore. Ce n'est pas moi qui les croquerai ; il y aura quelqu'un qui se chargera de cet office et ils me regretteront.

Je ne pouvais que m'en tenir à la mission que j'avais acceptée, je détournai la conversation et le Prince qui était en verve, sans doute, de causerie, ce jour-là, me parla bientôt des événements, des hommes du moment et me fit entendre cette appréciation pittoresque.

— Gambetta est un bon garçon, au fond, qui ne veut que la paix. Il n'a point la cruauté nécessaire, souvent, en politique; c'est un sentimental, comme tous les gras. Il règnera. Il sera premier ministre. Mais ce sera le lion amoureux. Il se laissera rogner les ongles, arracher les crocs. Il fera

sous lui. Quant à M. Jules Ferry, c'est différent.
Il a, en lui, de la froideur du chirurgien qui taille les
chairs, sans être ému par les cris du patient. C'est
un homme de gouvernement. Il a fait l'article 7, et
a préparé les décrets; il n'a pas lâché son dernier
mot. Un triomphe ou une dégringolade? Que lui vau-
dra ce dernier mot? Je ne sais. Mais qu'il soit ceci
ou cela, soyez certain qu'il ne permettra jamais qu'on
l'enterre vivant. C'est un taureau maigre et collant.

Et le Prince ajouta, après un silence, cette phrase
que j'ai reproduite dans le premier chapitre de *la
Cour de Napoléon III* :

— Je ne parle pas de M. de Cassagnac : c'est un
bon zouave pontifical.

L'un des derniers actes politiques du prince Napoléon fut le manifeste dont il couvrit les murs de
Paris, et qui lui valut quelques semaines d'incarcé-
ration à la Conciergerie.

Lorsqu'il rentra chez lui, il sembla découragé et
l'on n'entendit plus guère prononcer son nom jusqu'au jour où son fils aîné, le prince Victor, se sépa-
rant de lui, le fit sympathique, sinon aux yeux des
hommes d'opinion, mais aux regards de tous les pères.

Le récit exact de la scène qui détermina la rupture
entre le prince Napoléon et son fils, m'a été fait par
un ami intime du Prince et je le rapporte, ici, tel qu'il
m'a été communiqué.

Le fait brutal, dans cette rupture, est su. Mais le

lecteur, mais la foule ont toujours ignoré les péripéties, certainement pénibles, qui l'ont accompagné.

Vers qui doivent, dans cette circonstance, être dirigées les responsabilités, les accusations ? Vers le père ou vers le fils?

Je crois que l'un et l'autre ont été victimes de compétitions, d'ambitions et de rancunes étrangères à leur intimité; je crois que ce père et ce fils ont été séparés, comme malgré eux, dans le jeu d'une fatalité.

Quelque temps après la mort du Prince Impérial, le prince Victor ayant été désigné par le malheureux enfant comme son successeur à l'Empire, le parti bonapartiste entra en mouvement, se partagea en deux camps — l'un, dressant ses tentes autour du prince Victor; l'autre, établissant ses quartiers autour du prince Napoléon.

M. Jolibois — et avec lui tous les survivants de ce qui avait été, sous le Second Empire, le parti de l'Impératrice se levèrent; M. Jolibois prit la tête de la fraction antijérômiste, et aidé par quelques trop fervents amis, réussit à persuader à l'enfant qu'il devait, dans l'intérêt de la cause, et pour obéir au Prince Impérial mort, rompre avec son père.

Comme le prince Victor semblait réfractaire à une telle résolution, M. Jolibois et ses adhérents tentèrent une démarche auprès du prince Napoléon, pour l'amener à une abdication en faveur de son fils.

Il me paraît inutile de dire comment cette proposition fut accueillie.

Alors les *conjurés* changèrent leur tactique et, se retournant vers le prince Victor, lui déclarèrent que, dans tous les cas, il ne devait, il ne pouvait plus demeurer, non seulement avec son père, mais même continuer d'habiter sous le même toit, dans la même maison.

Le jeune homme eut encore quelques révoltes; mais comme, en définitive, on lui affirmait que, de ses décisions, dépendait l'avenir de sa dynastie, peut-être le succès d'une restauration prochaine, il se soumit et approuva la conduite de ses amis.

Cependant, le prince Napoléon ignorait ce qui venait de se passer et son fils ne pouvait différer davantage de lui faire part de ses projets.

Après le déjeuner, un matin, il dit à son père qu'il avait résolu de vivre, désormais, libre, et qu'il lui demandait l'autorisation de se séparer de lui.

Le prince Napoléon, ne comprenant que peu les paroles de son fils, lui répondit :

— Je ne m'oppose nullement à ce que tu sois libre. Tu es jeune. Je comprends parfaitement tes désirs; je les approuve même et je vais m'occuper de te louer un appartement séparé du mien.

Le prince Victor hocha la tête :

— Je vous remercie, mon père, fit-il; mais ce n'est point ainsi que j'entends être libre; il me paraît bon,

dans l'intérêt de notre cause, que nous soyons entièrement séparés et, à cet effet, je dois vous avouer
que j'ai moi-même choisi et arrêté un appartement.

Et il ajouta :

— J'ai besoin d'être seul. Mon parti exige cette
séparation et je dois obéir au vœu de mes amis.

Le prince Napoléon en croyait à peine ses oreilles.

— Ton parti, ton parti, s'écria-t-il, impatienté ;
mais, enfin, de quel parti parles-tu ? Il n'y en a pas
deux, dans notre cause ; le mien est le tien.

Puis, paternel :

— Voyons, as-tu besoin d'argent ? T'ennuies-tu ?
J'augmenterai ta pension ; je te laisserai libre, absolument libre.

Mais le jeune homme ne broncha pas.

— Non, déclara-t-il, non et merci, mon père. Ce
n'est pas de cela qu'il s'agit. Une séparation, tout
simplement, s'impose entre nous.

Alors le prince Napoléon éclata :

— Ah, je comprends enfin ; on veut nous rendre
ennemis et on te place, en face de moi, en adversaire.
Soit. Mais tu n'iras pas loin. Tu es commandité, n'est-
ce pas, pour me parler ainsi ? Tu es entretenu, sans
doute, par les soins de Jolibois, comme une cocotte
(*textuel*), comme une fille ? Eh bien, va !

Et quittant son fils, il se retira dans sa chambre.

Cette heure fut la dernière que passa le jeune
homme avec son père.

Le prince Victor reste seul et libre, maintenant, chef suprême du parti.

Mais il me paraît difficile qu'il prenne la place de ce père qui s'est éteint et qui, en dépit des fautes politiques qui ont été les siennes, reste, je le répète, comme l'un des hommes les plus remarquablement intelligents de nos jours.

L'exil qui avait frappé le prince Napoléon, dans les dernières années de sa vie, avait mis, presque, le silence autour de lui, et la tombe qui renferme sa dépouille semble s'être définitivement emparé de son nom même.

Cependant, les lettrés, les artistes, ne sauraient oublier que cet homme les aima avec passion et les jugea avec raison. Les politiques, également, ne sauraient méconnaître les qualités qui le caractérisèrent, qui le placèrent bien au-dessus des mesquines préoccupations, et les philosophes dont il s'entourait, dont il recherchait la compagnie, dont il écoutait la parole, seraient ingrats en détournant de son ombre leur souvenir.

Mais, entre tous, les lettrés ne doivent pas ignorer qu'il fut un écrivain de haute envergure ; — son livre : *Napoléon et ses détracteurs*, répondant à un ouvrage de M. Taine, est un pur chef-d'œuvre — et la confraternité qu'il désira, dont il s'enorgueillisait, me paraît lui valoir, assez justement, un hommage.

Quant au public qui s'est intéressé à son agonie terrible, qui a été ému par le drame familial qui tourmenta cette agonie — le prince Victor ayant supplié son père de le bénir, celui-ci se dressa, moribond déjà, sur son lit, et lui cria dans un anathème : — « Va-t'en, va-t'en ! » — quant au public, dis-je, devant qui l'on a toujours représenté le prince Napoléon, comme un damné poursuivi par des anges vengeurs, comme un réprouvé chassé d'un Eden, il peut ajouter foi au portrait que j'ai tracé de cet homme, et se convaincre, que doué de toutes les qualités nécessaires à un chef de gouvernement, il fut le jouet d'un méchant sort qui l'empêcha sans cesse de montrer ces qualités — pareil à ces héros de la Fable, en l'âme de qui des fées ont mis tous les charmes, mais qu'une fée plus habile frappe d'impuissance, on ne sait pourquoi.

En somme, le destin fatal qui pesa sur tous ceux de sa race, sur tous ceux de son nom, pesa sur le prince Napoléon ; mais, dans une malignité implacable, ce destin ne lui accorda point ce qu'il donna à tous les siens : la gloire rouge des batailles — semblable aux apothéoses du ciel, à l'heure des couchants — ou l'horreur tragique des défaites, semblable aux ténèbres de la terre, à l'heure des cataclysmes ; il l'affubla d'un rôle médiocre ; il le jeta dans une voie misérable, et derrière son masque de médaille antique, derrière son masque superbe de César, il mit l'aventure banale d'un bourgeois qui aurait des ailes d'aigle et qui passerait ainsi, dans la vie, provoquant la moquerie — silhouette de carnaval dont l'âme, révoltée, pleurerait de honte et de colère.

IV

OMBRES TRAGIQUES

Deux hommes, tragiques, dans un sens différent, passent au travers de l'aventure du Second Empire et guettent l'empereur Napoléon III, à l'imitation des traîtres de mélodrame. Ces deux hommes sont MM. de Bismarck et de Cavour. Deux femmes pèsent sur sa vie, sur la destinée de son trône, comme une fatalité au masque double, et apparaissent, vivantes encore, de chaque côté de sa tombe, comme deux génies des ténèbres. Ces deux femmes sont l'impératrice Eugénie et l'impératrice Charlotte, du Mexique.

Devant l'Europe attentive et soumise, ces deux hommes, Bismarck et Cavour, se dressent, et osent faire ce rêve : abattre l'Empereur ; devant l'Europe courbée sous la magnificence du nom de Napoléon, de ce nom dans les syllabes duquel grondent les colères et les gloires du siècle à sa naissance, dans les syllabes duquel chante l'hosannah de nouvelles victoires, ces deux hommes, Bismarck et Cavour, ont ce dessein, qui eût semblé inouï s'ils l'avaient confié aux peuples : écraser l'Empereur.

Devant l'Europe étonnée, une femme se lève, jalouse de la puissance, de l'autorité de Napoléon III, désireuse de confisquer cette puissance et cette autorité à son profit, sans calculer les conséquences d'un tel souhait; une femme place, non dans la cruauté de son cœur, ce qui serait odieux, mais dans l'inconscience de sa situation, dans la légèreté de son espoir, des embûches sous les pas de l'Empereur, et cette femme est l'impératrice Eugénie. L'aventure romaine lui procure, à demi, la félicité vers laquelle elle tend et l'épilogue du règne impérial lui apportera cette félicité, pour une heure, en des larmes et en du sang.

Une femme, aussi, sur ce théâtre dont les toiles de fond sont des mondes, paraît, et cette femme, l'impératrice Charlotte, échappée toute radieuse d'une sorte d'Eden, éveillée à peine à la vie et à l'amour, comme auréolée de soleil et de fleurs, surgit, dans toute la nudité violée d'une victime et d'une sacrifiée, dans toute l'ignorance du péril en lequel on la jette, et lorsque la foudre l'atteint, elle reste, debout sur la scène, dans l'attitude d'un fantôme et elle entre, spectre désormais terrible, dans les jours de l'Empereur, dans ces jours qui s'émiettent et qui

luttent, comme une lugubre hantise, comme un mal
dont on ne guérit pas.

Une différence considérable existe dans les procédés qu'employèrent MM. de Bismarck et de Cavour
pour amener Napoléon III, sinon à les seconder dans
leurs projets, volontairement ou inconsciemment,
du moins pour reporter sur son nom et sur sa politique, toute la force de leurs conceptions.

M. de Bismarck qui voulut avoir Napoléon III dans
son jeu, avec l'arrière-pensée de s'en débarrasser
lorsqu'il en aurait obtenu l'appui qu'il désirait, mais
qui ne le gagna jamais à ses théories, était devant
l'Empereur comme un chercheur d'énigmes devant
un sphinx, et l'on peut dire qu'il ne sut jamais bien
ce qu'il en retirerait, qu'il ne sut jamais bien quel
bénéfice il en obtiendrait, dans la surprise, dans
l'imprévu des événements. Les événements, en mettant Napoléon III à la merci de M. de Bismarck,
firent plus, pour le bouleversement de l'Europe,
que le génie spécial du ministre prussien.

Il en est tout autrement de M. de Cavour. Le
comte de Cavour savait à merveille, et mathématiquement, ce qu'il entendait demander à l'esprit rêveur, à l'esprit humanitaire de l'Empereur et ce qu'il
comptait faire naître de sa politique. Plus insinuant,
moins brutal que M. de Bismarck qui, avec ses façons
d'ogre, avec ses grondements de boule-dogue, effrayait, il comprit l'âme de Napoléon III, en flatta

les aspirations et si, en histoire, les déductions philosophiques peuvent être permises, il n'est point audacieux d'affirmer que l'Empereur, délivré des liens
qui l'attachaient à l'Italie, que l'Empereur, indépen-
dant et non inquiété par l'échéance d'une dette à
payer, aurait, sur les sollicitations du comte de Cavour, travaillé tout autant à la libération territoriale
et politique de cette nation. Dans sa marche en avant,
en faveur de l'Italie, dans le bel enthousiasme qui
l'entraînait vers elle, vers sa grandeur et vers son
unité, il est probable qu'il eût fait bon marché, même,
du pouvoir temporel du Pape, s'il n'avait été arrêté
par la crainte de provoquer les colères de l'Impératrice, s'il n'avait redouté une rupture avec ses conseillers habituels, avec le parti autoritaire dont il
avait, alors, besoin et qu'il n'était point en mesure de
remplacer.

A l'unité de l'Italie, donc, succéda l'unité de l'Allemagne. Dans l'ordre politique de l'Europe, M. de
Bismarck est comme le corollaire de M. de Cavour.
L'un et l'autre prennent du sang français pour cimen-
ter la gloire de leur patríe; l'un et l'autre se par-
tagent la dépouille de l'Empereur : M. de Cavour en
s'emparant de son cœur, M. de Bismarck en le frap-
pant à la tête.

Tous deux viennent en France, à Paris, en diverses
circonstances, et chaque fois ils trouvent devant eux
l'adulation, l'admiration. Les belles dames de la Cour

leur font fête, s'arrachent leurs sourires, leurs paroles, et les petites, les humbles lectrices même de
l'Impératrice — l'une d'elles en a fait l'aveu en ce qui
concerne M. de Bismarck — se sentent gagnées par
l'engouement général et rêvent des deux grands
hommes qui passent auprès d'elles.

Il y eut, alors, aux Tuileries, un état d'esprit particulier qu'il est utile de noter. La cervelle des
courtisans des deux sexes semblait être mise à l'envers — pour me servir d'une expression vulgaire —
par tout ce qui venait de l'étranger. Insouciants des
choses qui avaient le nom français, des misères ou
des joies du pays, des douleurs ou des espérances du
peuple, les hommes et les femmes qui vivaient à la
Cour, affichaient une ardente ferveur, une profonde
sollicitude pour tout ce qui se passait au delà des
frontières, et se donnaient à tout ce qui portait un
caractère d'exotisme, dans la plus parfaite impré-
voyance d'intelligences mal dirigées.

M. de Cavour, avant M. de Bismarck, avait compris et exploité cette situation. M. de Bismarck, à
Biarritz, et plus tard, en 1867, lorsqu'il reparut à
Paris, pour les fêtes de l'Exposition, pour prendre
place dans cette apothéose impériale après laquelle
l'étoile des Bonapartes s'éteignit, la remarqua, et
puisa en elle une aide incontestable.

Je me souviens qu'enfant, on me conta une légende étrange. Dans une contrée lointaine, il y avait

un méchant fantôme qui était partout et qui n'était nulle part, qui apparaissait, soudain, là où on le croyait absent, et qui avait la spécialité terrible de se dresser au milieu des festins nuptiaux, des assemblées familiales, des réjouissances publiques. Or, chacune de ses visites était suivie de la ruine ou de la mort de ceux que son regard avait fixés, et rien ne pouvait soustraire à leur destinée mauvaise, les malheureux qu'il avait ainsi condamnés.

Cette légende m'effrayait beaucoup, et je cachais ma tête, en l'écoutant, contre la poitrine du narrateur. Elle m'effraie encore, aujourd'hui, si je pense qu'en 1867, au milieu des rires et de l'allégresse universels, sous les éclats de l'hymne qui proclame la gloire et la sécurité de l'Empire, devant la folie de luxe et d'amour qui s'empare de tous les corps et les secoue, en face de la table gigantesque où se restaurent et s'abreuvent des rois et des peuples, un homme, M. de Bismarck — tel le fantôme de la légende — se dresse, contemple toutes ces choses, tous ces êtres, et, dans un seul regard, leur donne la mort.

Si l'on met à part l'aventure italienne qui eut, dans le règne de Napoléon III, l'aspect aimable, quoique trompeur, d'une popularité sincère, que l'on considère encore — tant il est vrai que l'humanité s'attache à ce qui l'a charmée un jour, même si elle s'est abusée — comme le prologue radieux d'une idylle nationale ; si l'on met à part, dis-je, l'aventure italienne, dans la chronique du Second Empire, il reste deux faits, dans l'époque impériale, qui priment tous les autres, qui marquent l'Empereur et son temps comme d'une fatalité. Ces deux faits ont leurs noms : le Mexique et Sadowa.

Au début de ce chapitre, j'évoquais la figure spectrale de la malheureuse femme qui, morte d'âme, mais vivante de corps toujours, synthétise le désastre du Mexique. Après avoir traversé Paris, pour se rendre dans sa nouvelle patrie, en triomphatrice acclamée, en amante aussi, fière de la majesté neuve de son époux, elle y revint, ainsi que je l'ai déjà conté, en fugitive, en mendiante presque, en solliciteuse, en victime expiatoire et injustement frappée, de la folie — je n'ose dire du crime — de Mme de Metternich et de l'impératrice Eugénie. Et cette femme se dresse, alors, devant l'empereur Napoléon III, qu'elle rend responsable de son infortune, comme la statue animée du Désespoir, comme l'expression funèbre de revendications suprèmes; et, je le répète, à partir de cette heure, elle entre dans sa vie, ainsi qu'une hantise.

J'ai rapporté la scène cruelle et terrifiante qui eut lieu à Saint-Cloud, devant toute la Cour, et qui indiqua les premiers symptômes de la démence en laquelle s'est écroulée la pauvre femme.

Il est une scène beaucoup plus dramatique qui eut pour acteurs l'impératrice Charlotte et l'empereur Napoléon III. Elle se produisit quelques jours après l'incident de Saint-Cloud, et elle porte le caractère d'une indéfinissable, d'une tragique grandeur, d'une horreur infiniment humaine.

Plusieurs fois, l'impératrice Charlotte, durant son séjour à Paris, avait demandé à l'Empereur une entrevue, pour lui exposer les motifs de son voyage en Europe et pour le décider à continuer de donner à Maximilien, son mari, l'appui qu'il lui avait prêté et qu'il lui retirait.

Napoléon III qui n'ignorait pas la nature de l'entretien qu'on exigeait de lui et qui était résolu à délaisser, purement et simplement, l'aventure mexicaine, à la passer par profits et pertes, pour employer le style commercial, se dérobait aux prières de la jeune femme ; mais il vint une heure où il ne put se soustraire à sa requête.

L'Empereur, sous l'influence de l'enthousiasme de sa compagne, sous l'influence aussi de l'intrigue diplomatique dirigée, secrètement, par Mme de Metternich et, officiellement, par le prince son mari, s'était peut-être laissé convaincre que la campagne du Mexique, que l'installation d'une monarchie sur la terre américaine, pouvait apporter quelque éclat à son règne, et il avait soutenu cette campagne, et il en avait affirmé les résultats tant que le mirage déce-

vant des victoires obtenues, ne lui avait pas permis
de se recueillir. Mais, ayant constaté que l'empereur
Maximilien ne possèderait jamais l'affection des
Mexicains, la sympathie affectueuse d'un peuple réfractaire à tout élément étranger; mais, ayant vu
l'erreur dans laquelle il était tombé, il était rentré
dans sa tente et il avait prononcé « *l'alea jacta est* »
des anciens. C'était peu généreux, peut-être; mais
la raison d'Etat est cruelle, souvent, et ne prend point
ses effets dans la générosité, dans la sentimentalité.

Lorsque, donc, Napoléon III accorda à l'impératrice
Charlotte l'audience qu'elle attendait avec tant de
fiévreuse impatience, sa réponse au discours de la
jeune femme, à ses larmes prévues, à sa colère
même, était préparée.

Très nerveuse, très excitée, ayant par moments dans
les yeux une lueur d'égarement, l'impératrice Charlotte, dans une espérance et dans une crainte, à la
fois, s'était apprêtée à recevoir l'Empereur. Dans
une espérance, car elle cherchait à se persuader que
Napoléon III, après avoir créé un trône pour son
mari, ne souffrirait pas qu'on brisât l'œuvre qu'il avait
construite; dans une crainte, car, déjà, par ses paroles évasives, par ses gestes découragés, par la pitié
qu'il lui témoignait, le souverain lui avait fait comprendre qu'il devenait indifférent à son roman. Elle
avait des hallucinations et, comme dans une obsession, la vision qui l'avait terrifiée à Saint-Cloud, cet

effroi d'un poison qui la menaçait et qu'on voulait lui faire boire — se reformait en son imagination et la jetait en des crises lamentables.

Quand l'Empereur lui fut annoncé, elle alla à sa rencontre et, bientôt seule avec lui, brusqua les préliminaires de la conversation qu'elle recherchait, en établissant nettement le sujet qui l'intéressait.

— Votre Majesté est-elle émue, enfin, dit-elle, par le triste sort qui est fait à mon mari, loin de moi, et puis-je espérer qu'elle le secourra?

L'Empereur demeura un instant silencieux, puis, dans un murmure, dans un accent de grande déférence, de sincère chagrin, il répliqua :

— Mes engagements, madame, ont pris fin, et je ne puis les renouveler. Ma volonté même serait impuissante à les maintenir : mon gouvernement et les Chambres repousseraient mon désir.

— Vous êtes le maître, sire.

— Je suis le maître, madame, le maître obéi et respecté, lorsque mes ordres sont conformes aux intérêts et à la gloire de la France. Mais — et Napoléon III s'anima — je ne suis pas le maître, je ne dois pas être le maître de précipiter mon pays dans un péril imminent, dans une guerre sans limites, sans résultats appréciables pour sa prospérité.

— Sire, vous ne parliez pas ainsi, naguère.

— Naguère, madame, j'espérais.

— Vous espériez?

— J'espérais que l'empereur Maximilien saurait profiter de l'aide que je lui apportais, pour se faire aimer de son peuple, pour comprendre ses besoins, pour s'inspirer de son esprit et pour continuer seul l'œuvre entreprise en commun.

— Et maintenant?

— Je n'ai plus cet espoir.

La jeune femme eut un frémissement ; elle se leva, passa la main sur son front, fit quelques pas dans le salon et murmura :

— C'est affreux !

Puis, revenant s'asseoir devant l'Empereur, elle reprit l'entretien, suppliante :

— Sire, on dit que vous êtes bon, que votre cœur est ouvert aux malheureux. L'infortune frappe mon mari et me frappe. Ayez pitié de lui, ayez pitié de moi. Je vous implore. Une fois encore, sire, venez à notre secours, et nous vous aimerons, et nous vous bénirons.

Et, saisissant l'une des mains de l'Empereur, elle tenta de la porter à ses lèvres, dans le geste de s'agenouiller.

Napoléon III, vivement, retint ce mouvement. Très ému, il s'inclina devant celle qui le priait, effleura ses doigts de sa bouche, et répondit :

— Vous parlez, madame, comme si votre mari courait un danger. Il ne tient, en vérité, qu'à lui d'éviter ce danger. Qu'il suive la retraite de mes troupes et laisse-là ce rêve d'Empire qui n'aura été qu'un mauvais rêve.

L'impératrice Charlotte se redressa, orgueilleuse :

— Eh quoi, sire, vous conseillez la fuite à mon mari ? La fuite, c'est-à-dire le déshonneur, une lâcheté ?

— Un général, madame, ne se déshonore ni ne commet une lâcheté parce qu'il capitule, ayant perdu une bataille. L'empereur Maximilien n'est-il pas dans la situation d'un général vaincu ? Qu'il fasse ainsi que lui. Laissons-là les grands mots, d'ailleurs, avec lesquels on ne crée rien de raisonnable ou d'utile. Vous êtes souffrante, madame, vous êtes très nerveuse. De grâce, calmez-vous.

L'Impératrice, debout, n'écoutait plus Napoléon III.

— Jamais, disait-elle, dans une exaltation croissante, jamais Maximilien n'acceptera ce conseil. Jamais il ne fuira. Jamais il ne tournera le dos aux révoltés qui veulent lui arracher sa couronne. Il mourra, s'il le faut, pour la cause qu'il a embrassée, et je mourrai avec lui.

La voix de l'Empereur s'éleva de nouveau :

— Madame, je vous en supplie, examinez plus froidement les raisons que je vous soumets, les avis que je vous donne. L'avenir de l'empereur Maximilien, le vôtre, y sont attachés.

Mais la jeune femme, l'œil vague, comme perdu

dans l'espace, comme fixé sur un péril invisible vu d'elle seule, semblait ne plus entendre son interlocuteur. Et sa bouche s'agitait, et elle semblait psalmodier :

— Il mourra, il mourra, et je mourrai avec lui. Et l'on nous mettra, tous deux, dans la même tombe, et nous nous aimerons, malgré la méchanceté des hommes. Et nous serons glorifiés, et l'on chantera notre gloire.

L'Empereur eut, alors, un mouvement d'effroi et d'impatience. Il se rappelait la crise qu'avait eue l'impératrice Charlotte, à Saint-Cloud, et il en redoutait le retour. Doucement, il toucha du doigt le bras de la jeune femme et la fit rasseoir. Elle lui obéit, d'abord, comme inconsciente ; puis, l'ayant regardé obstinément, en paraissant ne pas le reconnaître, elle sembla se souvenir et dit :

— Ah, oui, vous êtes l'empereur Napoléon III, cet Empereur tout-puissant qui a fait mon mari son égal, et je suis, moi, une pauvre femme qui vous implore, pour ce malheureux que vous condamnez.

Puis, dans une soudaine dureté d'accent :

— Ainsi, cela est résolu ? Vous nous abandonnez, sire, et nous n'avons plus à espérer en vous ?

— Je vous l'ai dit, madame, conclut l'Empereur que ce rappel sensé à la situation pénible qui était la sienne, rassura, il n'est plus en mon pouvoir d'être utile à l'empereur Maximilien.

Pour la seconde fois, la jeune femme se leva, et elle se mit, immobile, à regarder attentivement et tristement Napoléon III, qui, gêné, par cette attitude, par l'obsession magnétique qui en résultait, baissa la tête. Puis, soudain, sans avoir prononcé une parole, l'impératrice Charlotte s'anima, et, s'écroulant aux pieds de l'Empereur, à genoux maintenant, les mains jointes, sans que le souverain ait pu prévenir et empêcher cette supplication suprême, elle s'exprima comme les fidèles s'expriment devant le dieu qui a leur foi, en lequel ils mettent leur espérance dernière :

— Sire, dit-elle — et sa voix avait comme des caresses, comme des séductions chastes et douloureuses — l'empereur Maximilien, mon mari, a des ennemis, là-bas, qui ne pardonnent pas. Seul, contre eux, il sera faible et succombera. Je suis venue vers vous pour le sauver, et il attend mon retour avec une affectueuse impatience, dans l'anxiété du condamné qui compte les heures qui le rapprochent de la mort. Sire, vous avez aimé, et il est impossible que le souvenir de votre bonheur vous laisse indifférent, devant les affections d'autrui. J'aime mon mari, sire, et il m'aime ; je suis tout pour lui, et il est tout pour moi. Je vous demande sa grâce et je vous demande la mienne. Je vous demande de ne point permettre qu'on le sacrifie à l'orgueil d'un peuple révolté, et de la main qui, parfois, rend la vie aux criminels, j'espère la vie d'un honnête homme, la vie de l'empereur Maximilien.

La pauvre femme se tut, épuisée ; un sanglot la secoua tout entière, et, comme si elle eût mis son âme dans la prière qu'elle adressait à Napoléon III, elle s'affaissa, lamentablement brisée.

L'Empereur, doucement, tenta de la relever, lui prodigua des consolations. Mais cette scène, qui se prolongeait, dans sa navrante inutilité, le peinait sincèrement, et avec la hâte de la terminer, il répondit :

— Je ferai tout ce qui dépendra de moi, madame, pour votre bonheur, pour votre sécurité, pour la sécurité et pour le bonheur de votre cher mari ; mais, hélas, je ne saurais vous abuser sur les intentions de mon gouvernement, dans l'affaire qui vous occupe : la France, désormais, ne combattra plus pour le maintien de l'empereur Maximilien sur le trône du Mexique.

Mais à peine eut-il prononcé ces mots, qu'il recula effrayé.

L'impératrice Charlotte s'était redressée tout à coup, avait bondi, presque, et menaçante, la bouche contractée, folle, superbement et épouvantablement folle, droite, toute droite, devant Napoléon III, elle criait sa détresse, sa colère et sa haine :

— Sire, on dit que vous êtes bon : c'est un mensonge ! Sire, on dit que vous êtes un souverain magnanime : c'est un mensonge ! Sire, on dit que vous êtes glorieux : c'est un mensonge ! — Vous êtes, sire, un homme méchant. Vous êtes, sire, un maître sans autorité. Vous êtes, sire, un chef sans idéal. Vous êtes la Fatalité, et nous sommes vos victimes. Vous créez le mal, vous laissez le mal s'accomplir. Mais le mal retourne vers sa source ; il vous frappera à votre tour, et vous n'irez pas loin, sire. Vous vous effondrerez, vous et votre trône, sous le coup d'un destin que vous méconnaissez !

Puis, dans une exaltation croissante, dans un égarement qui s'emparait d'elle à mesure qu'elle parlait, elle étendit son bras, en un geste automatique, et elle commanda par trois fois :

— Arrière, arrière, arrière !

Et elle ajouta :

— Sire, c'est à moi de vous dire : je n'attends plus rien de vous.

L'Empereur, devant cette fulgurante apostrophe, s'était tout d'abord levé, surpris. La violence de la jeune femme l'avait ensuite rempli de colère — d'une de ces colères rares et sans limites qui le prenaient, parfois. Mais, considérant le désespoir de l'impératrice Charlotte et l'excusant même, dans son expression outrée, il s'était calmé, il avait ressaisi son sang-froid et il avait écouté, sans une parole, sans un mouvement, les imprécations, les malédictions qui l'atteignaient.

Et lorsque l'impératrice Charlotte, dans l'explosion finale de sa détresse, l'avait chassé, il avait esquissé un geste de profonde commisération, il s'était incliné, et il était sorti.

De retour au château, il s'était enfermé et avait consigné sa porte.

L'empereur Napoléon III redoutait les présages, et cette femme qui lui jetait son deuil prématuré à la face, l'inquiétait. Il lui semblait doux de se retrouver, sans doute, en cette heure, seul avec son étoile; il lui semblait utile, peut-être, de la consulter; et, dans un effort de son imagination, qui sait s'il ne la voyait point encore lui sourire? Et, dans un effroi de son âme, qui sait s'il ne la vit point, alors, pâlir?

Les incidents qui précédèrent et qui suivirent le désastre de Sadowa, furent d'un ordre moins intime et relèvent davantage de la politique proprement dite.

Par deux fois, en 1864 et en 1865, M. de Bismarck eut, avec l'empereur Napoléon III, des entretiens sur l'état de l'Europe et sur les bénéfices à retirer de cet état; mais aucun de ces entretiens, dans lesquels M. de Bismarck recherchait une entente avec le cabinet des Tuileries, n'eut de résultat favorable à une action commune de la France et de la Prusse, contre leurs voisins.

En 1864, M. de Bismarck s'était attaché à calmer

l'irritation, l'inquiétude, que la défaite du Danemarck avait causées à Napoléon III, et il était rentré à Berlin, ayant à peu près réussi dans sa mission, ayant tout au moins remporté l'assurance que la France laisserait s'accomplir les événements, ne se mettrait pas immédiatement en travers de leur réalisation.

En 1865, à Biarritz, M. de Bismarck eut moins facilement raison de la neutralité de l'Empereur. Sa précédente entrevue avec le souverain pouvait lui donner l'espoir qu'il en ferait, sans trop de discussion, un allié utile à la cause qu'il défendait ; mais l'Empereur demeura énigmatique, impénétrable, se renferma en de vagues généralités sur la prospérité des peuples de l'Europe et ne conclut pas. J'ai raconté, ailleurs, la conversation qu'eut M. de Bismarck avec M. le comte Walewski, après la visite de Biarritz. Il résulte, en effet, de cette conversation que M. de Bismarck rayait, dès alors, la puissance de Napoléon III de son carnet, et qu'il la considérait, ne pouvant la faire agir à son profit, comme un obstacle désormais nuisible à sa politique et bon à être détruit. Ce qu'avait tenté M. de Bismarck auprès de l'Empereur, M. de Goltz le tenta également, on le sait, et sans plus de succès.

Il s'agissait alors, pour Napoléon III, d'amener l'Autriche à s'entendre amiablement avec le cabinet de Paris, au sujet de la question italienne et en vue d'une indépendance complète de cette nation ; il s'agissait, en un mot, de rendre effectifs, sans effusion de sang, les fameux mots jadis prononcés par Napoléon III en faveur de l'Italie : — « Libre jusqu'à l'Adriatique. »

Victor-Emmanuel, involontairement ou sciemment, ne permit pas à l'Empereur de mener loin les négociations qu'il avait entreprises par l'intermédiaire de M. de Metternich. Sollicité par la Prusse, il s'engagea, au cas d'un désaccord entre le cabinet de Vienne et de Berlin, à déclarer la guerre à l'Autriche, et ce traité secret, connu à Vienne à la suite d'une indiscrétion de chancellerie, fit avorter toute négociation conciliatrice.

L'Autriche se sentant menacée, alors qu'elle faisait preuve de bonne volonté pour arriver à un résultat pacifique, dans la question qui alors troublait l'Europe, abandonna les pourparlers et se retrancha dans ce qu'elle appela son droit, dans cet argument suprême et qui sent la bataille, que toutes les nations produisent aux heures des crises politiques et qu'elles nomment, également, leur droit.

Ce fut à cette époque que M. de Bismarck, pour prévenir les susceptibilités de Napoléon III dans les complications internationales qui se préparaient, inventa l'hypothèse d'une annexion du Luxembourg et de la Belgique à la France comme compensation à sa neutralité, comme fiche d'équilibre offerte à sa puissance. Il faut le dire, cependant, l'Empereur n'envisagea jamais sérieusement ces propositions, et elles n'eurent aucune influence dans son attitude à la veille du conflit austro-prussien.

L'Empereur, en ce temps, ne voulait pas la guerre et il faut reconnaître que sa situation était fort difficile. Placé en face du désaccord des cabinets de Vienne et de Berlin, il ne lui était possible d'arrêter les conséquences sanglantes de ce désaccord, qu'en entrant violemment en ligne et qu'en faisant entendre des paroles nettes, décisives, qu'en imposant à la Prusse sa volonté de ne voir se produire aucun choc européen. C'eût été là adopter une politique dénuée de toute équivoque, exempte de toute analyse et de toute intrigue; mais c'eût été, aussi, jouer gros jeu, un jeu qui ne paraissait point, à Napoléon III, compatible avec l'autorité qu'il avait su prendre, car, si ses avis, si son ultimatum étaient dédaignés, une résolution formelle lui était dictée: délaisser son rôle de conseiller, et l'échanger contre celui de belligérant.

Les événements ont démontré que, pour son bonheur et pour celui de la France, l'Empereur n'eût pas dû, alors, hésiter à combattre la Prusse. Mais on ne voit réellement clair, dans les choses de la vie, qu'après l'accomplissement de ces choses, et il est puéril de remonter le cours des faits réalisés pour tirer de ces faits des conséquences, des résultats plus favorables que les conséquences ou que les résultats qu'ils ont offerts. D'ailleurs, dans le cas d'une lutte impossible à éviter, entre la Prusse et l'Autriche, l'Empereur attendait de cette lutte deux certitudes qui le réjouissaient : l'indépendance italienne affirmée et organisée, l'affaiblissement de l'Autriche et de la Prusse — affaiblissement qui procurerait à l'Europe un long avenir de calme et qui permettrait à la France, non plus de se recueillir, mais de se préparer, sans être inquiétée dans son labeur, à s'opposer à de nouvelles et probables prétentions dues au génie tracassier de M. de Bismarck.

La raison de l'Empereur semblait alors celle du plus fort, et il apparaissait aux peuples comme le médiateur suprême de leurs contestations, comme l'édificateur de leurs destinées.

L'opinion publique, qui, en 1866, après Sadowa, était assez bien d'accord avec les propres pensées de Napoléon III ; l'opinion publique, qui allait même au delà de ses pensées, dans l'expression d'une haine irréfléchie contre l'Autriche et d'un enthousiasme enfantin pour la Prusse et pour ses fusils à aiguille, poussait l'Empereur dans la voie qu'il avait choisie et l'engageait à conserver, devant le remaniement européen qui se dessinait, son attitude d'arbitre.

Quelques hommes, parmi les politiques qui entouraient le souverain, alors, n'avaient point la même quiétude, ne voyaient pas dans la montée brutale des événements, la même cause de satisfaction.

D'aucuns conseillèrent à Napoléon III de ne point se contenter d'apaiser, par une sorte de jugement de Salomon, le conflit qui avait abouti à Sadowa ; d'aucuns conseillèrent à Napoléon III d'arrêter l'envahissement de la Prusse au travers de l'Allemagne, d'endiguer ses exigences et de prendre nettement position sur le Rhin, au cas où sa parole n'eût pas été écoutée.

D'autres, tout en étant d'avis que l'attitude offerte à l'Empereur, dans ces circonstances, suffisait à la dignité de la France, eussent souhaité que le cabinet de Paris ne laissât point la paix se rétablir, sans que la Prusse nous donnât des garanties contre un retour possible des choses, contre l'accroissement d'influence que ses victoires lui procuraient en Europe.

L'annexion compensatrice de la Belgique étant écartée, il restait à formuler les exigences qui devaient être présentées à Berlin.

L'Empereur, que le principe des nationalités séduisait, dont le rêve humanitaire était caressé agréablement par les résultats qui en découlaient naturellement, ne fit que peu d'objections à la question, cependant inquiétante, de l'unité allemande. On décida même de ne témoigner aucune méfiance à ce sujet et de reporter, sur d'autres points, les revendications du cabinet des Tuileries.

Ces revendications furent libellées ainsi : rétablissement des frontières françaises, conformément aux clauses adoptées par les puissances en 1814, annexion du Luxembourg et de Mayence, maintien intégral du royaume de Saxe; et il fut arrêté que M. le comte Benedetti, notre ambassadeur à Berlin, se chargerait de les défendre, en les soumettant, dans une audience particulière, à l'examen de M. de Bismarck.

Lorsque M. le comte Benedetti, porteur des propositions dictées par le cabinet des Tuileries, venant de Vienne où il avait été préparer l'empereur François-Joseph aux conditions humiliantes de la paix, se présenta chez M. de Bismarck, le ministre prussien se trouvait au quartier-général du Roi dans une petite localité, sur la route de Vienne. Un armistice avait été conclu pour permettre des négociations, et l'armée prussienne attendait les résultats de cet armistice, prête à reprendre sa marche et à se diriger vers la capitale de l'Autriche.

M. Benedetti trouva M. de Bismarck en assez belle humeur, lui fit connaître les conséquences de son passage à Vienne et lui montra l'empereur François-Joseph sinon abattu, du moins résigné à une cessation d'hostilités sur les bases que l'on sait : confédération des Etats du Nord de l'Allemagne à l'exclusion de l'Autriche, cession de la Venétie à la France, à Napoléon III, qui à son tour la remettrait au roi Victor-Emmanuel.

M. de Bismarck se réjouit de tant de succès, et l'entrevue eût été fort cordiale si M. Benedetti s'en était tenu à l'exposé des seules conditions qu'il venait d'énumérer.

Mais l'entretien faillit devenir orageux, quand notre ambassadeur, donnant un repos à la joie de son interlocuteur, lui fit comprendre que la France n'avait peut-être point tout à fait son compte dans ce déséquilibrement de l'Europe, et qu'elle exigeait pour prix, non seulement de ses bons offices en la circonstance présente, mais de sa neutralité absolue, et comme garantie aussi de sa sécurité à venir, les annexions compensatrices dont j'ai parlé plus haut.

Sous l'influence de sa nature brutale, fidèle à ce premier mouvement de violence qu'il a toujours eu dans les affaires, qu'il n'a jamais pu complètement vaincre, M. de Bismarck se redressa devant le discours du comte Benedetti, se cabra devant ses prétentions et lui répondit qu'en présence de ces prétentions, il ne pouvait se prononcer et désirait prendre l'avis du Roi. Puis, adouci et se ressaisissant comme diplomate, il rappela sur ses lèvres le sourire qui les avait soudainement fuies, et ajouta « qu'il était fort difficile de tout discuter à la fois dans une affaire aussi grave, qu'on avait du temps pour mener à bien toutes choses, et qu'on s'entendrait évidemment ».

Ce fut sur ces assurances vagues, sur cette hésitation, que M. le comte Benedetti le quitta.

Mais lorsque l'ambassadeur, quelque temps après cette entrevue, put voir l'Empereur et put lui expliquer l'échec relatif de sa mission, il était déjà trop tard pour abaisser l'orgueil de la Prusse et pour lui imposer des conditions supplémentaires de paix.

M. de Bismarck, qui savait mettre le temps à profit, s'était, en secret, assuré les sympathies des divers Etats de l'Allemagne en faveur de l'ordre politique nouveau qu'il allait créer, et ces Etats, qui quelques jours plus tôt se trouvaient devant la Prusse dans la situation de belligérants, se déclarèrent satisfaits par les clauses du traité de paix qui leur était soumis ; ils ne se seraient point peut-être prêtés aisément à un recommencement de guerre, à une guerre greffée sur celle qui les avait amoindris, mais qui leur offrant l'éclat et le bénéfice superficiels d'une nationalité, ne leur semblait pas, après tout, haïssable. Une nouvelle campagne, suscitée par la France, était sans objet pour eux, sans but appréciable et ils ne l'eussent pas acceptée.

C'est sur ces sentiments que M. de Bismarck s'était appuyé pour conclure la paix avec l'Autriche, et ce sont ces sentiments que le cabinet des Tuileries avait négligé de prévoir, en ne donnant pas à ses réclamations le caractère d'une exigence immédiate.

9.

La Prusse s'étant, par une paix hâtive, débarrassée de l'Autriche et fortifiée de tout ce que l'amour-propre allemand peut avoir de puissance lorsqu'on agite devant lui la question d'origine, de nationalité, s'était rapidement retournée contre la France, et aux propositions du cabinet des Tuileries, formulées pour la seconde fois par M. Benedetti, avait répondu par une fin de non-recevoir absolue. Elle rejetait, en bloc, et sans discussion presque, l'ensemble de ces propositions, et se refusait à admettre quelque annexion que ce fût, à notre territoire, quelque modification que ce fût, à nos frontières.

Ce fut, alors, comme une stupéfaction dans l'entourage politique de Napoléon III. On eût dit qu'un coup de vent formidable — avant-coureur d'une tempête — passait sur les Tuileries, surprenant ceux qu'elles abritaient dans leur sommeil, comme l'un de ces coups de vent aussi qui, en pleine mer, secouent soudainement un navire, le désemparent et jettent la terreur en l'âme des passagers.

Cependant, il était nécessaire de ne point s'attarder dans un effroi, de concevoir de rapides résolutions, et l'Empereur qui n'avait pas voulu la guerre quelques semaines auparavant, mais que l'avenir, maintenant, inquiétait, qui comprenait que d'une action décisive allait, sans doute, dépendre sa gloire et la fortune de la France, rappela M. Benedetti qui revint à Paris précipitamment.

La Prusse n'avait tenu compte d'aucune de nos demandes compensatrices : il fallait donc, et sans hésitation, aviser.

L'heure qui sonna, alors, fut une heure pleine de rumeurs, fut une heure hautement tragique, et elle doit être notée dans la vie de l'empereur Napoléon III comme l'une des plus cruelles de son règne, comme la première et la plus sensitive de sa longue agonie morale.

Sollicité par son ministre des Affaires étrangères de déclarer la guerre à la Prusse, au risque d'avoir contre lui la nouvelle Allemagne tout entière, au risque de voir l'Autriche abandonner la partie et demeurer inactive dans sa défaite, au risque même d'être oublié par l'Italie qui se couvrait de lauriers facilement cueillis, et que son succès imprévu — un succès né d'une déroute — faisait indifférente déjà ; sollicité vivement, dis-je, par M. Drouyn de Lhuys, de déclarer la guerre à la Prusse sans lui permettre de reconstituer son matériel de campagne ruiné, ou à peu près, par ses récentes luttes, l'empereur Napoléon III, que la colère animait, que l'hypocrisie prussienne indignait, s'était décidé à marcher sur le Rhin.

Mais, lorsqu'il s'apprêta à donner les ordres nécessaires à l'organisation d'une campagne, lorsqu'il communiqua à ses conseillers et aux chefs de son armée ses intentions, il eut une déception désolante.

Une sorte d'effarement se produisit autour de lui. Les hommes politiques hochèrent la tête, en murmurant qu'on allait — pour une vaine blessure d'orgueil et sans que la France fût en rien menacée — se lancer dans une aventure bien audacieuse; les militaires se disputèrent et se trouvèrent en désaccord sur l'issue probable de la campagne.

On mit en opposition avec notre armement celui que la Prusse venait d'expérimenter; on douta que nos forces fussent capables d'arrêter une invasion probable. D'aucuns ayant réclamé, avant de prendre une décision définitive, la nomination d'une commission chargée d'examiner l'état militaire de la France comparé à celui de la Prusse, l'Empereur comprit que ses conseillers redoutaient les responsabilités et se dérobaient à son appel.

Il restait seul — seul, avec sa foi en son étoile — abandonné par les propres soutiens de son trône et de sa dynastie, devant la France, à qui il allait demander de se jeter sur l'Allemagne.

Il ne crut pas devoir se charger de la gloire ou de l'infortune qui résulterait d'une telle résolution, et, baissant la tête, dans la tristesse de son âme, dans l'humiliation de son espérance, il se résigna à l'inaction.

Il fut convenu, toutefois, que la situation faite à la France par la puissance soudaine de la Prusse, ne saurait avoir de consécration que dans un consentement simulé, et que l'on se mettrait à l'œuvre

pour assurer le triomphe de nos revendications, dans
un temps prochain.

Mais c'en était fait de toutes les revendications et
de tous les triomphes à partir de ce moment. —
L'empereur Napoléon III devait, dès alors, s'en aller
à la dérive, comme une épave rejetée par tous les
rivages, déchirée par tous les écueils, avant de disparaître, au large, dans les profondeurs de quelque
océan.

Une heure, il est vrai — une heure superbe, con-
solante et faite d'apothéoses, l'attendait. — L'*Hosannah* et le *Te Deum* de 1867 s'annonçaient dans un
murmure de cantiques, avec des sonorités sacrées,
comme celles qui caressent, harmonieusement on-
dulantes, les voûtes des cathédrales, avec des bruits
de victoires, pareils à ceux qui passent, dans le soir,
au travers des drapeaux suspendus aux murs des ar-
senaux, et qui, jamais immobiles, claquent éternellement, éternels haillons de toutes les gloires, emblèmes
symboliques et néfastes de la haine des hommes, au
vent des batailles. — L'*Hosannah* et le *Te Deum* de
1867 s'annonçaient et s'élevaient vers l'étoile impériale, vers l'étoile des Bonaparte, comme jadis les
pensées et les regards des Mages vers celle de Jésus.
Mais c'en était fait, oui, des revendications et des
triomphes : les chants d'allégresse devaient retentir
autour d'un mensonge ; l'étoile des Bonaparte devait

s'éteindre, et devant l'Europe, l'Empereur devait
s'écrouler, l'Empereur devait mourir, ombre lamentablement errante, sans affection vraie, lui qui avait
été infiniment bon; sans amour, lui qui avait tant
aimé; sans peuple, lui qui avait tenu, dans sa main,
l'un des plus grands peuples de la terre.

V

L'EMPEREUR ET LES SALONS

Le Second Empire, dans sa période autoritaire ainsi que dans sa période libérale, trouva devant lui une hostilité implacable que rien ne désarma, que rien n'amoindrit — l'hostilité des salons. J'ai indiqué déjà, dans *l'Impératrice Eugénie* et dans *la Cour de Napoléon III*, l'animosité, la haine que les principaux chefs du faubourg Saint-Germain nourrissaient contre Napoléon III. Ces sentiments, que l'Empereur affectait de négliger, de ne point connaître même, dans une excessive générosité, vont être mis davantage en relief en ce chapitre.

L'Empire autoritaire, surtout, eut à souffrir de la turbulence des salons qui, s'inspirant des doctrines absolutistes de l'aristocratie, tout en approuvant hypocritement les théories de l'opposition républicaine, firent aux hôtes des Tuileries une guerre sans pitié.

Il y eut, sous le règne de Napoléon III, des distinctions à établir parmi les adversaires du gouvernement, et l'on peut, sans s'exposer à une exposition trop minutieuse, diviser ces adversaires en trois catégories bien différentes, animées d'un esprit contraire, mais unies pour marcher contre l'ennemi commun.

Il y eut les royalistes proprement dits, les fidèles de M. le comte de Chambord ; les orléanistes, partisans des fils de Louis-Philippe exilés, et enfin les républicains.

Chez les royalistes, l'opposition à l'Empire se manifestait d'une façon particulière. Conduite par les femmes, principalement, elle avait pour caractère une sorte de dédain envers l'Empereur, l'Impératrice et la Cour, et se maintenait, en somme, dans une forme assez platonique. L'aristocratie du faubourg Saint-Germain recherche peu l'action réelle dans la vie. Une apparence d'action suffit à ses aspirations et, alors, il entrait agréablement dans ses mœurs, dans l'ordonnancement de ses mondanités, dans son étiquette, d'accueillir par une moue fort expressive mais qui n'avait rien de terrible, tout ce qui venait des Tuileries. Les femmes, à l'ombre de leurs blasons plus ou mois redorés, plus ou moins authentiques, donnaient la mesure de cette moue, en prononçant le nom du *Roi* avec des manières de prêtre murmurant, à l'autel, les paroles saintes, et les hommes conformaient leur attitude à la leur.

L'indulgence relative que M. le comte de Chambord témoignait à l'Empereur et à sa famille, d'ailleurs, au Prince Impérial surtout, dans sa haine profonde contre les princes d'Orléans, gênait fort l'opposition royaliste, et si d'aucuns, dans le parti légitimiste, déploraient cette indulgence, tous s'inclinaient publiquement devant elle, quitte à railler par des plaisanteries datant de Coblentz, Napoléon III et son entourage. C'était comme le jeu des émigrés faisant de l'esprit sur M. de Robespierre ou sur les malappris de la Convention, qui se continuait. C'était vieillot, c'était talon rouge, cela avait des senteurs de tabac d'Espagne, des relents de poudre à la maréchale, mais ne présentait, en définitive, que peu de danger. Il y eut plus de bouderie dans l'aspect de l'opposition royaliste, sous le Second Empire, que de conviction politique, et le faubourg Saint-Germain, en prenant position contre les Tuileries, affirma plutôt la suprême élégance d'un « chic », selon l'expression parisienne, que la pensée de substituer sa force, son principe, au régime impérial.

Tout se passait, d'ailleurs, au mieux et le plus aimablement entre la Cour et le faubourg Saint-Germain. L'Empereur, qui était aux aguets des ruines et des nécessités de l'aristocratie royaliste, voilait ces ruines et mettait fin à ces nécessités en offrant, de-ci, de-là, à ceux qui se montraient soudainement de bonne composition, des faveurs ou des places largement rétribuées, sans exiger l'abdication de leur foi, et des invitations aux fêtes des Tuileries étaient souvent adressées aux nobles dames désireuses de revoir, durant quelques heures, le palais qu'elles ne cessaient de considérer comme leur appartenant.

Les hommes — il faut le dire — qui se ralliaient à l'Empire, observaient presque toujours une attitude correcte, dans leur soumission, et abandonnaient tout propos de mauvais goût. Mais les femmes, ignorantes de ce qu'on nomme le point d'honneur, jalouses de la radieuse beauté de l'Impératrice, aigries de n'être qu'au second rang dans un lieu où elles eussent souhaité d'être maîtresses; mais les femmes, rancunières par nature, envieuses par instinct, ne savaient aucun gré, aux souverains, de leur bienveillance et s'en revenaient des Tuileries, la moquerie aux lèvres, la colère au cœur.

Dans l'intimité, dans le cercle de leurs relations, elles se récréaient de ce qu'elles avaient vu ou entendu au château, et c'était parmi elles à qui reproduirait, en parodie, les gestes ou les paroles de l'Impératrice et de ses amies. Ces façons de reconnaître une hospitalité charmante, en vérité, étaient et restent fort discutables : adoptées par d'humbles et honnêtes bourgeoises, elles eussent été vivement criti-

quées dans le monde spécial où elles se produisaient ;
mais elles étaient enseignées par de hautes personnalités féminines, et elles rencontraient des approbateurs.

Cependant, de temps en temps, pour donner à
l'opposition royaliste un semblant de sérieux, un
duc, un marquis ou un comte écouté au faubourg
Saint-Germain, quittait Paris avec des allures de
conspirateur et s'en allait conférer avec le Roi, à
Froshdorff ou à Goritz. On s'entretenait complaisamment, avec des grâces d'antan, avec des airs graves
aussi, de l'entrevue qui allait avoir lieu ; on en discutait les conséquences, et lorsque le messager rentrait
dans son hôtel, muni d'une lettre de M. le comte de
Chambord recommandant, régulièrement, à ses partisans, la confiance en l'avenir et les remerciant de
leur fidélité, il y avait quelque rumeur dans l'aristocratie : les lourds carrosses, attelés de respectables
bidets armoriés comme leurs maîtres, sortaient des
remises, et durant quelques jours, on songeait un peu
moins aux Tuileries et davantage au passé.

Sincèrement, ces rôles de comparses et de héros
de comédie, convenaient assez bien aux membres de
l'aristocratie sous le Second Empire. Ils s'en contentaient, et, intimement, ils ne demandaient pas à
les échanger contre des emplois plus périlleux.
N'ayant que fort peu le souci des intérêts du pays,
ils étaient indifférents, au fond, à la nature du gou-

vernement qui détenait le pouvoir, et le côté décoratif de leurs convictions ou de leur attitude suffisait amplement à leurs aspirations, à leur pensée, à leur idéal.

Le comte de Chambord était d'accord avec eux, sous ce rapport, et la Princesse qui était sa femme, les encourageait dans cet état moral.

J'ai tracé, un jour, une silhouette du comte et de la comtesse de Chambord; je demande la permission de la reproduire ici, car je la crois juste, dans ses généralités.

« La comtesse de Chambord, écrivais-je, italienne mariée à un prince français, eut une influence abominable sur l'esprit de la société européenne, et cette influence, s'imposant directement à son mari, fut néfaste, plus d'une fois, dans les relations internationales de la France, à la politique et aux intérêts de notre pays. Anti-française de naissance et de cœur, en épousant le comte de Chambord, elle n'abdiqua point sa haine. Et cette haine se manifestait dans les circonstances les plus infimes aussi bien que dans les heures les plus solennelles. Douée d'un ascendant formidable sur le Prince, elle savait mettre un voile sur ses sentiments. Ainsi aveuglé et trompé, le pitoyable roi sans couronne lui obéissait, dans une inconscience du bien et du mal qu'il pouvait faire. On a vanté le noble caractère du comte de Chambord et les fleurs d'éloquence sont nombreuses

qu'on a jetées sur sa vie. La rhétorique a du bon,
littérairement peut-être ; mais en politique elle devient nuisible, quand elle n'est point aussi l'expression d'une hypocrisie. On n'a tant admiré, en vérité,
le comte de Chambord que parce qu'on ne le craignait pas. Le comte de Chambord, sorte de poussah,
de dieu Boudah, égoïste et exempt de franchise,
dans l'indifférence hautaine qu'il a sans cesse té-
moignée à son pays d'origine, n'a qu'une excuse :
faible de cerveau, il subissait des impressions dont
il ne mesurait pas les conséquences. Roi de parade,
pauvre homme affublé, sur l'ordre de sa femme, à
certaines heures, des emblèmes du pouvoir, entretenu ainsi dans l'extase d'un rêve stérile, il a vécu
piteusement, n'ayant rien tenté pour lui-même, pour
le pays qu'il prétendait, théoriquement, aimer et gouverner, n'ayant rien donné à l'Humanité, à l'Histoire,
pas même cette assurance banale de courage qui se
retrouve chez tout prétendant digne de ce nom, chez
tout héros d'aventures secoué par le sang du peuple
ou par le sang d'une race. »

Il est une chose bien particulière à remarquer, et
qui eut des conséquences graves, dans l'opposition
des salons royalistes sous le Second Empire, et cette
chose se rattache aux lignes qui précèdent. Si cette
opposition fut vaine, puérile et de peu de valeur,
placée en regard de la politique intérieure de l'Empire, elle fut un obstacle sérieux dans le dévelop-

pement de sa politique extérieure. Par ses relations avec le monde diplomatique étranger, le parti légitimiste eut de l'influence dans les événements du Second Empire et ne saurait se dérober aux responsabilités qu'il a fait naître. Dirigé par la comtesse de Chambord, ce parti se mit sans cesse en travers des projets impériaux et mena campagne contre le cabinet des Tuileries. Pour ne citer qu'un exemple péremptoire, il obtint de M. de Metternich et du gouvernement autrichien, une ingérence funeste dans la question romaine, utilisant même, alors, et par contre-coup, le fanatisme religieux de l'Impératrice ainsi que la force de son autorité sur les décisions de Napoléon III.

Le sentiment de la Patrie — ce sentiment qui exalte le peuple, qui enflamme son imagination, qui le mène aux abîmes ou à la gloire brutale des combats, ce sentiment qui féconde les cœurs simples, en un mot, n'existe point à proprement parler, chez les hommes politiques ou chez les représentants d'une aristocratie. — Les hommes politiques considèrent l'idée de patrie comme le tremplin de leur personnalité, comme l'enjeu de leur destinée, et ils jettent les cartes sur cette idée, comme au cercle un mondain, dans un coup d'écarté, abat les siennes sur un tas d'or. Quant à l'aristocratie — à quelque nation qu'elle appartienne — elle envisage l'idée de patrie ainsi qu'un sport; il existe entre ses membres, fran-

çais, anglais, allemands, italiens ou russes, comme
un lien franc-maçonnique qui ne permet pas la haine.
Une aristocratie se fera écraser sur un champ de
bataille et luttera, vaillamment, au même titre que
la masse des soldats, mais dans une pensée autre.
Elle ira au canon ou à la fusillade, comme elle va
aux courses, et tombera ici, frappée d'une balle, d'un
coup de sabre ou d'un boulet, ornementée de couleurs nationales, comme elle tombera là, costumée
en jockey, arrêtée par la banquette irlandaise d'un
hippodrome. Elevée et instruite loin du peuple,
l'aristocratie ne peut penser comme le peuple, et,
puisqu'en somme, ses actes dans les heures suprêmes,
sont identiques à ceux des humbles, il ne faut pas
trop la quereller au sujet de la philosophie spéciale
qui la caractérise.

Le comte de Chambord sut admirablement être le
roi de ce monde très particulier qu'on aurait tort de
condamner, de flétrir, sans l'avoir étudié et compris.
Il n'eut ni les qualités ni les défauts de sa race; il
fut comme une sorte de produit étranger à cette
race, comme une greffe posée sur un tronc d'arbre
et donnant une branche différente des branches ses
voisines. Mais il ne manqua ni de finesse ni de
bonhomie; mais il ne fut pas un méchant homme,
et l'on peut croire même qu'il mit quelque malice à
n'être que le roi fainéant d'une aristocratie oisive et
peu désireuse d'abandonner le platonisme de son

attitude, le décorum fort bien porté et hors de toute inquiétude, hors de tout péril, de ses convictions.

Les salons orléanistes donnèrent, sous le Second Empire, plus d'ennui au pouvoir que les salons légitimistes. Ceux qui les fréquentaient et y tenaient rang, ne se contentèrent pas, en effet, d'exprimer de vagues théories anti-césariennes; plus sérieux dans leurs doctrines, plus dangereux dans leurs agissements, obéissant à des chefs réputés pour leurs qualités intellectuelles, fort experts en l'art de la polémique, très versés, très habiles dans les questions de controverse gouvernementale, ils devinrent rapidement une force que le cabinet des Tuileries ne dut pas dédaigner.

A la tête de ces hommes se trouvaient alors, exilés, des Princes jeunes, superbes, qui se présentaient sinon au peuple, du moins à la bourgeoisie, avec le prestige de l'infortune d'abord, avec le prestige, ensuite, d'un libéralisme dont on ne s'attardait pas à suspecter la sincérité. La mort tragique du duc d'Orléans, père de M. le comte de Paris que l'on opposait, comme successeur possible, à l'empereur Napoléon III, était encore en toutes les mémoires, et à la popularité qu'avait possédée ce prince si véritablement bon et charmant, s'ajoutait comme une sorte de légende sentimentale qui troublait les âmes.

En outre, les Princes exilés ne restaient pas

inactifs et secondaient énergiquement ceux qui luttaient pour eux, en France. Ils affectaient, en face de l'Empire, une attitude militante, ils prenaient position dans les discussions à l'ordre du jour ; ils subventionnaient des journaux pour affirmer la vitalité de leurs principes et de leurs revendications ; ils régnaient sur les salons qui leur étaient dévoués, non plus à la façon de potentats de comédie, comme M. le comte de Chambord sur le faubourg Saint-Germain, mais avec l'autorité de chefs certains de leur triomphe, rappelant un peu les grands vassaux des temps féodaux, taillant des croupières au Roi.

De M. le comte de Paris, il est vrai, on ne disait pas grand'chose, alors, et il apparaissait au monde comme un jeune homme d'une intelligence moyenne, très apte au régime de parlementarisme auquel on le destinait, et subissant la volonté, l'influence de ses oncles, fils du roi Louis-Philippe.

Mais, en revanche, on s'entretenait beaucoup de ces fils, MM. le prince de Joinville, le duc de Nemours, le duc de Montpensier et le duc d'Aumale.

Dans un trompe l'œil assez divertissant — habile comme un tour de passe-passe — susceptible de donner le change au public, on ne prononçait le nom de M. le prince de Joinville qu'en l'entourant de la légende napoléonienne, qu'en évoquant le souvenir du retour des cendres de l'Empereur, ramenées de Sainte-Hélène, sur la *Belle-Poule*, par ses soins, et qu'en l'opposant à l'ingratitude de Louis Bonaparte, dont le règne, ainsi, avait été inconsciemment préparé par la monarchie de Juillet.

On vantait la haute gentilhommerie de M. le duc de Nemours, sa fière allure, sa beauté physique et son caractère chevaleresque.

On célébrait M. le duc de Montpensier et l'on se réjouissait de son intimité familiale avec les Princes espagnols.

Mais, incontestablement, celui des quatre oncles de M. le comte de Paris qui était le plus à la mode, qui, d'ailleurs, semblait inspirer le mouvement politique du parti orléaniste, dont les conseils ou les ordres étaient souverainement écoutés, était M. le duc d'Aumale.

M. le duc d'Aumale, en effet, avait été davantage soldat que ses frères, sous le règne de son père, et dans l'exil il avait emporté un peu de l'ardeur qui le mettait en relief, jadis. On rapportait, de lui, des traits de bravoure folle, ainsi que des anecdotes d'amour, et cet aspect de batailleur et de don Juan, à la fois, avait quelque chance de plaire à la foule, de plaire aux masses françaises qu'un renom d'aventurier séduit aisément.

On ne laissait point mourir les récits qui présentaient M. le duc d'Aumale chargeant témérairement à la tête de ses cavaliers, en Algérie, et l'historiette qui le montrait, passant une revue, à Courbevoie,

en qualité de colonel, et ayant à ses côtés sa
maîtresse, Mlle Alice O..., vêtue ainsi que lui, d'un
magnifique costume de colonelle, courait les bou-
doirs. Il y avait un peu de la vie d'Henri IV dans
celle de M. le duc d'Aumale, et cette vie, chère au
peuple, lui créait un semblant de popularité.

De son côté, M. le duc d'Aumale, jeune, brillant,
audacieux et très vert-galant, alors, se prêtait
volontiers à la justification du portrait qu'on faisait
de lui. Il entretenait, avec ses fidèles, une correspondance régulière, il étudiait les diverses questions
qui intéressaient le public, il observait les événements, et il écrivait, même, des lettres qui, rendues
publiques, prenaient l'importance de manifestes et
de menaces.

Les principaux partisans, en France, à Paris, de
ces Princes, ceux qui parlaient dans les salons,
étaient des hommes de réelle valeur ou les héritiers
de personnages illustres, fameux dans le gouvernement de la monarchie de Juillet. C'étaient MM. de
Broglie, de Rémusat, d'Haussonville, de Montalivet,
Decazes et de Montalembert. Ils ne se contentaient
pas seulement de discourir, dans les cercles mondains, ils écrivaient, ils fondaient des journaux, et
leurs voix, s'ajoutant à celles des opposants républicains, formaient comme une rumeur, comme un bruit
de houle lointaine, avant-coureurs des tempêtes.

Les salons Thiers et Galliera étaient les lieux ordi-

naires où le parti orléaniste tenait ses assises. C'est
là que M. le duc de Broglie, jeune alors et plein d'enthousiasmes libéraux, communiquait à ses amis les
conceptions un peu vagues de son esprit — vagues
comme son regard errant dans le ciel — et que
de sa parole zézayante, il disait aux hommes ras-
semblés autour de lui, les merveilleuses pages qu'il
destinait à l'imprimerie. C'est là que M. de Rémusat
affirmait ses convictions royalistes tempérées d'hésitations, de tergiversations en lesquelles un observateur eût peut-être deviné le républicain du lendemain. C'est là que M. d'Haussonville, toujours
aimable, discourait aimablement des Princes; que
M. de Montalembert, plus violent, lançait ses anathèmes contre l'Empire, et que M. le duc Decazes
exhalait sa haine contre tout ce qui touchait à Napoléon III.

M. le duc Decazes, même après la guerre de 1870,
fut l'un des hommes politiques de l'Assemblée
nationale qui se montrèrent le plus acharnés contre
l'empereur Napoléon III. Il aurait, cependant, dû se
souvenir que sa mère, Mᵐᵉ la duchesse Decazes,
avait, en février 1861, sollicité du souverain une
faveur, un secours — tranchons le mot — et il aurait
dû, surtout, se rappeler que celui qui régnait alors
aux Tuileries, s'était montré compatissant pour son
infortune.

Cet incident mérite d'être mentionné, en ce sens

qu'il prouve, ainsi que je l'ai dit dans mon précédent livre, *l'Impératrice Eugénie*, au chapitre *l'Impératrice et le monde*; que, si la société royaliste, sous le Second Empire, mena une campagne résolue et terrible contre Napoléon III, elle ne se priva point, à l'occasion, dans la personne de certains de ses membres, d'user de la bonté, de la générosité et de l'autorité de l'Empereur, pour obtenir des satisfactions d'amour-propre ou d'intérêt. Il y aurait eu quelque bonne foi, quelque fierté, de la part de ce monde spécial, à se tenir éloigné des faveurs impériales ; il y aurait eu quelque honneur, de la part de certains hommes, à se taire, puisqu'ils avaient accepté ces faveurs. Mais l'oubli d'un bienfait n'est-il pas trop dans l'esprit de l'humanité, pour qu'on s'en étonne?

Ce fut M. de Sainte-Aulaire qui, en février 1861, se chargea de négocier, auprès d'un ministre de Napoléon III, l'obtention du secours dont je viens de parler, pour le compte de Mme la duchesse Decazes, et qui fit parvenir, à qui de droit, la lettre par laquelle la veuve du ministre favori et compromis de la Restauration, sollicitait ce secours.

Déjà, en date du 7 mars 1849, le prince Louis-Napoléon Bonaparte, président de la République, avait accordé à M. le duc Decazes une pension de 6000 francs, et M. de Sainte-Aulaire, dans sa lettre au ministre de l'Empereur, sous forme de note, de copie, rappelle ce fait à l'appui de la requête qu'il transmet.

10.

« Mon cher comte, dit M. de Sainte-Aulaire, la note ci-jointe vous prouvera l'exactitude du renseignement que je vous ai donné l'autre jour. Ce que nous demandons est la *continuation* d'une preuve, déjà obtenue, de haute bienveillance. J'ai la confiance que, toute passion et tout souvenir politique à part, ce témoignage de sympathie accordée à la mémoire et à la veuve d'un homme qui a tenu une place considérable dans son pays, ne pourra être qu'apprécié par tout le monde.

« Croyez, en tout cas, à ma reconnaissance pour votre aimable empressement dans cette affaire, comme à mes anciens et affectueux sentiments pour vous.

« *Vendredi.* »

Quant à la lettre de Mme la duchesse Decazes, elle était ainsi conçue :

« Monsieur le Comte,

« En 1849, une pension annuelle et viagère de 6 000 fr. fut accordée, sur le rapport de M. Odilon Barrot, alors ministre, au duc Decazes, mon mari.

« La position de fortune dans laquelle je reste, me met dans le cas de vous prier, monsieur le Comte, d'obtenir, de Sa Majesté l'Empereur, que cette pension me soit continuée.

« Je recevrai cette faveur avec un sentiment de reconnaissance dont j'espère, monsieur le Comte, que vous voudrez bien vous rendre l'interprète.

« J'ai l'honneur d'être, monsieur le Comte,
de Votre Excellence,
la très humble et très obéissante servante.

« Ste-AULAIRE, D^{esse} DECAZES. »

Je ne mets aucune hostilité dans la publication de ces documents. Si M. le duc Decazes, fils de l'auteur de la lettre qui précède, n'avait point outré son attitude militante contre Napoléon III, après 1870, je ne les eusse point même fait connaître au public. Mais ces souvenirs, placés en regard d'une telle attitude, confirment trop la silhouette que j'ai tracée de l'Empereur pour qu'il me soit permis de les soustraire à la légitime curiosité, à l'impartiale appréciation du lecteur. Les faits intimes, accumulés, forment la philosophie de l'Histoire, et si cette philosophie, pour les âmes sentimentales, a des cruautés implacables, elle a, pour l'édification des hommes intelligents, des droits que l'on ne saurait négliger.

On le voit, contrairement à la société légitimiste, le parti orléaniste compta peu de femmes dirigeantes ou inspiratrices dans ses rangs. Les hommes de valeur, d'énergie et d'initiative qui le composèrent furent nombreux, et leur opposition fut redoutable, car elle se manifesta non par des mots, mais par des faits, par l'organisation régulière et formidable d'une guerre sans merci, politique, mondaine et académique, contre les institutions impériales, par un exposé de doctrines libérales, surtout, à l'heure où le gouvernement des Tuileries, autoritaire, semblait réfractaire à tout progrès, à toute concession, à tout abandon de son absolutisme. Le parti orléaniste, dans une habileté incontestable qu'il perdit depuis, prévoyait alors l'évolution de l'Empire, et il la déflorait en accaparant, prématurément, sa doctrine. Ce fut sa force dans la lutte qu'il entreprit, et cette manœuvre eût pu assurer son succès, aux jours de renouveau, si les hommes qui parlaient au nom des Princes avaient été moins éloignés du peuple. Mais ces hommes, aristocrates déguisés, portant mal leur carmagnole de drap fin, n'étaient que des dilletantes en politique ; ils conspiraient dans de la dentelle et des parfums ; ils haïssaient le peuple, et en étaient sinon haïs, du moins absolument ignorés.

VI

M. EUGÈNE ROUHER

Le Second Empire eut deux phases bien distinctes :
l'une toute d'absolutisme, d'autorité, l'autre toute de
libéralisme. Dans l'application du principe autoritaire, le pouvoir des Tuileries, on doit le reconnaître,
si l'on fait abstraction de tout sentiment politique
personnel, pour arriver à une juste appréciation des
faits et des choses, usa merveilleusement de sa doctrine gouvernementale et sut choisir, habilement, les
hommes chargés de la propager. Dans l'application
du principe libéral, l'empereur Napoléon III ne fut
pas aussi heureux : la période libérale de son règne
a plutôt l'aspect d'un temps de transition que celui
d'une ère politique nettement déterminée. Il s'y rencontre des hésitations, des inexpériences, des maladresses assez comparables aux hésitations, aux inexpériences, aux maladresses que témoignerait un

artisan à qui l'on confierait un outil qui ne lui serait pas familier, que l'on forcerait à une tâche qui serait en dehors de son habituelle profession. Il en fut de l'Empire, dans sa période libérale, comme de cet artisan : la liberté lui était inconnue et il ne sut pas la manier.

En mettant à part M. de Persigny, qui fut un intime ami de Napoléon III et qui, en cette qualité, le seconda dans tous ses desseins avec plus ou moins de bonne humeur, l'Empire autoritaire reste personnifié en deux hommes principaux que les événements placèrent, sans cesse, en évidence, et qui bénéficièrent, sans cesse, des événements. Je veux indiquer MM. de Morny et Rouher.

J'ai tracé, déjà, la silhouette de M. de Morny, et je ne reviendrai pas ici sur cette esquisse. Cependant, il m'est impossible d'écrire le nom de ce personnage politique, sans me rappeler les clameurs que mon appréciation de son rôle historique souleva, à l'époque où je m'en occupai. Des amis, peut-être trop fervents, tentèrent d'infirmer mes paroles, alors, et ne crurent pas trop téméraire d'opposer comme une sorte de démenti à la légende qui nous montre le frère de l'Empereur mêlé, non seulement à toutes les affaires financières de son temps, mais encore à mille autres tripotages, d'un ordre plus infime, pour me servir de l'expression de M. Roulland.

M. de Morny, en dépit de l'opinion heureuse que

ses admirateurs ou ses alliés veulent avoir de lui,
fut pourtant l'homme que nous peint si bien la
légende, et la lettre suivante qu'il adressait, en
septembre 1850, c'est-à-dire au début de sa carrière
politique presque, au seuil de l'édification de sa
haute fortune, à M. de Ruoltz, l'inventeur de l'or-
fèvrerie célèbre, prouvera au lecteur que je ne
m'étais point trompé, dans mon étude, et que je
n'avais point accueilli légèrement de méchants
propos dénués de tout contrôle.

Ici, en marge, cette mention :

Reçu le 6 sept. 1850.

Mercredi

(Ici, une couronne comtale.)

« Mon cher Ruoltz, j'ai vu les Devaux. *Eux, moi et
Brown*, nous vous proposons d'acheter votre affaire
en 1/3, moyennant 10 000 fr. comptant et une
somme de 50 000 fr. dans un an ou deux, si l'affaire
réussit. Vous comprenez alors que vous auriez dans
la poche droite ces sommes, dans la gauche le 1/3,
avec moi, de l'affaire anglaise. Je suis chargé de vous
offrir cette combinaison. Répondez-moi de suite :
que, malgré mes bonnes raisons et ma confiance
dans la maison Devaux pour être spécialement placée

pour la faire réussir et les difficultés que je vous fais entrevoir, vous croyez que le succès obtenu en France vous fait plus espérer de l'Angleterre encore; que, certes, vous avez besoin d'argent comptant, mais pas au point de sacrifier une affaire aussi belle. Qu'enfin vous consentiriez, en considération de ce que cela m'arrangera, à être intéressé dans l'affaire anglaise et, par unique considération pour moi, à recevoir comptant 24000 fr. et à laisser à MM. Devaux, de Morny et Brown la faculté de vous acheter l'affaire d'ici à 18 mois moyennant 60000 fr. de plus, ou bien à vous donner 25 0/0 des bénéfices nets.

« Ainsi vous comprenez : vous repoussez mes offres, vous les combattez et vous m'offrez par contre cette combinaison. Ecrivez-moi une lettre au plus tôt dans ce sens, avec pouvoir de terminer avec les Devaux sur ces bases. Vous concevez que l'important est de toucher une somme quelconque, puisque par moi l'intérêt que vous conservez est le même. Soignez votre lettre, et adressez-la moi :

« TULLY ALLAN,

« Kincardine-on the Forth,

Scotland.

« Je montrerai votre lettre aux Devaux. Ainsi, faites attention à n'y rien mettre qui m'en empêche.

Si vous avez du particulier à me dire, écrivez sur
une feuille séparée.

« Adieu, je vous écris à la hâte.

« Tout à vous,

« MORNY.

« Conservez cette lettre-ci. »

On voit qu'il était nécessaire de bien connaître —
et c'était difficile — M. de Morny, avant de placer sa
confiance en lui. On voit, également, que nul mieux
que lui ne s'entendait à trahir ceux qui croyaient en
son honnêteté, que nul mieux que lui ne s'entendait
à donner un croc-en-jambe à un associé gênant
ou monnayable et qu'il savait, merveilleusement,
faire la leçon à ses collaborateurs, lorsqu'il s'agissait, ainsi qu'il l'écrit, « de toucher une somme quelconque ».

La lettre qui précède, ne permet d'avoir aucune
illusion sur la moralité intime de M. de Morny. Elle
mettra fin, je l'espère, à un essai de réhabilitation
publique qui, prolongé, deviendrait grotesque ou
naïf.

Laissant donc de côté, désormais, M. de Morny, en
ce chapitre, je vais m'attacher à retracer, dans ses
grandes lignes, la figure de M. Eugène Rouher, de
l'homme qui, petit avocat d'Auvergne, devint le vice-
empereur, de l'homme dont les larges épaules de
montagnard ne furent, cependant, pas assez puis-

santes pour porter le poids de toutes les responsabilités qu'il fit naître, de l'homme qui, ayant à force de
ténacité, d'audace et d'autorité, atteint le ciel, fut —
ange ou démon, on ne sait — précipité, un jour, de son
Olympe, sous ce coup de vent, dont parle Victor Hugo, qui casse les ailes aux aigles ou qui interrompt,
dans leur course, les météores les plus brillants.

Lorsque M. Rouher, qui n'était même pas ce qu'on
est convenu de nommer un grand homme de province, une célébrité de clocher, vint à Paris pour y
chercher fortune, il dédaigna de persévérer dans sa
carrière d'avocat et dirigea immédiatement ses
facultés vers la politique. De modeste origine, il
semblait alors se souvenir de la classe sociale à
laquelle il appartenait par sa naissance. Il affichait
des opinions très libérales ; il était un fervent démocrate et les empereurs ainsi que les rois n'avaient
pas de plus ardent ennemi que lui. Il ne faut point
trop quereller les hommes d'Etat sur les variations
de leur pensée. C'est pourquoi je ne mentionne l'évolution politique de M. Rouher qu'à titre documen-
taire et ne mêle à mes paroles aucune critique.

M. Rouher était, à cette époque, physiquement,
ce qu'il resta longtemps, malgré les préoccupations
qui remplirent sa vie : un homme de belle mine,
bien planté sur ses jambes, au buste fortement
développé. Il eût été fort agréable d'aspect, même, si

sa démarche un peu massive, un peu lourde et si
l'affectation qu'il avait à se moquer de la coquetterie
de ses vêtements, n'avaient arrêté, à son approche, les
propos ou les sentiments galants. Galant, en effet,
M. Rouher ne le fut jamais et il fut peut-être le seul
personnage important qui, fidèle de l'impératrice
Eugénie, lui obéit, sans avoir pour excuse de sa
soumission, une passion secrète ou avouée. C'est là
un point d'histoire à noter, psychologiquement.

Très libéral, déjà, lorsqu'il plaidait devant le tri-
bunal de Riom, M. Rouher exagéra encore son répu-
blicanisme lorsqu'il vint s'établir à Paris, et quand
il se présenta aux élections, en 1846 d'abord, en 1848
ensuite, sa profession de foi, en chacune de ces circonstances, marquait une tendance très nette vers le
progrès, une sollicitude très grande envers les classes
populaires.

En 1846, M. Rouher échoua devant les électeurs,
mais il fut envoyé à la Chambre en 1848 et, dès lors,
ne cessa plus de paraître sur la scène politique.

Il m'a été communiqué quelques lettres qu'écrivit
M. Rouher après son élection de représentant du
peuple, en 1848. Ces lettres datent d'un temps où le
futur ministre d'Etat du Second Empire ne savait
certainement pas s'il aimerait ou s'il haïrait Louis
Napoléon Bonaparte, et elles indiquent un état d'esprit assez curieux pour que je les reproduise.

Le premier de ces billets fut tracé en juin 1848, et

fut adressé, ainsi que ceux qui vont le suivre, à M. de Latour, maire de Clermont-Ferrand.

Mairie de Paris.

« Je vous écris de l'Hôtel de Ville, quelques minutes avant le départ du courrier. Ma journée s'est passée à visiter les ambulances, les postes avancés. Quelle horrible boucherie! Mais enfin, nous sommes vainqueurs, nous le serons. Les troupes arrivent en masse de tous côtés. Mais de toutes les guerres civiles, c'est la plus effrayante. Tout sera fini ce soir, ou demain dans la journée. La maison de la Douane a été enlevée par Lamoricière avec une incroyable intrépidité. Le faubourg Saint-Antoine, cette épouvantable forteresse, vient d'être pris après une désolante résistance. A l'instant, quatre heures et demie, on nous annonce un succès complet. Les insurgés ont une épouvantable stratégie. Les maisons de la même rue se communiquaient; invisibles, ils tuaient tous nos chefs. S'ils nous ont fait bien du mal, ils ont excité de terribles représailles. A côté de nous on vient d'en fusiller une cinquantaine. Nous avons eu mille peines pour empêcher un blessé d'être jeté à l'eau.

« Le nombre des tués ou blessés est, de notre côté,

de dix-sept cents environ, du moins jusqu'à présent. La fin de la journée égalera au moins ce nombre du côté des insurgés.

« Pendant que je vous écris, la fusillade continue, dans la cité, à côté de nous. On annonce le succès complet de nos troupes. La mobile a été sublime de courage. »

Deux mois après ces événements — le 13 août 1848 — M. Rouher est tout entier préoccupé par la situation extérieure du pays. Après avoir parlé des élections au Conseil général, il ajoute :

«Ces questions importantes, sans doute, sont cependant fort secondaires, si on les compare à celles qui nous préoccupent à l'Assemblée. Je ne sais comment nous sortirons de la question italienne. Le fléau de la guerre me paraît fort imminent. Nous avons laissé les choses s'envenimer de la manière la plus maladroite. Dès le début, la question aurait dû être carrément posée vis-à-vis de l'Autriche. Si nous lui avions dit : « Votre guerre en Italie est pour vous « une impasse : vaincue par Charles-Albert, vous « compromettez votre domination en Italie à tout « jamais ; victorieuse, vous avez la France pour adver- « saire. Ne vaut-il pas mieux négocier ? » l'Autriche, agitée à l'intérieur, inquiète du succès, aurait accepté les voies diplomatiques ; aujourd'hui l'armée est victorieuse, si on ne peut faire obstacle à sa marche sur Turin. Notre action avec l'Angleterre restera concentrée jusqu'à une certaine limite. Mais lorsque nous en viendrons à parler *d'affranchissement*, l'Angleterre deviendra tiède, battra graduellement en retraite et nous laissera en face de l'Autriche et de la Russie, ou exposés à une honteuse reculade.

« Les débats de l'enquête ne sont pas de nature à améliorer cette situation. Cette lutte, devenue aujourd'hui inévitable à moins de faire acte de faiblesse ou de peur, sera des plus violentes, car elle sera à la fois politique et personnelle. Je crains qu'au vote nous ne soyons pas les plus forts. »

En date du même mois, ces lignes railleuses et satisfaites à la fois :

« La prétendue conspiration de Girardin a abouti à une mise en liberté. En revanche, le pouvoir exécutif s'est décidé à supprimer le journal *le Représentant du peuple*, rédigé par notre *cher* collègue, le citoyen Proudhon, qui, dans une série d'articles, avait repris le développement de ses doctrines antisociales. Mais que sont ces mesures en présence du mal immense que nous avons à guérir, en vérité ? Je crois que le pouvoir jette dans la somnolence. Ce serait le moment de favoriser les élans de confiance qui se manifestent, par des mesures intéressant le crédit, la circulation sur les travaux publics. Vingt projets de divers comités sont suspendus par l'annonce d'un projet d'ensemble et rien ne vient. Ce serait, cependant, s'abuser d'une manière étrange que de croire définitive la conquête de l'ordre et on assume une grande responsabilité en ne se hâtant pas de la consolider. »

On sent, dans ces lignes, l'autoritaire que devait être M. Rouher. Il ne s'attarda point longtemps, en effet, dans le libéralisme qu'il manifesta à cette époque.

Un an après la Révolution de 1848 — 14 avril 1849 — il se retourne nettement contre les revendicateurs trop exaltés :

« La Montagne devient plus furieuse à mesure que nous approchons du terme, et nous nous regardons les uns les autres, attendant que l'adversaire demande un congé pour l'imiter.

« Considérant est à la tribune. Il nous lit une immense tartine socialiste et nous avons la patience de l'écouter. Nous n'avons, dans ce malheureux pays, d'indulgence ou de sympathie que pour les folies. »

Enfin, en juillet de cette même année 1849, M. Rouher revient à la politique extérieure de la France et il exprime des sentiments fort pessimistes :

« Notre diplomatie, écrit-il, a été singulièrement polluée par la révolution de février. Nos représentants actuels à l'étranger, dans les postes inférieurs, nous déconsidèrent plus qu'ils ne nous honorent. Si M. de Tocqueville veut récurer les écuries d'Augias, il aura de nombreuses vacances.

« La politique est toujours assez chancelante. Elle manque d'air et d'horizon. Malgré les orages qui ont éclaté, l'atmosphère est toujours lourde et je ne vois, en vérité, par quels moyens nous pourrons la dégager. »

Cette correspondance est curieuse, je le répète. Elle témoigne, chez M. Rouher, d'une perspicacité remarquable, d'un jugement sûr en face des événements. Mais l'Histoire dira si M. Rouher, étant au pouvoir, conserva la même sérénité dans ses conceptions, le même sens pratique des choses dans l'exécution de ses desseins politiques.

M. Rouher, en dépit de son libéralisme du début, en dépit du masque olympien que les circonstances lui prêtèrent, fut, durant tout le cours de son existence, un bourgeois vivant dans la peur constante de la Révolution. Et si les petits faits donnent, vraiment, le reflet de la nature réelle des choses, l'intérieur familial du puissant ministre de Napoléon III nous le montre merveilleusement ainsi.

De mœurs simples, ami des traditions, M. Rouher, après les luttes de tribune, après les discussions publiques, après les heures passées dans le maniement des peuples, rentrait chez lui, s'asseyait tranquillement, avec bonhomie, à son foyer, et reprenait la partie de cartes interrompue la veille, au moment du couvre-feu. On eût dit, à le voir, alors, d'un bon commerçant qui, sa boutique fermée, met ses pantoufles et se repose, heureux de la vente de la journée. Rien dans son attitude, à ce moment, ne révélait l'orateur qui, quelque temps avant, avait tenu une assemblée sous le charme de sa parole, l'homme d'Etat qui avait rapproché ou désuni des nations, le fonctionnaire autoritaire qui avait fait entendre à son souverain des discours véhéments. Les portes bien closes, ses grasses mains ramassant ou jetant les cartes, M. Rouher était bien, alors, le bon bourgeois de la légende qui, le soir venu, s'enferme dans la crainte des voleurs, et qui, s'il laisse échapper une phrase, ouvre les lèvres pour maudire les fauteurs de désordre, ceux qui, dans son esprit, en veulent à sa quiétude, à son argent.

M. Rouher porta sa nature bourgeoise dans toute sa carrière politique. Il voulut le pouvoir et il l'eut. Mais le voulut-il dans ce sentiment qui invite un homme à être riche, à être puissant, pour accomplir de grandes choses? Mais le voulut-il à la façon d'un artiste qui ne voit dans son élévation, dans l'autorité qu'il acquiert, que l'élévation, que l'autorité de l'art qui est le sien? Non; M. Rouher ne mit aucun idéal, aucune coquetterie, aucune satisfaction d'âme dans le rôle qu'il joua sous le Second Empire. Il aima le pouvoir et il souhaita de l'accaparer, dans l'instinct de sa nature bourgeoise — je répète ces mots à dessein — comme d'autres hommes de sa caste et de son tempérament, aiment le commerce ou l'industrie, aiment une profession quelconque, dans la seule joie d'édifier matériellement leur fortune, dans le contentement égoïste d'un but à atteindre.

M. Rouher fut d'abord, je l'ai dit, libéral. Toutefois, dans la sécheresse méthodique de sa pensée, il ne pouvait comprendre la liberté. Elle le tenta comme elle tente tous les jeunes esprits; mais M. Rouher, né vieux, ne devait pas tarder à s'éloigner d'elle et il s'en éloigna. Elle l'effraya par ses façons d'amoureuse, de maîtresse un peu brutale, par ses exigences, par les besoins qu'elle porte en ses flancs, et dégagé de son étreinte fugitive, meurtri presque par cette caresse passagère, il eut un effroi. Il se prit à trembler, en ses bras, comme tremblent les enfants qu'une poitrine étrangère effleure; il se raidit contre son attirance et il garda toute sa vie, en sa peau, si je puis m'exprimer ainsi, le frisson qu'il avait éprouvé sous son baiser. Ce fut, sur lui, comme une « chair de poule » qui ne le quitta plus.

Rendu à sa prédestination, à l'état légitime et nécessaire de sa personnalité, il marque chacune de ses étapes par une haine presque irraisonnée de toute liberté, par des procédés routiniers qui flattent sa manie d'autorité, qui s'accordent avec l'atavisme de son sang, et cette haine et ces procédés forment toute sa manière oratoire même.

Eloquent, M. Rouher le fut, en vérité, et grandement, et superbement. Mais à ses débuts, encore, rien dans sa parole ne pouvait faire prévoir cette puissance du discours qui était en lui, ce don merveilleux de la parole qui devait affirmer son influence. Au temps où, sans conviction, sans enthousiasme sincère, M. Rouher faisait sa cour à la liberté, sa voix était sans éclat, ses accents demeuraient stériles et nul écho ne répondait à ses appels. Il ne se trouva réellement orateur que dans la lutte qu'il entreprit en faveur de l'absolutisme du pouvoir. Et alors, on ne saurait le nier, il se montra magnifique dans l'art du rhéteur. Il avait à combattre des hommes d'un immense talent. Les Jules Favre, les Jules Simon, les Emile Ollivier se dressaient devant lui, et il ne lui était pas possible de se contenter, pour les écarter de son chemin, des approbations estampillées d'une majorité officielle; il lui fallait se hausser à leur taille, il lui fallait les abattre, et il fut admirable dans l'attitude, dans l'éloquence qu'il leur opposa.

Son attitude fut celle d'un sanglier qui résiste à l'assaut d'une meute. Ramassé dans sa large carrure, il apparaissait comme un obstacle infranchissable, comme une chose énorme placée entre la rue et l'Empereur, entre le peuple et le trône, comme un bloc vivant interceptant les routes qui conduisaient aux Tuileries. Et lorsque, dans le tonnerre de sa voix, son poing se levait, on sentait qu'un adversaire de l'Empire allait rouler à terre, comme foudroyé sous la menace, sous le coup d'un titan.

Son éloquence fut conforme à son attitude. Brutale, empoignante, faite d'anathèmes, de périodes émouvantes, d'affirmations triomphantes, elle bousculait celle des ennemis de Napoléon III, elle captivait l'attention du public, elle dramatisait les consciences, elle exaltait les dévoûments et elle entraînait les imaginations en des régions chimériques, en des enthousiasmes qui n'avaient plus rien de commun avec la saine raison, qui ne permettaient plus qu'on discutât.

A vrai dire, la manière oratoire de M. Rouher peut sembler vulgaire et, pour employer une expression courante au théâtre, non exempte de « trucs ». Il chanta les louanges du souverain qu'il servait, il agita le spectre rouge devant le pays, en chacune de ses harangues, et ces deux moyens de rhétorique se retrouvent en presque tous ses discours. A une époque où la légende napoléonienne était dans toute sa gloire, à une époque où la bourgeoisie avait l'inquiétude de l'avenir — d'un avenir qui n'aurait plus un Bona-

parte pour maître — il était aisé, sans doute, de convaincre les auditeurs en éveillant en eux la crainte
d'un lendemain incertain, ainsi que la sentimentalité
qui s'attache à certaines figures historiques. Il faut
avouer, cependant, que M. Rouher sut admirablement tirer parti de la banalité des moyens oratoires
qu'il employa, et puisqu'il présenta ces moyens avec
talent, il serait vain de le quereller sur leur valeur.

M. Rouher ne prit réellement de l'importance,
aux Tuileries, auprès de l'Empereur, qu'après la
mort de M. Billault. Ce dernier était devant lui comme
un rival, comme un divinateur de la place qu'il voulait occuper, comme un obstacle à son développement politique. M. Billault disparu, la prépondérance
de M. Rouher se déclare et s'affirme. Confiant en
lui-même et assuré de la docilité des comparses qui
l'entourent, il pose sa main grasse et forte sur
l'épaule de Napoléon III et ne s'en sépare plus. Il
va, dans son ascension vers le pouvoir, et chaque
jour qui s'écoule voit grandir son influence. Il est
aidé, d'ailleurs, dans ses desseins, par l'Impératrice
dont les idées tyranniques s'accordent avec les
siennes ; il devient le conseiller habituel et fidèle de
la souveraine et il forme, non seulement dans le
monde politique, mais à la Cour même, un parti qui
deviendra puissant, qui balayera tout devant lui,
qui seul commandera aux Tuileries et qui, plus tard,

ayant une étiquette presque officielle, « *le Parti de l'Impératrice* », précipitera le pays dans un abîme.

L'Empereur, en présence de cet accaparement, de cet absolutisme dont il était la victime et qui étaient au-dessus de tous les accaparements de son gouvernement, de l'absolutisme même de son pouvoir, éprouva quelque peine, quelque inquiétude. Mais, en dépit des rêveries philosophiques qui le hantaient, M. Rouher le séduisait. Il était trop près encore, aussi, du coup d'Etat pour repousser les services d'un homme qui paraissait synthétiser, dans son esprit, toute la doctrine du Deux-Décembre, et il était trop loin encore de la liberté, pour arrêter cet homme dans son œuvre. Il mit, ou à peu près, l'Etat dans les mains de M. Rouher et attendit les résultats de son effacement.

Dès lors, M. Rouher mena l'Empire et il le mena à la façon d'un charretier qui, sans s'inquiéter de savoir si la route qu'il suit est coupée par un fossé, lancerait ses chevaux à toute volée sur cette route.

Des mécontentements, des frissons de révolte secouaient la foule ; des aspirations vers un état politique plus conforme avec les sentiments du public, se levaient ; M. Rouher refusa à ce public l'orientation gouvernementale qu'il désirait et accueillit, par un beau dédain, la réprobation qui grondait autour de lui, lointainement, ainsi qu'un orage dont on ne voit encore que quelques rares éclairs.

En une heure où le rôle de la France semblait devoir prendre fin, dans la question romaine, il envenima cette question et, soumis aux désirs de l'Impératrice, la porta à sa période aiguë en nous brouillant, presque, avec le roi Victor-Emmanuel. Appelé à s'exprimer publiquement au sujet de l'abandon de Rome par le cabinet des Tuileries — abandon qui était réclamé par l'opinion des hommes d'Etat comme par celle du public, il prononce un mot terrible, il jette à la face du monde son fameux : — « Jamais ! » — et pousse, ainsi, l'Empereur et son pays dans une impasse d'où ils ne sortiront plus.

En vérité, lorsqu'on analyse, même brièvement, la conduite de M. Rouher, on ne peut écarter cette interrogation : cet homme fut-il un homme d'Etat, un homme de gouvernement?

Dussé-je paraître en contradiction avec la plupart de ceux qui ont apprécié, qui ont étudié M. Rouher dans sa longue carrière, je n'hésite pas à répondre : non, ce ministre tout-puissant, ce vice-empereur ne fut pas un homme de gouvernement, ne fut pas un homme d'Etat dans la sage et prévoyante acception de cette qualification.

Il marcha, au pouvoir, dans l'éclat d'un orgueil inouï, de cet orgueil qui tourmente le parvenu étonné de sa fortune ; il marcha, au pouvoir, dans la brutalité d'une obstination que rien n'atténua ; il élargit sa personnalité pour ne laisser, à côté de lui, aucune place à occuper et, égoïste, avare dans son autorité, comme ceux qui, ayant beaucoup peiné pour arriver à la richesse, n'ont plus de pensée pour les autres et craignent de dépenser leurs économies, il ramena tout à lui, dans les choses de la politique, et ne voulut céder une parcelle de ces choses à qui que ce fût.

Il fut personnel dans sa politique, jouissant de l'autorité sans être animé par le souhait d'une gloire à offrir à son pays, par le souci d'un péril à lui éviter ; il fut personnel dans sa politique, comme certains hommes le sont dans l'amour, ne demandant à la femme qu'un plaisir individuel, sans l'idée même de lui faire partager ce plaisir.

Un homme d'Etat et de gouvernement n'est point ainsi. Il lui est permis, certes, de rechercher dans les fatigues, dans les luttes, dans les espérances, dans les amertumes même de sa vie, la consolation, la récompense qu'apporte un nom que l'on prononce au-dessus de tous les noms ; mais son regard, mais sa pensée ne doivent point aller qu'à lui-même. Des mondes sont dans le rayon visuel de ce regard, et il doit les refléter. Montagnard, M. Rouher eut sans cesse devant les yeux, comme un gigantesque écran, la masse de ses montagnes ; il demeura sans horizon, insensible au grand large des espaces, et il fut de ceux qui mesurent l'humanité à leur ombre.

Un jour vint où la France fut entraînée dans une catastrophe. 1870 surgit, dans la succession des années, et l'écho de ses heures se perdit dans les lamentations et dans les deuils. Ce jour-là, M. Rouher, je le dirai mieux dans un prochain chapitre — en disponibilité politique dans sa présidence du Sénat, crut le moment favorable pour reprendre le pouvoir et, pouvant changer, par ses conseils, les destinées néfastes qui menaçaient sa patrie, promit au peuple de le mener à la victoire — à une victoire qui devait, dans son esprit, perdre les libéraux qui l'avaient éloigné du gouvernement et qui devait, par contre-coup, assurer la réalisation de ses desseins. Ce jour-là, M. Rouher devint le fossoyeur de l'Empire et tissa, de ses propres mains, le voile funèbre qui remplaça, sur les fronts impériaux, les diadèmes et les fleurs. Ce jour-là, il fut un criminel, car il voulut la guerre; et vouloir la guerre, sans être inspiré par une raison supérieure à toutes les raisons, est un désir abominable.

Si la personnalité de M. Rouher résume presque toute la période autoritaire du Second Empire, il n'était pas le seul important collaborateur de Napoléon III, cependant; il y avait, autour du souverain, des hommes que des aptitudes diverses et incontestablement remarquables, désignaient à l'attention publique. MM. Chevreau, Duvergier, Riché, Jolibois, Vuitry, Haussmann, de Parieu, Persigny, Walewski, Magne, Buffet, de Royer, Pinard, Piétri, Alfred Leroux,

Segris, Devienne, Emile Ollivier, La Guéronnière et d'autres encore, furent de ceux-là. M. Rouher s'amusa, un jour, à les portraiturer; l'on a même retrouvé, dans les papiers des Tuileries, le rapport qu'il adressa à l'Empereur et dans lequel il les crayonna, non sans malice. Je ne rappellerai, ici, que les principales appréciations contenues dans ce rapport.

Dans M. Chevreau, M. Rouher voyait « la juste espérance d'une réelle aptitude aux luttes parlementaires, » mais il lui reprochait de « subir volontiers tous les entraînements », et il ajoutait : « *l'odor della femina* le fait volontiers dévoyer. »

En regard du nom de M. Riché, le critique improvisé mettait cette mention : « orateur distingué, esprit philosophique et fécond, mais indécis, rêveur, atteint d'une maladie d'estomac qui se traduit par des appétits désordonnés. »

Et il continue :

« La nomination au ministère de l'Intérieur de M. de Persigny ou de M. Walewski, ne s'expliquerait que par un changement de vues politiques; en tout cas, elle introduirait dans la composition du ministère, des éléments de trouble et de dissolution. »

Quant à M. Buffet, c'est « un esprit doctrinaire et cependant toujours indécis, qui ne se donnera jamais tout entier. »

M. Rouher est plus explicite à l'égard de M. Pinard, qui était l'homme de l'Impératrice et dont il craignait l'influence sur celle qu'il avait lui-même entrepris de gouverner, sur laquelle s'exerçait sa surveillance jalouse — surveillance que la jeune femme trouva parfois importune et dont elle tenta, en dépit de l'accord qui existait entre elle et le ministre, de se débarrasser en maintes circonstances.

« M. Pinard, dit M. Rouher, est un magistrat orateur qui a une réputation au Palais et au Conseil d'Etat, et donnera probablement, au Corps législatif, la mesure de sa puissance oratoire. Au point de vue de la tribune, je le désigne à l'attention de l'Empereur ; mais lancer un homme, jeune encore, dans une administration (il s'agissait du ministère de l'Intérieur), dans un personnel, dans des travaux qui lui sont complètement inconnus, l'engager au premier rang dans une session difficile, avant que son autorité morale se soit assise et développée, n'est-ce pas plutôt l'immoler que le servir ? Il y aurait de l'aventure et du hasard dans le choix de M. Pinard. Je suis cependant convaincu que, suivant une voie moins scabreuse, plus graduée, se tenant éloigné de l'administration, à laquelle on le croit généralement peu propre, il prendra une grande place au Conseil d'Etat, et de là, dans la politique. »

Puisque, incidemment, je m'occupe ici de M. Pinard, je demande la permission de lui consacrer quelques mots d'un caractère un peu personnel.

M. Ernest Pinard, ancien ministre de l'Intérieur

de l'empereur Napoléon III, a publié, il y a quelques mois, des mémoires, et, à leur lecture, il m'a paru que la partie anecdotique de mes ouvrages précédents, *l'Impératrice Eugénie* et *la Cour de Napoléon III*, n'a pas été inutile aux récits qu'ils contiennent.

Mais M. Pinard, non satisfait de m'avoir fait quelques emprunts, s'est avisé, en la page 142, § 1er du tome Ier de son œuvre, de diriger contre moi une attaque.

« J'entends dire, écrit-il, qu'on réédite aujourd'hui les racontars d'autrefois, singulièrement augmentés depuis 1870. Cela ne m'étonne pas. Un récit piquant, surtout un récit que l'auteur pimente à son gré, trouve quand même des lecteurs. Puis, aux yeux de l'écrivain qui veut battre monnaie avec de petits scandales, le public s'intéressera toujours à cette Cour de Napoléon III si maltraitée par ceux qui ne l'ont pas vue. »

M. Ernest Pinard qui fut l'un des ministres autoritaires et maladroits du Second Empire, est demeuré fidèle — fidèle jusqu'à l'aveuglement — à ses anciens maîtres. On ne saurait que le louer de cet attachement, qui prouve l'excellence de son âme; mais il ne découle pas de cette pureté de sentiments que M. Pinard soit fondé à rectifier les notes et les documents que je possède sur le Second Empire.

M. Pinard, durant son passage au pouvoir, resta

beaucoup en son ministère et ne fréquenta point la
Cour. D'un puritanisme un peu outré, il se tint éloigné des mondanités et du cercle habituel des familiers de l'Empereur et de l'Impératrice. Très compétent, abstraction faite de son indulgence systéma-
tique, alors qu'il parle de la politique à laquelle il a
été mêlé, il n'est aucunement en mesure de discourir sur l'attitude des grands mondains et des grandes
mondaines qui emplissaient les Tuileries.

J'ai connu, il y a quelques années, M. Pinard chez
le comte et la comtesse de J.-D..., dont les salons
hospitaliers, situés rue du Mont-Thabor, étaient ouverts à des amis dévoués, et qu'une catastrophe soudaine — la mort tragique de la comtesse — vint
fermer tout à coup.

M. Pinard sait (il n'ignore pas mes liens de famille
avec un ancien garde des sceaux de Napoléon III)
que je suis fort bien renseigné sur les choses du Second Empire. Il sait, également, la valeur authen-
tique des notes qui m'ont été communiquées. L'attaque qu'il m'adresse n'a donc que la portée d'une
défense conventionnelle, inspirée par un cœur reconnaissant.

Mais pourquoi, dans les quelques lignes qu'il me
consacre, fait-il intervenir une question d'argent très
étrangère, me semble-t-il, à une controverse historique?

Ce n'est un secret pour personne qu'un écrivain

traite avec un éditeur et qu'il reçoit de lui les droits d'auteur qui lui sont dus.

M. Pinard me permettra-t-il de lui demander — quoiqu'il fasse lui-même les frais de ses œuvres, ce qui supposerait un manque de confiance, de son éditeur, à leur égard — si, en devenant lui-même écrivain, il a renoncé à toute rémunération résultant de la publication de ses livres?

Poser une telle interrogation, c'est la résoudre péremptoirement, et je suis surpris que M. Pinard n'ait pas mieux prévu la moralité de son argumentation.

Mais je reviens au rapport de M. Rouher.

M. Emile Ollivier est fort malmené dans ce rapport. — « M. Emile Ollivier, dit M. Rouher, a de l'élan, se donnerait avec empressement ; c'est une nature versatile, dont la générosité est gâtée par une malheureuse infatuation et que tant de relations interlopes unissent avec des nuances politiques très hostiles et très avancées. Loin de suivre mes indications, ce candidat a, plus que jamais, épousé les hostilités de M. Walewski contre moi; il m'a pris pour objectif à la Chambre, pendant que l'ancien président du Corps législatif a organisé mon éreintement dans une feuille publique. Mais je sais bien que ce sont là des feux de paille qu'éteindraient facilement quelques satisfactions. »

En ce qui concerne M. de La Guéronnière, M. Rouher

a un joli mot : — « Sa fortune est en désordre »,
écrit-il, et il conseille de lui offrir une ambassade,
« car c'est un défenseur officieux qu'il ne faut pas
s'exposer à perdre. »

Tels sont les principaux traits de l'enquête faite
par M. Rouher sur les hommes politiques qui entouraient l'Empereur et dont il avait à redouter la venue
au pouvoir. Il s'arrangea, on le voit, en présentant à Napoléon III leurs physionomies, rapidement
esquissées, pour les maintenir au second plan, tout
en ne les discréditant pas trop. Il avait tout du
bourgeois, en vérité : la prudence, ainsi que la
grosse gaîté.

Dans un chapitre spécialement consacré à la déclaration de guerre en 1870, je ferai connaître, ainsi
que je l'ai déclaré plus haut, le rôle qu'eut M. Rouher
à cette époque. Il fut un des plus fervents partisans
de la guerre, et ce fut lui, encore, qui, envoyé au-
devant de l'Empereur, après une première défaite,
l'empêcha de rentrer à Paris, le poussa vers la frontière et le jeta dans Sedan, d'où le malheureux souverain ne devait sortir que mort politiquement,
qu'écrasé par la plus cruelle infortune des temps
modernes.

Au Quatre-Septembre, revenu de son voyage, il
occupait le fauteuil présidentiel au Sénat, et dans
l'inconscience des troubles qui agitaient la rue, dans

l'aveuglement d'orgueil qui l'avait toujours caracté-
risé, il nia l'émeute, il nia la révolution, et leva la
séance, devant les quelques dignitaires affolés qui
l'entouraient, sur ce mot plein d'ironique ignorance :

— Messieurs, à demain.

Il eût été beau, peut-être, ayant prononcé une telle
parole — une de ces paroles qui peuvent être grandes
et que l'Histoire enregistre alors avec fierté — de se
présenter le lendemain à la porte de la salle des délibérations du Sénat, et d'en vouloir forcer les scel-
lés que le peuple y avait apposés. Mais M. Rouher
n'attendit pas ce lendemain; il en resta sur son
assurance pompeuse et, le soir même du Quatre-
Septembre, il fuyait, il se dérobait aux recherches
de la foule lâchée, de cette foule qu'il avait, pendant
tant d'années, dédaignée et piétinée.

Pourquoi, d'ailleurs, trop complaisamment s'ap-
pesantir sur les défaillances des hommes? Ne for-
ment-elles pas, dans la philosophie des empires,
comme la base même de cette philosophie? Ne sont-
elles pas, dans le clinquant des trônes, comme l'or-
dure humaine qui se retrouve en tout et partout?
Le lion, dans son antre, l'aigle, dans son aire, repo-
sent auprès des détritus et des fumiers. Les empereurs et les rois ont des palais en lesquels traînent
des hontes et des lâchetés. Il serait puéril de s'en
étonner ou de s'en indigner.

Après la guerre, après la chute de la dynastie im-

périale, M. Rouher, s'étant présenté aux élections
pour l'Assemblée nationale, fut envoyé à Versailles
en qualité de député. J'ai rapporté un récit relatif à
la séance mémorable dans laquelle il osa — avec
courage — défendre le souverain qu'il avait servi.
Mais son rôle politique était terminé, et il ne tenta
guère, dans les années qui suivirent, de le reprendre
publiquement. Cependant, il se mêla à des discussions d'affaires, d'économie, et sa réelle compétence
en ces matières lui valut souvent, malgré l'hostilité
que provoquait son nom ou son apparition à la tri
bune, l'attention du Parlement, les applaudissements
de ses adversaires mêmes.

Il fut surtout, à cette époque, le conseiller suprême
des souverains exilés, et, lorsque l'Empereur mourut,
il devint le porte-parole officiel de l'Impératrice.
Toutes ses facultés, alors, se concentrèrent sur une
restauration de l'Empire ; il s'attacha à en préparer
la possibilité et il en organisa le fonctionnement.
C'est dans cet esprit qu'il désapprouva le départ du
Prince Impérial pour le Zoulouland, qu'il supplia,
avec désespoir, l'Impératrice de s'y opposer, et qu'il
s'éleva avec énergie contre cette aventureuse odyssée. Mais le destin avait jeté les dés, et M. Rouher
ne commandait plus au destin.

Je viens d'exprimer avec indépendance, avec l'impartialité que je m'efforce de mettre en mes écrits,
ma pensée tout entière sur M. Rouher. Cette pensée

ne serait pas complète si j'oubliais de dire que cet homme dont les mains remuèrent des milliards, fut un honnête homme, fut d'une probité absolue. Pauvre, ou à peu près, à ses débuts dans la vie politique, les grandeurs, le pouvoir le laissèrent pauvre, et, lorsqu'il tomba avec l'Empire, dans l'écroulement effroyable de 1870, il s'en alla les poches vides. Ceux qui l'auraient fouillé eussent été volés. Il peut sembler prudhomesque que l'on vante l'honorabilité d'un homme ; il peut sembler superflu que l'on retrousse ses vêtements pour savoir si, dans leur doublure, ils ne cachent point quelque somme mal acquise ; il peut sembler exagéré que l'on visite son domicile, que l'on force son coffre-fort, pour y chercher la source de ses revenus. Cependant, dans un temps troublé, dans un temps où l'or fait entendre, avec quelque cynisme, ses bruits inquiétants, cette curiosité paraîtra naturelle, et l'hommage qui en résultera, pour celui qu'elle touche, n'aura que plus de valeur.

Oui, dans le luxe, dans les millions du Second Empire, dans ce luxe qui enfiévra tant d'imaginations, dans ces millions qui glissèrent, en cascades, de tant de fenêtres, M. Rouher passa avec son honneur d'homme incorrompu, avec son seul et modeste bagage de bon bourgeois ; et, si l'on a des fautes politiques à lui reprocher, s'il fut criminel devant le peuple, dans son métier d'enchaîneur de consciences et d'étrangleur de libertés, dans l'aveuglement et dans le coup d'orgueil final qui, à l'ombre de l'Impératrice, l'empêchèrent de prévoir nos désastres, il demeure, en face de l'Histoire, sans souillure d'argent, l'épaule vierge de toute marque, exempte du coup de pilon de la Monnaie comme du coup de presse de la Banque.

Dans la folie sensuelle du Second Empire aussi, il passa calme et indifférent. Puritain, la licence des Tuileries, où il ne se rendait qu'officiellement, le trouva réfractaire. La vit-il même? M. Rouher n'était point un passionné; étranger aux choses de la chair, il ne serait point surprenant qu'il eût eu l'ignorance des baisers et des amours qui traînaient, un peu dans tous les coins, aux Tuileries. N'est-ce point, en effet, une forme encore de la sensualité que de s'apercevoir de ses entraînements, même pour les déplorer, pour les condamner?

Il est des hommes que la mort grandit et dont on regarde le cercueil, étonné de ne le point voir paraître dans une ombre gigantesque. M. Rouher ne sera point de ces hommes. Dans le triomphe, sa personnalité, ainsi que dans un mirage un objet, avait paru prendre des proportions colossales. L'agonie de l'Empire la ramena à sa juste mesure, et les années, en tombant une à une, la rapetissent encore.

J'ai dit que M. Rouher ne fut qu'un bourgeois, dans l'expression même la plus étendue de son autorité. Il fut, en effet, pareil, dans son pouvoir, à un bourgeois heureux qui, ayant gagné, un jour, à la loterie, une fortune énorme, la serre et la garde, insouciant de lui donner une vitalité intelligente, une destination généreuse. M. Rouher fit ainsi, en politique, de l'influence qu'il exerça, et c'est pourquoi l'Histoire, dédaigneuse des enthousiasmes vains, des exagérations de partis, ne lui accordera qu'un rayon lumineux, dans cet infini plein de soleils où elle jette le génie de ceux qui ont parcouru la terre, qui ont, dans un bond fulgurant ou dans une marche sereine, passé au travers de l'Humanité.

VII

M. EMILE OLLIVIER

Il est des noms historiques que l'on ose à peine
écrire. Le nom de M. Emile Ollivier, jusqu'en ces
derniers temps, fut de ceux-là, et je n'aurai point
la hardiesse d'affirmer qu'il ne provoque plus des
colères ou des malédictions. Le peuple qui ne juge
les hommes, le plus souvent, que sur l'extériorité de
leur vie, s'obstine à ne point séparer le nom de
M. Emile Ollivier des désastres de 1870; il accu-
mule, sur ce nom, toutes les responsabilités de
l'année cruelle; dans l'ignorante, dans la simple
imagination qui l'entraîne, il reporte sur lui son
désespoir et sa haine. Il y a donc quelque courage à
tenter, non seulement un portrait de M. Emile Ollivier, mais à déclarer, dès les premières lignes de cette
esquisse, que cet homme, mal jugé, mal connu, ou
victime d'une hypocrisie, d'un mensonge politiques

trop fréquents dans le monde parlementaire, ne mérite ni ces haines, ni ces malédictions, ni ces colères, est au-dessus des outrages qui l'ont frappé, fut et demeure l'un des plus remarquables législateurs de notre époque.

On sait quelle franchise je mets dans mes études relatives aux hommes et aux choses du Second Empire. Plus le sujet que je traite est périlleux, plus ma franchise, me semble-t-il, doit s'accroître. C'est pourquoi je ne saurais me départir, ici, de ma ligne de conduite habituelle ; c'est pourquoi, me tenant à l'écart des récriminations comme des louanges systématiques, je dirai sur M. Emile Ollivier ma pensée, dans toute l'impartialité que je me suis imposée. En agissant ainsi, je suis convaincu de garder plus le respect du public et de moi-même que si je me laissais séduire par une discussion passionnée.

Avant de personnifier l'Empire libéral, M. Emile Ollivier fut longtemps, devant le peuple, le porte-parole autorisé et éloquent de la liberté sans qualification. L'opposition qu'il fit à l'Empire fut spéciale, en effet. Alors que ses amis politiques collaient, nettement, sur leurs programmes, l'étiquette républicaine, M. Emile Ollivier, répudiant les obligations de coteries, les engagements trop absolus, ne cessa de déclarer qu'il ne faisait point une guerre implacable et sans espoir d'entente, aux Tuileries, mais qu'il les combattrait, simplement, tant que celui qu'elles abritaient se refuserait à modifier, en faveur des idées progressives, son mode de gouvernement. On a crié à l'apostasie le jour où M. Émile Ollivier approuva la politique libérale de l'empereur Napoléon III. On a eu tort et l'on a été injuste envers lui. Il était, ce jour-là, logique avec son attitude passée ; il rendait effectives les paroles qu'il avait naguère prononcées.

Les fameux Cinq, d'ailleurs, dont il se partageait la direction avec M. Jules Favre, s'agitaient et pensaient dans cet ordre d'idées. MM. Hénon et Darimon étaient des familiers du Palais-Royal, ne redoutaient aucunement de se trouver en présence de l'Empereur, et M. Ernest Picard, qui avait plus d'esprit que de haine, n'eût point trop été fâché de devenir le collaborateur de Napoléon III. Lorsque la guerre éclata, en effet, en 1870, il allait être nommé sénateur et le décret mentionnant son nom, traînait sur le bureau du souverain.

Il faut le dire, cependant, seul parmi ces hommes, M. Jules Favre ne paraissait point devoir signer la paix avec l'Empire. Il conservait, intactes, les convictions de sa vie ; il défendait, comme aux jours anciens du Deux-Décembre, sa foi républicaine, et nulle équivoque ne traversait ses paroles ou ses actes publics.

M. Jules Favre eut, sous le Second Empire, une place immense dans les discussions parlementaires, une influence considérable dans le mouvement de l'opposition, et, quoique ce chapitre appartienne à M. Émile Ollivier, son ami, devenu son rival et son adversaire, il me paraît nécessaire de crayonner sa silhouette.

M. Jules Favre fut un orateur de haute taille, et le charme de sa voix est demeuré célèbre. Il y mêlait souvent, pourtant, des accents terribles, pleins d'une éloquence fougueuse et sauvage, et dans une époque où l'on était encore accessible aux appels des tribuns, où l'accumulation des événements n'avait point encore émoussé l'admiration de la foule, ces accents secouaient les masses, mettaient de l'espérance, de la fièvre dans les âmes, et les regards grandissaient celui qui les exprimait, comme l'œil de l'enfant grandit le héros fabuleux dont on lui conte l'aventure, et qui l'émeut.

Les séances solennelles, au Palais-Bourbon, les séances en lesquelles les questions politiques occupent exclusivement le public, étaient assez rares sous le Second Empire ; mais lorsque l'une d'elles se produisait, l'attitude de M. Jules Favre devenait curieuse et intéressante.

Cet homme, qui savait si bien parler au peuple, avait l'instinctive horreur de la multitude ; les jours marqués pour les tournois oratoires, il devançait l'heure de la séance, arrivait au Corps législatif bien avant l'ouverture des portes et se retirait dans un

bureau. Il se recueillait là, alors. Étendu sur un
divan ou affaissé dans un fauteuil, la tête à demi-
renversée, son large portefeuille entre les jambes,
il méditait. Parfois, un rictus affreux tordait sa
lèvre fameuse, cette lèvre satanique sur laquelle,
en même temps que la flamme qui ronge, semblaient courir des baisers — bouche fameuse qui
sut donner une égale expression à la haine ainsi
qu'à l'amour. De sa main droite, blanche et veinée
comme celle d'une femme, il caressait doucement
sa longue barbe brune semée de quelques fils d'argent. D'un mouvement de tête, il rejetait de moment en moment sa chevelure opulente, puis il
retombait dans l'immobilité, écoutant vaguement
les rumeurs lointaines, bercé voluptueusement par
son rêve, par sa puissance, par sa popularité.

Puis, il sortait de sa retraite et se dirigeait vers la
salle des séances. Il voulait voir si son public était
bien là. Et satisfait, glanant plus d'un regard admirateur, plus d'un geste hostile, il traversait lentement l'hémicycle. Son public, en effet, le suivait,
accourait à l'annonce d'un de ses discours. Ambassadeurs, hommes d'État, princes du sang, courtiers
d'élections, financiers tapageurs, grandes élégantes,
femmes politiques, bourgeois enthousiastes, courti-
sanes à la mode, tout cela se penchait vers lui, tout
cela lui envoyait des œillades, des sourires, tandis
qu'il passait, frôlant la tribune. Il entendait les

moindres mots échangés, et sous la pluie des paroles,
des regards, il tendait le dos délicieusement, il
semblait dire : « encore, » et des poussées d'orgueil soulevaient son cœur. Ces parfums, ces toi-
lettes, ces gorges agitées et ces corps, ces femmes
dont on sentait comme l'haleine impatiente, dont on
voyait la chair palpiter, tout cela encore lui montait
au cerveau. Ses narines aspiraient l'odeur de la
salle, sa lèvre s'ouvrait devant les sourires comme
devant des baisers. Un frisson sensuel s'emparait de
lui alors ; il trébuchait en sortant, et lorsqu'il rentrait dans son cabinet, il s'affaissait avec un soupir
long et profond.

A la tribune il était admirable. Sa taille de colosse
dominait l'assemblée. Ses épaules semblaient se mesurer à la largeur de cette tribune qu'il emplissait,
dont il débordait, si je puis ainsi dire, et qui paraissait trop étroite pour le contenir. Ses mains blanches
et nacrées, en serraient les bords, crispées, nerveuses. Il jetait un regard sur les bancs garnis de la
salle, sur les galeries bondées de spectateurs ; puis
il se recueillait et, dans un accent sourd d'abord,
vibrant d'émotion ensuite, il parlait.

Longuement et lentement, il déroulait son discours,
il détaillait le sujet qui l'intéressait. Parfois, le rictus qui tordait sa bouche, à certaines heures, passait
sur elle, rapide, et alors des phrases haineuses,
violentes, s'échappaient de sa lèvre. Il s'exaltait au

bruit des applaudissements qui éclataient dans la
salle, à gauche. Sa voix devenait plus pressante,
plus mordante, et il avait comme des râles pour exprimer l'angoisse que lui communiquait la tyrannie
sous laquelle, clamait-il, mourait son pays. Puis, le
sourire revenait sur sa face ; il se faisait railleur,
et le fouet de la satire remplaçait dans sa main le
stylet de la haine. Et, de nouveau, il s'élançait à
corps perdu dans la colère. Il marchait, il arpentait,
de long en large, la tribune qui craquait sous ses
pas ; son bras étendu, comme désignant un ennemi,
avait des allures farouches ; ses narines se gonflaient,
ses paupières s'ouvraient démesurément, et sa poitrine haletait, ronflait comme un soufflet de forge.
Un son guttural, rauque, particulier, coupait, par
intervalles, sa phrase, et la hachait, ainsi qu'un
hoquet. Le corps rejeté en arrière aussi, le ventre
collé à la tribune, la main tendue en avant, menaçante, nul mieux que lui ne savait maudire. Sa
face noire s'empourprait alors, le sang montait à
son cou, ses cheveux tombaient, emmêlés sur son
front, et le rictus de sa bouche se changeait presque
en une convulsion.

Dans ses péroraisons il était merveilleux. Drapé
en sa vaste redingote, il s'animait davantage. Mais
ce n'était plus la colère, ce n'était plus la haine qui
l'inspiraient. Il abandonnait, momentanément, le
cercle étroit de son sujet, ou plutôt il générali-

sait la question et ses accents se faisaient tendres en parlant de la liberté. Une sorte de volupté coulait de sa lèvre ; il caressait la liberté comme une maîtresse ; il la faisait belle, il la dépeignait sous des aspects séduisants ; il avait, pour elle, le regard du serpent pour le bol de lait. On l'écoutait surpris. — Soudain, il avait un dernier cri ; un frisson le secouait tout entier, un spasme l'empoignait. Il terminait, et dans ses suprêmes accents, il y avait comme de la désespérance prophétique, comme des déchirements. Il oubliait la salle, ses collègues. Le peuple pouvait l'entendre : c'était bien pour lui qu'il parlait. Puis, quand il s'était tu définitivement, il demeurait à la tribune, une seconde, rivé, comme fasciné par ce je ne sais quoi qui s'était emparé de lui.

Il y avait peu de salons républicains sous le Second Empire, et les hommes de l'opposition se réunissaient pour l'organisation de leur politique, soit dans les rédactions de quelques rares journaux assez audacieux pour combattre les Tuileries, soit dans la demeure des principaux d'entre eux.

M. Jules Favre recevait ainsi, ordinairement, ses amis, étudiait avec eux les questions à l'ordre du jour, et réglait l'attitude de chacun dans les débats publics.

Il était le maître reconnu et respecté du parti libéral, et chefs de groupes, entraîneurs parlementaires, dans les derniers temps de l'Empire surtout, venaient prendre ses ordres avant de livrer bataille. Ils sortaient de là, armés, endoctrinés, pétris, soumis, charmés et, ainsi que l'athlète antique, huilés pour la lutte. Les vieux et les jeunes venaient écouter la parole sacrée : les jeunes pour donner un nouvel élan à leurs espérances ; les vieux pour raffermir leurs convictions, parfois chancelantes, dans les découragements.

Lorsque l'Empire se fit libéral et lorsque M. Emile Ollivier prit la direction du nouveau mouvement politique, M. Jules Favre éprouva une déception et une crainte : une déception, car son rival le dépassait dans la course au pouvoir ; une crainte, car des luttes inconnues s'annonçaient, dont il ne pouvait prévoir les résultats.

M. Emile Ollivier, fils de proscrit, se tournant vers l'Empire, c'était la déroute jetée dans les rangs de l'opposition républicaine, semblait-il. Grand, la face fendue par une bouche large et épaisse, les yeux dissimulés derrière les verres de lunettes énormes, sous une apparence froide, M. Emile Ollivier cachait des désirs violents, des passions terribles. Il occupait la tribune avec la même autorité que M. Jules Favre, et celui-ci comprit qu'il allait le haïr.

Mais, dans le souci de sa personnalité, de son influence, M. Jules Favre devait trouver un autre tourment.

A l'horizon du monde politique — du monde républicain — venait de se dresser un homme inquié-
tant dont la parole, ardente et puissante, semblait devoir accaparer l'attention de la foule, faire naître des
espoirs, des enthousiasmes vierges. M. Léon Gambetta venait d'apparaître, et M. Jules Favre, tout en
l'accueillant avec une apparente joie, fut effrayé de
la popularité qui allait au-devant de lui, au détriment
de la sienne.

M. Léon Gambetta était, alors, ce qu'on est convenu
de nommer un « type ». Parti de son Midi, il était arrivé
à Paris, et là, perdu au milieu de la foule, il avait ob-
servé et attendu. Jupiter tonnant de brasseries, doué
d'un rare talent oratoire, il s'était fait une réputation
d'homme d'Etat, dans les ruelles et dans les hôtels
garnis du quartier latin. Puis, un beau jour, il s'en
était allé devant des juges, plaider dans un procès
politique; puis, un soir il s'en était allé, également,
dans une réunion électorale ; il avait exposé tout un
programme de réformes sociales, il avait plu au
peuple; sa blague de méridional aidant, il avait
affirmé sa candidature à la députation et il avait été
élu.

En dépit de sa voix éraillée, de son corps dé-
braillé, il avait acquis une immédiate et réelle autorité.

Il avait, alors, des manières à lui de se tenir dans

un salon. Il marchait, sur le parquet ciré, en écartant les jambes, lourdement, pour ne pas glisser. Il criait : — « Té ! » — en apercevant un ami ou une connaissance. Il avait de grands gestes familiers. Il vous empoignait les gens à bras-le-corps, en causant ; il les secouait rudement et tirait à lui le revers de leur paletot ; il leur donnait des tapes sur le ventre ou sur la cuisse. Et lorsqu'il lui arrivait de rencontrer un grincheux ou un formaliste, il avait des finesses imprévues pour le ramener à lui. Il le raccrochait à sa blague, à son intarissable blague de méridional et il se faisait tout pardonner, sottises, inconvenances et mauvaise éducation. On ne voyait plus en lui que « le bon garçon » et l'on oubliait tout.

Et puis, il avait parfois des paroles heureuses ; il se montrait très habile ; c'est lui qui avait trouvé ce mot fameux « les *irréconciliables* » pour désigner la fraction militante de l'opposition ; le mot avait fait le tour du pays et avait assuré sa popularité faubourienne, mieux que cent discours.

Avec lui, la bohème était, en 1869, entrée à la Chambre. Mais, cette bohème-là, ne ressemblait en rien à celle du temps jadis ; elle ne se nourrissait ni de rêves, ni d'amour ; elle n'avait rien de sentimental ; c'était la bohème populaire qui grondait par la bouche de Léon Gambetta et elle était terrible, cette déhanchée et cette déguenillée, quand il la faisait hurler dans la tribune du Parlement. Elle avait

des allures farouches de tricoteuse ; toutes les audaces, toutes les ivresses et toutes les âcretés de la
rue, s'échappaient de sa poitrine, comme un essaim
de frelons enragés.

M. Jules Favre eut peur des audaces de Gambetta.
Il essaya de le garder à vue, d'en faire le lion amoureux de sa politique. Il le devinait : tant que ce grand
garçon serait entre ses mains, il le charmerait assez
pour le retenir. Il aurait tout à redouter de lui, le
jour où il lui échapperait.

M. Jules Favre pouvait supporter Gambetta tel
qu'il était : avec ses habits lâchés, avec ses crins
ébouriffés ; il le courbait, à son insu, sous le joug de
sa volonté ; il imposait alors son aristocratique personne, à la gueuserie de ce révolutionnaire et il le
choya et il le caressa parce qu'en lui une voix, plus
forte que toutes les voix, lui criait de prendre garde
et de défendre, contre ce produit de la rue, sa puissance et son autorité. Gambetta, bohème, demeurait
un gamin de Paris endiablé et peu redoutable. —
Gambetta, correct, devenait un rival. Et M. Jules
Favre avait déjà devant lui M. Emile Ollivier.

Un jour vint, cependant, où M. Léon Gambetta
fut l'homme que craignait de voir surgir M. Jules
Favre ; un jour vint où il fut le chef de l'opinion dans
le pays et dans le Parlement, où ses volontés firent
échec au gouvernement qui succéda à l'Empire, au
gouvernement maladroit et détesté de M. le Maré-

chal de Mac-Mahon. Des cercles mondains et diplomatiques s'étaient ouverts devant lui. Ce n'était plus
le colosse lâché d'autrefois ; ce n'était plus le poli-
ticien sans mesure dans ses discours comme dans ses
actes, frais émoulu de son Midi. Il était correct, sa
chevelure léonine, toujours tombant sur ses épaules,
était finement brossée et bouclée ; il ne criait plus
— « Té ! » — en entrant dans l'une des luxueuses de-
meures qu'il visitait ; ses jambes ne s'écartaient
plus, gauchement, pour garder l'équilibre en parcourant des parquets cirés. Il était, cependant, resté
exubérant et, parfois encore, il arrivait que dans une
conversation, emporté par la chaleur de la discussion, il s'emparait du revers de l'habit de son interlocuteur et le secouait à le déchirer. — Gambetta
était célèbre ; Gambetta était puissant et ses accrocs
à l'étiquette, mis sur le compte de son fougueux
tempérament, étaient tolérés. On en riait avec bonhomie, avec une sorte de condescendance flattée, de
vanité heureuse, et Gambetta, soudainement froid,
affectant des attitudes mondaines, eût déçu les
moins indulgents. — C'était un intelligent et un
fort, en vérité, que cet homme. Parti de bas, il
s'était élevé au niveau suprême, et son pouvoir était
considérable. On pouvait le saluer. Sa vie n'était
point banale. Faite de grandioses envolées, de char-
latanisme, de défaillances et de courages, elle était
comme un mélange inanalysable presque ; mais telle

qu'elle se montrait, au plein soleil des années
écoulées, ou des années à venir, elle était respec-
table et enviable. — Ce démocrate, cet enfant d'un
coin ignoré de la France, avait des délicatesses in-
finies, des presciences d'homme d'Etat. Tout d'abord
l'Europe, les Cours étrangères avaient eu peur de sa
face enflammée, de sa voix maudissante, familière
aux appels guerriers, aux retentissements de canons,
aux entraînements irrésistibles. Mais il avait eu la
bonne fortune de charmer le prince de Galles —
comme il charmait tous ceux, petits et grands, qui
l'approchaient — et cette altesse s'était chargée de
rassurer les effarouchés. Désormais, le tribun se
sentant écouté, admiré, applaudi même par ceux
qui le combattaient, avait marché dans sa gloire,
enivré de popularité. Gambetta était un patriote et
la France l'aimait, se souvenant qu'aux heures
néfastes il l'avait consolée, il avait relevé son courage, mentant pieusement, quelquefois, mais prêtant à ses mensonges le caractère sacré des viriles
résolutions, des saintes espérances. Gambetta était
généreux et bon. Ses amis l'adoraient. Et cet homme
que tant de louanges enveloppaient, était plus sen-
sible à leur témoignage affectueux qu'à l'éloge public
qui montait, autour de lui, accourant de loin, ainsi
que le murmure d'un raz de marée impétueux.

M. Jules Favre, donc, ne voulait pas livrer une

parcelle de sa fortune politique aux mains d'un
autre. Cet homme avait sué du sang avant d'être ce
qu'il était et il était jaloux de la place qu'il occupait.
Cette place, il la voulait à lui seul et, au prix même
de la vie, il n'eût pas consenti à la partager. Lui
aussi avait été jeté par le sort, nu et ignoré, sur le
pavé de la grand'ville; il avait eu froid au cœur à
certaines heures de son labeur et il avait, comme
tant d'autres, subi les dédains outrageants de la
foule des niais et des égoïstes — foule faite de riches
et d'heureux, dont le flot, bruyant et brutal, roule
des pièces d'or et barre le chemin aux penseurs ainsi
qu'aux ambitieux crevant de désir. Il se rappelait,
avec amertume, cette phase mauvaise de sa vie et
ce souvenir donnait des griffes à son cœur. Que
pouvait son avoir modeste, en face de ce luxe étour-
dissant qui hurlait à sa porte, sous ses fenêtres,
jour et nuit? Rien. — Le travail seul était capable
de lui apporter l'existence qu'il rêvait et c'est au
travail qu'il avait demandé sa part des jouissances
enviées. Ainsi que d'autres, il aurait pu faire deux
parts de sa vie, l'une consacrée à l'étude, l'autre au
repos, à l'amour, à la sentimentalité; mais il était
de ceux qui ne prennent pas de fausses résolutions.
Il avait tué, en lui, toute aspiration jeune, toute
pensée de plaisir et il avait cloué son cerveau, sa
chair et ses nerfs sur son pupitre, jurant de ne relever la tête, de ne fermer ses livres que lorsque

son but aurait été atteint. Cette condamnation de
soi-même l'avait aigri et, maintenant qu'il était
puissant et jalousé, il gardait rancune à la société
des heures d'angoisse et de combat qu'il avait vé-
cues. Cet homme avait été chaste; sa chasteté lui
remontait à la gorge et dans une contraction de regret et de rage, l'étouffait. Il avait été chaste et c'est
là ce qui avait fait sa force. Dès le début de sa carrière, il avait châtré sa nature et, dans cette mortifi-
cation volontaire, il avait puisé l'absolu. Il avait eu,
certes, de terribles moments de fièvre et de passion
révoltée; sa pensée avait entrevu, parfois, des choses
innommées et ses narines s'étaient ouvertes, toutes
grandes, pour aspirer quelque odeur de femme,
passant à ses côtés. Mais le poids de son orgueil, de
l'étude et de son ambition, écrasait bien vite en lui
ces ardeurs fugitives et c'est d'un pas lourd et égal
qu'il rentrait chez lui et qu'il se dirigeait vers sa
table chargée de paperasses et de volumes. La stéri-
lité de sa jeunesse avait mis, dans son regard, la
flamme sèche et mordante des ascètes, l'inquiétude
du pauvre et du déshérité. Et à le voir marcher
dans la rue, avec sa carrure de géant, sa chevelure
de jais, sa face sévère, on eût dit qu'il y avait en lui
du fauve à la recherche d'une proie.

Cet homme était bien venu à son heure. Il avait
surgi, tout à coup, du sein des nullités qui encom-
braient alors les trottoirs et les salons parisiens. Au

milieu du grand silence de l'Empire, sa voix avait éclaté soudain et l'écho l'avait portée au loin, ainsi qu'un hurlement de loup affamé rôdant, la nuit, dans les forêts. Il avait vu, devant lui, une multitude soûle de jouissance. Cette multitude s'opposait à sa marche. Alors il avait joué des coudes, il avait levé son poing fermé et il avait abattu chaque obstacle. Il avait compris qu'il y avait quelque chose de grand à tenter, au seuil de cette époque de luttes et de rêves. Le soleil impérial resplendissait de tout l'éclat de ses rayons, versant des torrents de lumière sur le passé légendaire réveillé. Le canon des Bonaparte saluait chaque matin l'aurore de nouvelles gloires, les hommes clamaient des vivats au souverain et les femmes lui faisaient un tapis de leurs seins gonflés de désirs et de vie. Le luxe cinglait de sa cravache le dos des gêneurs et des philosophes ; d'un bout à l'autre de la France, une immense chaîne s'étendait, composée de tous les fous, de tous les passionnés que des années d'austérité avaient apeurés et que la diane impériale, sonnant aux Tuileries, avait fait tressauter ; la vie était bonne ; on mangeait, on buvait et l'on faisait l'amour ; des flots de vin et de sang se mêlaient ; les corps exécutaient, au son d'un orchestre invisible, la danse macabre de la volupté.

Mais la pensée était morte. Elle gisait, là-bas, dans quelque coin de cimetière, parmi les misères et les hontes de la fosse commune. La matière avait saigné l'esprit aux quatre membres et se vautrant sur ses dépouilles, ainsi qu'une courtisane sur le lit d'une vierge, elle se prostituait longuement et pleinement. Une névrose bestiale suintait au travers des crânes. Le rire était à l'ordre du jour. Il fallait rire, à tout prix, et l'on envoyait à Mazas quiconque se permettait de pleurer.

M. Jules Favre comprit tout le parti qu'il pouvait tirer de cette griserie d'une société. Il fallait de l'audace pour tenter d'enrayer le mouvement qui poussait le peuple en avant. Il eut cette audace et, soudain, il se dressa. Il se tourna vers le cimetière, où se flétrissaient, vivantes encore, la poitrine pleine de râles, la pensée et la liberté. Il descendit dans la fosse où elles grouillaient, rongées déjà par les vers de l'oubli, et ramenant entre ses bras ces deux moitiés de cadavre, il les jeta, un beau matin, sur les marches du trône impérial. Il y eut un étrange effarement. Cette odeur de tombe se mêlant aux parfums provocants des femmes, mit comme un arrêt dans le branle-bas joyeux du siècle. On s'étonna et l'on se demanda quel était cet homme qui, nouvel Hamlet, se levait la nuit pour aller, dans les cimetières, jouer avec les morts. Des ombres sortirent de leur retraite à la voix de M. Jules Favre, et bientôt, dans le peuple, il y eut comme des frissons de vie, comme des secousses de bêtes enchaînées, rêvant de liberté.

Aux jours derniers de la Rome impériale, lorsqu'au milieu des éclats de rire des patriciens, une voix de tribun s'élevait tout à coup, on cherchait d'où venait la voix et l'on s'emparait du tribun naissant que l'on jetait au cirque. Les Césars, endormis dans la torpeur maladive de leurs couches lascives, ne voulaient pas qu'on les dérangeât dans la satiété de leurs plaisirs.

Les satisfaits et les heureux, surpris par l'apparition soudaine de M. Jules Favre, essayèrent d'imiter les Césars d'autrefois. Ils crièrent haro sur lui. C'était un révolutionnaire qu'il fallait supprimer. Les bagnes étaient là, à défaut des cirques d'antan. On n'avait qu'à l'envoyer, là-bas, dans les colonies. Toutes les sottises que peut inventer la colère furent dites et commises. L'Empereur, seul, demeura étranger à ces haines, comme il se tenait éloigné des folies qui tourbillonnaient autour de son trône. Il laissa à M. Jules Favre toute liberté pour assurer son autorité et pour courir vers le but qu'il voulait atteindre. — M. Jules Favre, d'ailleurs, s'inquiétait peu des injures dont on le souffletait chaque matin, dans les journaux, et chaque soir, dans les salons. Il ignorait même ou feignait d'ignorer la mansuétude du souverain à son égard, et il allait son chemin, tout droit, sans se détourner, sans s'arrêter. Sa parole emplissait le Palais de Justice, aussi; il accaparait tout procès politique retentissant et il grandissait à vue d'œil. De la barre des tribunaux, il avait fait un bond prodigieux et il était venu planter son grand corps dans la tribune populaire des réunions publiques, à l'heure des élections. Son succès avait été énorme; alors, ayant atteint la première étape de sa carrière, il s'était reposé, avait pris le temps de s'orienter, puis, ferme sur ses jarrets, il avait défié, avec plus de force, la majorité gouvernementale qui grondait sur son passage.

L'élévation, le triomphe de M. Jules Favre n'avaient certes pas mis un frein à la belle folie qui emportait la génération d'alors. Devant ce succès, on avait éprouvé comme un sentiment de vague inquiétude; on sentait qu'une puissance nouvelle et terrible venait de surgir, mais on ne s'était pas recueilli pour si peu. On s'était plongé plus avant dans la joie, l'amour et la ripaille et l'on avait crié davantage, à chaque discours de l'orateur, comme si l'on eût cherché à ne point entendre sa voix — note grave mettant comme un roulement de tonnerre, au-dessus d'un orchestre de bastringue.

De son côté, il faisait bon marché des approbations, ainsi que des révoltes. Les haines, il les comptait, il les mesurait, il les classait, non pour s'en chagriner, non pour s'en émouvoir, mais pour les connaître et, au besoin, pour les combattre.

Dans une époque d'égoïsme et d'enfiévrement, ces deux choses, l'amitié et la vertu, lui semblaient

vaines et mensongères. Il disait que c'est se donner
beaucoup de mal inutile que d'aimer un être, que
de lui consacrer le meilleur de soi-même, pour n'a-
voir même pas la satisfaction de songer que le jour
où l'on mourra, cet être viendra serrer votre main
raidie et glacée.

M. Jules Favre était un sceptique et la négation
de sa pensée était absolue. En politique, il n'eût pas
demandé mieux que de n'appartenir à aucun parti.
Mais ce jeu eût été dangereux et il lui fallut opter
ou pour l'indifférence ou pour la passion. Il s'était
jeté, à corps perdu, dans la passion et il avait dirigé
ses instincts, car cet homme commandait à sa nature, vers les envolées révolutionnaires. Il était allé
à la liberté, non par conviction, mais simplement
parce que la liberté s'offrait à lui comme une mine
non exploitée encore, ou exploitée incomplètement,
dont il espérait tirer profit. — Si l'austérité avait été
à l'ordre du jour, il eût prêché la vie joyeuse, peut-
être, et de ses mains fines et aristocratiques, il eût
agité sur la foule les grelots de la folie.

Sans avoir vécu, M. Jules Favre était blasé. Nulle
hypocrisie n'était en lui. « La force prime le droit, »
tel était son principe, la devise à laquelle il obéissait. Le fort, logiquement, fatalement, pensait-il,
doit s'imposer au faible. La réussite de ses projets
était liée étroitement à ce principe et, pour atteindre
son but, il s'était débarrassé de tout préjugé.

Il s'était fait habile, rien de plus, rien de moins.

Si l'on tient compte des conventions sociales qui règlent notre état politique et moral, M. Jules Favre était un malhonnête homme, capable de toutes les fourberies, de toutes les coquineries pour assurer la réalisation de l'un de ses désirs, l'édification de sa fortune. Pourtant, faut-il le juger sévèrement? Ne doit-on pas prendre en considération les circonstances qui avaient enfanté cet homme et qui en avaient fait comme le produit naturel des rancunes de la rue? Le virus de la haine avait infecté son sang; mais le long deuil de sa vie solitaire, de son existence monacale, des luttes livrées à sa nature violente et passionnée, n'avait-il pas engendré ce virus, ou, tout au moins, contribué à son éclosion?

Cet homme était un philosophe, après tout. Sa doctrine procédait du cynisme antique; elle avait simplement revêtu la défroque avariée d'une civilisation avancée.

Sa puissance avait été longue à venir. Il avait eu à combattre le grand enthousiasme que l'Empire soulevait; mais il l'avait faite bien réelle; elle se dressait, comme une ombre menaçante, dans les jours solennels, et elle s'étendait jusqu'au pied du trône. Il se mesurait avec le souverain, du haut de la tribune législative, et il dirigeait toute une meute aboyante de révoltés.

Invulnérable, il l'était par bien des côtés. Pour-

tant, dans sa rigidité jacobine, il n'était point complet. Sa nature, affinée et délicate, avait mis en lui
une sorte de mysticisme voilé que lui-même n'avait
jamais bien entièrement analysé. C'est ce sentiment
qui, exalté, non émoussé grâce à son ignorance relative de la femme, le jetait vers un idéal religieux
plein d'abandon et de recueillement. Ayant écarté
de lui tout contact sensuel, toute chair palpitante,
croyant avoir tué en lui tout désir, ayant broyé sous
sa dent le baiser, M. Jules Favre éprouvait, malgré
tout et en dépit de lui-même, ce besoin de choses
extra-naturelles qui s'empare des chastes avec la
violence d'une monomanie. Il fallait un déversoir au
trop-plein de sa pensée, et il avait fait de l'Eglise la
confidente de ses extases secrètes. Il était sincèrement religieux ; tous les dimanches il sortait de chez
lui à sept heures et se rendait à la Madeleine, où il
écoutait pieusement, le nez dans un livre de messe,
les oraisons du prêtre, ainsi qu'une dévote. Cette
étrangeté bien connue, ne lui attirait aucune raillerie de la part de ses amis politiques. Ils le craignaient et savaient très bien que M. Jules Favre,
irrité, ne pardonnait pas. Un seul, proscrit éternel,
don Quichotte errant de la Révolution, avait osé le
critiquer :

— C'est Marat Jésuite, avait-il dit, un jour, de
M. Jules Favre ; et ce mot, qui le peignait atrocement et
réellement, avait eu un immense succès. Il était resté.

M. Jules Favre avait voué volontairement tout son être à la satisfaction égoïste de son ambition politique et la politique en avait fait un homme de haine. A son insu, son âme lassée avait cherché à étancher la soif dont elle souffrait; elle avait demandé aux temples l'abri de leurs voûtes ténébreuses, et là elle aspirait à grandes gorgées, les rêveries qu'il lui refusait. La sensualité, retenue, contrainte par une volonté terrible, grondait dans le corps de ce chaste plein d'ardeurs endormies. La sensualité garrottée, mais non étranglée, les appétits charnels luttaient sans cesse en lui contre les haines et les colères intéressées. Et ces luttes étaient cruelles, et elles étaient hideuses; — l'âme grimaçant sous les étreintes d'un égoïsme insatiable, a quelque chose de monstrueux. — M. Jules Favre gardait le secret de ses combats intimes, de ses nuits sans sommeil, des souffrances nerveuses qui le torturaient, des affolements qui hurlaient dans son alcôve et l'assourdissaient. Il gardait ce secret-là pour lui seul; au lendemain d'une crise, il se montrait aussi souriant, aussi calme, aussi autoritaire que la veille; nul ne lisait en son cœur et c'est cette impénétrabilité qui faisait sa force. Il pouvait être fier de lui-même, vraiment, malgré tout et quand même; car, en dépit de ses défaillances, de ses faiblesses ignorées, il restait grand et redouté. « Marat Jésuite, » soit — après tout, cela voulait dire « un homme ».

Je me laisse peut-être entraîner loin du sujet auquel doit être consacré ce chapitre ; mais, je le répète, M. Jules Favre a occupé, sous le Second Empire, une trop grande place pour qu'il soit permis de négliger sa personnalité. Il m'a paru également naturel de donner, ici, un souvenir à M. Gambetta. Ce sont là des croquis que le lecteur ne sera sans doute pas fâché de posséder, car ils lui rappelleront, s'il a vécu au temps de Napoléon III, les physionomies principales des hommes qui dirigèrent le mouvement libéral de cette époque, car ils lui procureront — s'il n'a point connu ce temps, étant trop jeune alors pour apprendre — comme la sensation artistique qui s'attache aux êtres, aux choses, célébrés et disparus.

Je reviens donc à M. Emile Ollivier.

De tous les hommes qui tenaient le peuple en haleine, sous le Second Empire, par leur parole ardente ou par leur activité politique, M. Emile Ollivier devait sortir, dans un relief puissant, devait être porté par le destin vers des horizons ignorés. Il y eut comme du mystère et comme de la fatalité, en effet, dans sa vie, dans sa fortune ainsi que dans l'effondrement de son nom ; il y eut comme du mystère et comme de la fatalité dans le choix que fit de lui le sort pour jeter, devant le peuple, la parole de l'empereur Napoléon III.

Sans être, comme M. Rouher, un bourgeois, car il

se nourrissait de lectures très littéraires, car il était lui-même un écrivain remarquable ; sans être, comme M. Jules Favre, un chaste exposé à perdre le fruit de sa continence, de son jeûne charnel, dans un coup de passion, dans une révolte des sens, car il ne redoutait pas la femme, M. Emile Ollivier était et est resté un fidèle du foyer familial, n'abandonnant le champ de bataille politique que pour se reposer au milieu des siens, que pour se vouer à leurs besoins et à leur avenir.

Son rôle politique commença tôt, et, par une étrange coïncidence, ce rôle qui se termina dans un désastre, en des larmes, eut des larmes, eut le fracas d'un désastre, à son début.

A peine au sortir de l'adolescence, en effet, au lendemain du Deux-Décembre, il vit son père brutalement traîné de casemate en casemate et sur le point d'être expédié à Cayenne, avec tant d'autres de ses coreligionnaires.

. Plus heureux que beaucoup, M. Emile Ollivier, grâce à l'amitié du vieux roi de Westphalie, Jérôme, oncle de Louis Bonaparte, grâce également à l'affection du prince Napoléon, put obtenir l'élargissement de son père et lui procurer un asile à l'étranger.

Il semble que, dans un sentiment de très haute philosophie, M. Emile Ollivier n'ait point gardé l'amertume, la haine des jours néfastes, des jours où celui qu'il adorait et dont il était tendrement et intelligemment aimé, avait souffert. Son opposition à l'Empire ne se ressent, en effet, en aucune façon, de la peine, de la colère qu'il avait éprouvées, et je suis de ceux qui, loin de lui reprocher cette absence de rancune, comme une indifférence coupable ou habile, trouvent quelque grandeur dans le stoïcisme dont elle est empreinte.

En vérité, cet homme semble, durant le cours de son existence, n'avoir point recherché la popularité ou le pouvoir, dans la pensée d'une simple satisfaction personnelle. Il semble, au contraire, avoir eu pour désir d'atteindre un idéal politique le plus conforme à ses convictions, le plus compatible avec ses ardeurs libérales, et, à nul moment de son existence, le souci, le parti-pris de travailler à la réalisation de ses desseins, en dehors de l'autorité de l'empereur Napoléon III, ne se remarque en lui. Il ne se pose point, devant le public, comme un irréconciliable des Tuileries ; il ne se pose point, devant les Tuileries, comme un candidat à quelque faveur, à quelque ministère ; mais il demeure simplement, et sans la préoccupation d'un intérêt particulier, dans l'attente d'un renouveau auquel il ne marchandera point son approbation, son concours.

Cette attitude était périlleuse, et il fallut à M. Émile Ollivier toute la séduction de parole qui lui était propre, toute l'autorité que son nom lui donnait, pour la maintenir.

Dès son élection au Corps législatif, dès son entrée au Palais-Bourbon, d'ailleurs, il en affirme toutes les conséquences. Il écrit à son père, en exil à Florence, pour lui demander s'il peut prêter serment à l'Empereur, s'il a le droit de jurer fidélité à l'homme qui lui a pris ce qu'il a de plus cher, si son devoir n'est point de refuser ce serment qui l'engagera dans la probité de sa conscience, et si, prêtant ce serment, il n'abdique point son indépendance.

Son père lui répond qu'il peut prêter le serment qu'on exige de lui ; que ce serment n'implique pas l'abandon de son indépendance, de sa foi, mais qu'il lui impose d'accepter les conséquences qu'il entraîne, c'est-à-dire qu'il lui défend d'être un traître, qu'il lui permet de poursuivre son œuvre, sinon à l'abri de celui qui règne aux Tuileries, mais dans l'abstraction de toute inimitié contre l'Empereur.

Dès lors, M. Emile Ollivier, fort de l'approbation, de la sanction paternelles, voit clairement la route qu'il doit suivre dans la vie, et nul ne le détournera de cette route.

Je m'efforce, ici, de résumer, d'expliquer impartialement la ligne de conduite qu'eut M. Emile Ollivier sous le Second Empire. Cette appréciation est en contradiction, je le sais, avec la plupart des études qui ont été faites de cet homme ; elle étonnera peut-être les trop violents partisans d'un système qui ne veut aucune indulgence, aucune modération dans

les actes des hommes ; elle blessera peut-être la foi
intransigeante de ceux qui, ayant pleuré, n'ont aucun pardon, aucun oubli pour la cause de leurs
larmes ; mais elle permettra, je l'espère, de mieux
comprendre l'individualité de M. Émile Ollivier et de
mieux observer les phases de sa carrière politique.

L'éloquence de M. Jules Favre était vantée, avec
raison, sous le Second Empire, et l'on admirait le
caractère académique de sa parole. L'éloquence de
M. Émile Ollivier n'était pas moins célébrée, n'avait
pas moins d'enthousiastes, et cette impeccabilité littéraire que peu d'orateurs possèdent, se retrouvait
dans ses discours.

M. Jules Favre, on l'a vu, par sa structure physique, par la profondeur de sa voix, par la véhémence
de ses accents, se rapprochait du tribun ; M. Émile
Ollivier s'en éloignait, au contraire, par la correction
de sa personne, par la régularité de sa phrase, par la
douceur, par le charme de ses périodes, par la musique qui semblait couler de ses lèvres. On a dit de
lui, ce qu'on a dit d'une tragédienne fameuse, qu'il
avait une voix d'or. Le propos qualifie exactement
une chose vraie. Il semble, aujourd'hui encore, que
la voix de M. Émile Ollivier — en dépit d'un léger
accent de Provence qui lui donne comme la grâce
d'un roulement de vague sur des galets — verse,
même dans la conversation intime, des sonorités

métalliques, jette comme des bruits d'or, en effet, atténués, caressants et chanteurs. L'Impératrice, qui n'aimait pas cet homme, l'Impératrice, qui avait pour contraste à sa beauté, un accent rauque et désagréable, raillait cette voix et avouait, avec une coquette franchise, qu'elle en était jalouse.

Il ne faudrait point croire, cependant, que M. Emile Ollivier se renfermait dans une douceur constante, que sa parole n'allait jamais au delà de la grâce particulière qui la caractérisait. En certains jours, en certaines discussions, M. Emile Ollivier savait donner à cette parole toute l'ampleur d'une éloquence fougueuse, et quoique son geste restât correct, élégant, quoique sa phrase ne perdît rien de ses qualités littéraires, il élevait son mouvement au niveau suprême de l'art oratoire.

La génération actuelle qui assiste aux débats publics des Chambres, qui voit se succéder quotidiennement des hommes savants dans la science des mots, dans la manière de parler à la foule, demeure calme ou indifférente devant l'évocation des orateurs qui ont triomphé avant la guerre de 1870, devant le souvenir de leurs harangues. Il faut bien reconnaître, cependant, que le Second Empire vit des luttes oratoires aussi émouvantes, aussi belles que celles dont le Palais-Bourbon est présentement le théâtre. L'éloquence, il est vrai, qui émeut aujourd'hui, ressemble peu à celle qui passionnait naguère. Elle a changé de ton ; elle s'est faite brutale, agressive, violente et haineuse. Il y avait plus d'urbanité, de mise en scène aimable, dans l'attitude et dans la parole des hommes politiques d'autrefois ; il y avait moins d'indépendance dans leur langage et de cette contrainte qui leur était imposée, soit par les règlements législatifs, soit par le souci d'une courtoisie moins dédaignée, résultait un mode de discussion plus choisi, moins à la portée de la rue.

Lorsque M. Jules Favre se dressait pour parler, au Corps législatif, le caractère belliqueux et habituel de son intervention enlevait au débat qui allait s'engager, tout ce qu'il eût pu avoir, dans ses résultats, d'incertain ou de périlleux. La majorité gouvernementale, prévenue, sinon du fond, du moins de la forme du discours, se retranchait dans une obstination de commande, et elle écoutait, impassible, en dehors de toute modification d'opinion, les apostrophes de l'orateur.

Dans la douceur, dans l'absence de parti-pris, dans l'apparente modération et dans l'impartiale attitude de M. Émile Ollivier, cette majorité se sentait atteinte et une crainte la troublait. Il ne lui était guère possible de repousser l'argumentation de cet homme par du dédain, puisqu'il semblait venir à elle dans un esprit de conciliation et d'entente, et il lui était encore moins offert de couvrir sa voix par des outrages, puisqu'il n'offrait aucun motif de se fâcher.

Cette façon de s'emparer de l'attention d'adversaires réfractaires à toute séduction, fut longtemps la force de M. Emile Ollivier devant les Chambres officielles du Second Empire. Il la délaissa, cependant, un jour — le jour où il prit le pouvoir.

A partir de ce moment, en effet, dans la nervosité que lui font éprouver les événements qui, en une marche rapide et comme désordonnée, traversent sa vie, il paraît ne plus se posséder, il paraît ne plus s'attarder dans une rhétorique charmeuse, sans doute, mais impuissante à faire naître l'apaisement, à arrêter la dislocation gouvernementale qui s'annonce implacable, et il devient irascible, il devient brutal, presque. Il fait tête à la cohorte des hommes qui battent en brèche son autorité. Il a des cris de fauve traqué, il a des révoltes, il a des colères, il a des menaces, et sa voix qui porte le deuil de sa douceur, de sa grâce, si je puis ainsi m'exprimer, a les grondements du tribun, clame, dans une note funèbre, comme le glas de son rêve, de son espérance ; comme le glas de cette liberté, aussi, pour laquelle il a sacrifié tant d'intimes ressentiments, pour laquelle il a subi tant d'injustes suspicions. Il fut peut-être alors très brave ; mais il fut, à coup sûr, très malheureux.

L'histoire ou l'aventure de ce que l'on a appelé la conversion de M. Emile Ollivier, est fort simple et peu difficile à raconter.

M. Émile Ollivier étant entré dans la mêlée politique sans parti pris, sans la préoccupation d'un ressentiment à satisfaire, d'une haine à venger, n'avait
aucune raison de se dérober à un échange d'opinion, à un rapprochement d'idées, avec les hommes
des Tuileries, avec le souverain même, et c'est dans
la logique de l'attitude qu'il avait prise, qu'il se rencontra avec l'Empereur.

Ce fut M. le comte Walewski qui lui prépara ses
premières entrevues avec Napoléon III — j'ai publié
des lettres concluantes à ce propos — mais ce fut
M. de Morny qui, on peut l'affirmer, l'amena à ne
point redouter une entente avec celui dont il combattait le gouvernement autoritaire, plutôt que la
personne.

Dans les années qui précédèrent ses conversations
avec l'Empereur, M. Emile Ollivier s'était plusieurs
fois entretenu avec M. de Morny, alors président du
Corps législatif, et de ces causeries était née, en l'âme
du libéral, comme une sorte de sympathie pour l'aventurier audacieux qui avait collaboré au Coup
d'Etat du Deux-Décembre.

M. Emile Ollivier, en effet, dans son livre, *Le 19 Janvier*, n'oublie pas la figure de M. de Morny et il fait,
de cet homme, un portrait assez beau.

M. de Morny bientôt mourut, et avec lui se fussent
peut-être évanouis les projets qu'il avait ébauchés,
ainsi que les espérances qu'il avait reportées sur

M. Emile Ollivier, si M. le comte Walewski n'avait recueilli, ces espérances, ces projets et ne leur avait donné une sanction.

M. le comte Walewski, très libéral, aimait M. Emile Ollivier. Il en admirait le talent oratoire et il en goûtait le caractère. Il ne cacha point le sentiment qui l'animait, à l'Empereur, et il persuada aisément le souverain que dans un avenir, plus ou moins éloigné, le jeune député pourrait, utilement, être l'un de ses collaborateurs.

Napoléon III qui recherchait les intelligences larges et non entachées de système, Napoléon III qui tentait de gagner à sa cause ses adversaires et qui, dans une coquetterie charmante, était heureux de les trouver sur sa route pour les séduire, pour les envelopper de sa grâce et de son esprit, Napoléon III reçut avec joie la communication de M. le comte Walewski et organisa, avec lui, l'entrée de M. Emile Ollivier aux Tuileries.

Il arriva, alors, ce qui devait arriver, étant donné l'état moral de M. Emile Ollivier. Il parla à l'Empereur, il l'écouta parler et fut conquis.

Il n'y a rien là, en vérité, d'un oubli de principes, d'une trahison, et je crois qu'il est juste de rejeter dans le domaine des exagérations et des indignations de parti, les malédictions que provoqua l'accord de l'Empereur avec M. Emile Ollivier.

Si l'on examine, en effet, avec sang-froid, avec

quelque philosophie même, la conduite de M. Émile
Ollivier, dans cette circonstance, on ne peut méconnaître la sincérité qui lui dicta cette conduite. Cette
même sincérité se remarque dans les actes qui suivirent son rapprochement avec l'Empereur et dans
ceux qui particularisèrent son passage fugitif au pouvoir. Il reste un libéral, toujours, et il marche vers
la liberté sans l'inquiétude de l'étiquette gouvernementale qui lui assure la réalisation de ses desseins,
qui protège cette liberté.

C'est là, évidemment, une attitude dangereuse,
dans un pays où l'on ne comprend pas toujours
exactement, et avec modération, la pensée des
hommes qui détiennent les affaires publiques, dans
un pays dont le système nerveux est sans cesse
excitable et excité, où les passions admettent peu
les efforts d'apaisement, sont réfractaires à tout ac-
commodement, à tout ce qui ressemble à un abandon
de la foi dans laquelle on a été bercé. M. Émile
Ollivier, plus que tout autre, éprouva l'amertume
de ceux qui tentent d'obéir, hors de toute coterie,
à leur conscience ; M. Émile Ollivier, plus que tout
autre, vit se lever devant lui la révolte qu'inspire,
en France, le renoncement apparent à une tradition.

Il faut convenir, cependant, que son rôle fut celui
d'un homme de gouvernement, d'un homme d'État ;
il faut convenir qu'il ne fut point servi par les
circonstances nécessaires, toujours, aux chefs de

peuples le mieux doués et qu'il fut, ministre de l'empereur Napoléon III, bien plus la victime de ces circonstances, que de la faiblesse de ses conceptions politiques.

Il eut, d'ailleurs, non seulement à lutter contre ses anciens amis, lorsqu'il prit le pouvoir, contre le mensonge d'une légende qui le représentait ainsi qu'un renégat, mais il eut à combattre, avec une énergie de chaque heure, contre les autoritaires de l'Empire, groupés autour de l'Impératrice, contre toute une classe d'hommes et de femmes déçus, chassés presque de l'ombre de Napoléon III et qu'une ivresse non satisfaite encore, non lassée, ramenait vers une ère politique qui les avait vu jouir, sans tourment, de l'existence.

Quoique peu familier de la Cour, quoique se tenant à l'écart des mondanités, des intrigues, des folies et des méchancetés qui s'y inventaient, M. Émile Ollivier ressentit cruellement l'hostilité des habitués des Tuileries et il vint un moment où cette hostilité l'enveloppa.

Ce détail peut paraître puéril, insignifiant dans la vie d'un homme d'État. Il a son importance, pourtant; il faut avoir vécu au contact des courtisans, il faut avoir entendu parler ceux qui ont été en butte à leur inimitié, pour apprécier tout ce que le mouvement de ce petit monde d'hommes et de femmes qui s'agitent, habituellement, autour des souverains, jette d'influence dans les jours des gouvernements, sème de désastres dans les destinées d'un pays.

Quand, donc, M. Émile Ollivier s'installa dans la Présidence du Conseil, en janvier 1870, et quand il voulut appliquer la politique qu'il avait rêvée, il se heurta à une formidable opposition, formée par tous ceux qu'il était censé avoir abandonnés et par tous ceux que son origine, que ses tendances irritaient. Le plébiscite qui suivit son entrée au ministère, même, ne parvint pas à calmer cette effervescence et, après comme avant cet appel aux électeurs, il eut à guerroyer contre des adversaires résolus et obstinés.

Depuis longtemps, déjà, il était en contradiction constante avec M. Rouher, depuis longtemps il attaquait le vice-empereur dans ses paroles et dans ses actes.

Quoiqu'alors M. Rouher se reposât, en apparence, dans la Présidence du Sénat, M. Émile Ollivier comprit que les coups les plus terribles qui lui étaient portés venaient de lui et que cet homme, dans une influence à peine voilée, dans une influence couverte par la haute approbation, par l'écrasant patronage de l'Impératrice, menait contre lui la cohue des mécontents.

Il accepta la bataille que lui offrait son rival, il reprit contre lui la lutte des anciennes années, et les blessures que se firent ces deux hommes furent profondes.

Mais on était, alors, en des heures tourmentées et M. Emile Ollivier qui avait eu la bravoure d'accepter le pouvoir, devant l'annonce d'une révolution presque, devant l'écroulement déjà commencé de l'Empire, n'eut point la chance de sortir vainqueur de la bagarre.

Une tempête, bientôt, se déchaîna sur la France, le tocsin ébranla l'air, monta dans le ciel, avec des clameurs d'épouvante, et M. Emile Ollivier, pour n'avoir pas réussi à détourner du pays cet ouragan, pour avoir été impuissant à s'en rendre maître, tomba, comme tombe un arbre frappé par la foudre, et s'en alla à la dérive, mutilé, entraîné au travers de l'espace, ainsi qu'une épave saisie par le vent.

L'Empire le suivit dans cet effondrement et l'opinion, injuste, l'opinion sans cesse à la recherche du bouc émissaire qui doit porter les fautes ou les crimes qui l'émeuvent, l'opinion le chargea de toutes les responsabilités, dans cette mort d'un Empire et dans la lutte que la France soutenait, héroïquement, contre l'Allemagne.

Dans un prochain chapitre, *la Déclaration de guerre*, je montrerai l'attitude qu'eut M. Emile Ollivier à cette époque, je nommerai, sans hésitation et en m'appuyant sur des faits, les auteurs responsables de la campagne de 1870. Je n'aurai pas de peine à rendre, à M. Emile Ollivier, la place qui lui est due dans l'Histoire, à le débarrasser des hontes et des anathèmes dont on l'a couvert. Et cette tâche me sera d'autant plus facile que cette même opinion qui lui fut naguère si implacable, devient aujourd'hui plus clémente, lui accorde, de même qu'à la mémoire de l'empereur Napoléon III, d'ailleurs, non seulement une liberté de défense absolue, mais surtout une attention, une sympathie attristée, une justice tardive, en lesquelles il lui est désormais permis de puiser, je ne dirai pas une réhabilitation — le mot ne serait pas convenable — mais une consolation, mais une paix qui mettront quelque sérénité, quelque orgueil sur ses cheveux blancs.

J'écris ces choses et j'ai le courage de les écrire, dussent-elles me valoir des attaques encore, parce qu'elles sont vraies, parce que le mensonge répugne à ma plume, parce qu'il me plaît de saluer le malheur, lorsque le malheur est immérité.

Depuis l'heure néfaste qui le vit disparaître du monde politique, M. Émile Ollivier est demeuré dans une retraite presque absolue. L'Académie qui l'avait accueilli avec joie, au temps de son succès, et qui, cependant, obéit peu d'ordinaire aux sommations de la rue, ne l'autorisa point à prononcer son discours de réception, parce que ce discours renfermait un éloge éloquent et brave, du souverain qu'il avait servi et aimé.

Il se résigna, devant ce nouvel affront, et on ne l'entendit plus guère que dans quelques réunions privées où il traita, en présence d'un auditoire choisi, diverses questions religieuses en lesquelles il est fort compétent.

Le silence s'était fait, ou à peu près, autour de son nom, lorsqu'un incident provoqué par M. de Bismarck, ramena ce nom sur les lèvres de tous. M. Emile Ollivier reparut alors devant le public, heureux de la justification suprême et inattendue qui lui était donnée.

Mais cette minute où son impopularité a pris fin, sera-t-elle suivie d'autres minutes où M. Emile Ollivier triomphera des légendes mauvaises qu'on avait attachées à son souvenir? Mais cette minute sera-t-elle suivie d'autres minutes où M. Emile Ollivier, occupant de nouveau la scène politique, fera entendre sa voix — sa voix d'or — au pays?

Je ne crois pas à une action de M. Emile Ollivier dans la politique qui trouble actuellement les esprits, en France. Je ne crois pas à son intervention en faveur d'une liberté qui l'a trahi. Il y a des hommes qui ne pardonnent point à la maîtresse infidèle, qui ne reviennent plus au lit qu'un autre a occupé et M. Emile Ollivier me paraît être de ces hommes.

Vieux, aujourd'hui, sinon de forces, du moins d'années, il restera le spectateur non pas indifférent, mais passionné — car la passion est en ses veines —

le spectateur attristé aussi, peut-être, de nos luttes,
de nos défaillances ou de nos relèvements. Et sa
voix, si sa voix s'élève encore, n'aura plus que le
charme de ces murmures qui, au dire des mystiques,
s'échappent des tombeaux pour conseiller les vivants
qui, le plus souvent, ne les comprennent pas.

VIII

APOTHÉOSE

Lorsqu'une pièce à grand spectacle va finir, lorsque
le rideau va tomber sur les héros d'une féerie, sur
les splendeurs d'un ballet, une dernière scène se dé-
roule et c'est, dans cette scène, comme la synthèse
magnifique de toutes les séductions, de toutes les
paroles, de toutes les actions qui viennent d'émouvoir
ou d'émerveiller le public; et c'est, dans cette scène,
comme le troublant symbole de l'idée qui a rempli
la pièce tout entière. Cette exhibition suprême d'une
chose à son agonie a un nom : l'apothéose.

L'année 1867 vient de naître. — Le luxe, les amours,
les folies, les gloires du Second Empire vont mourir;
mais avant de disparaître à tout jamais, avant de
sortir des Tuileries, comme sort, d'une ruche, un
essaim d'abeilles dont la reine n'est plus, et qui s'en
va, vagabond, désolé, battant les arbres et les mu-

railles, les gloires, les folies, les amours, le luxe du
Second Empire, jettent un dernier cri vers le ciel, vers
les hommes, donnent une dernière preuve de leur
vitalité au monde, convient ce monde au spectacle
de la scène finale de cette comédie qui, durant
des jours et des jours, a tenu les planches, sur le
théâtre des Peuples et des Rois.

L'année 1867 vient de naître. — La toile se lève sur
l'apothéose du Second Empire et, comme autant de
mensonges vivants destinés à cacher les ténèbres
qui vont succéder à tant de lumières, l'orage qui va
succéder à tant de sérénités, comme autant de mensonges destinés à dérober aux esprits clairvoyants le
drame qui se prépare et qui va remplacer, sur l'af-
fiche, l'aimable comédie, des hommes ayant des couronnes sur la tête se traînent aux pieds de l'empereur Napoléon III, lui apportent leur hommage,
l'hommage aussi de leurs troupeaux humains, ainsi
qu'eux prosternés, et lui font comme une sorte de
repoussoir dans le tableau gigantesque et éclatant
qui a l'Univers pour admirateur.

L'année 1867 vient de naître. — Le Second Empire,
ainsi qu'un tambour-major superbe et géant, mar-
quant le pas à ses fifres, à ses clairons et à ses tambours, — marche devant les Rois et devant les Empereurs de l'Europe, leur commande le roulement et la
sonnerie de ses gloires, et les Empereurs et les Rois
sonnent et roulent, comme d'humbles tapins,

comme de pauvres trompettes rythmant l'étape des
régiments. L'apothéose est complète, l'apothéose est
éblouissante. Le Second Empire lui-même semble
se fondre en elle, s'évanouir et faire place — réalité
trop mesquine pour une aussi large vision — à une
ombre énorme, à un spectre formidable qui n'a rien
de la laideur des spectres, qui paraît surgir tout ruis-
selant des gloires du passé, et l'on dirait que, dans
une brume, s'estompe, se dessine la figure de celui
qui marqua au front, de sa botte, le siècle à sa première heure ; et l'on dirait que toutes ces choses, que
toutes ces splendeurs, que tous ces rayonnements,
ne sont que la suite, non interrompue, des rayonnements, des splendeurs, des choses qui traversèrent
le règne de Napoléon Ier, de celui qui fut et qui restera, dans les âges — l'Empereur.

L'année 1867 vient de naître. — Et c'est toute la légende impériale reconquise. L'Histoire a menti et le
passé est un faussaire, puisque cette légende qui a
volé sa voix à la Renommée, plane dans les airs
avec de grands claquements d'ailes ; puisque les ef-
fondrements d'antan ont disparu devant les triomphes.
Les neiges et les glaces de Russie n'ont jamais existé,
puisque Alexandre, le maître de ces glaces et de ces
neiges, est là qui s'incline devant l'Empereur ; le duc
de Reischtadt n'est point mort, enseveli vivant et
arraché à son père par l'Autriche, puisque François-
Joseph est là qui sourit à l'Empereur ; Waterloo est

un cauchemar et Blücher est un personnage de
la fable, puisque Guillaume de Prusse est là qui
s'appuie sur le bras de l'Empereur ; Sainte-Hélène est
un mélodrame inventé à plaisir, puisque l'Angleterre
envoie le fils de sa Reine mettre sa jeunesse aux
pieds de l'Empereur. Le siècle appartient à l'Empire,
et l'Empire l'emplit de sa puissance, puisque les na
tions, comme jadis, sont les vassales de la France,
puisque leurs chefs, comme jadis, sont les vassaux
de l'Empereur.

L'année 1867 vient de naître. — Et son aube éclaire
une apothéose. Mais il y a du mirage, mais il y a
de l'illusion, mais il y a du rêve dans cette apothéose ; et si l'année 1867 paraît être la synthèse
exacte du règne qu'elle célèbre, elle ne peut effacer
les tristesses qui l'ont précédée. Les désastres qu'elle
tente de faire oublier ont eu lieu ; un abîme est entre
elle et les faits qu'elle essaie de chasser de l'Histoire.
Ces faits sont réels ; ils sont redoutables encore, en
dépit des décors et des lumières qui les travestissent.
Tout lien n'est pas rompu entre eux et les événements qui se déroulent. Dans une clameur terrible,
lorsque la toile tombera sur le dernier acte aimable
du Second Empire, ils sortiront de l'ombre, envahi-
ront de nouveau la scène du monde, la traverseront
dans une charge épouvantable, balayant tout devant
eux, accumulant des ruines, jetant par dessus la
rampe l'Empereur, l'Impératrice, le Prince Impérial

et la Cour, emportant les aigles éployées des drapeaux, les baisers et les rires — les gloires et la vie
d'un peuple — arrachant le cœur de ce peuple et le
promenant — trophée sanglant — dans un site désolé.

Il y eut, certes, du clinquant et du mensonge
dans les magnificences impériales de l'année 1867,
magnificences qui eurent pour prétexte l'Exposition,
mais on ne saurait méconnaître, sans fausser l'Histoire, qu'alors, en dépit de l'éclat superficiel qui
prêtait à toutes les choses du règne de Napoléon III
une apparence de force, de vitalité qu'elles n'avaient
pas, on ne saurait méconnaître, dis-je, que celui qui
commandait alors, aux Tuileries, avait quelque
puissance, quelque renom, possédait le respect des
Empereurs et des Rois, inspirait une crainte justifiée
aux peuples de l'Europe.

Il est possible que, dès ce temps, le roi de Prusse,
Guillaume, et M. de Bismarck aient eu la pensée
d'amoindrir le prestige de l'Empire, d'entraîner
Napoléon III dans une aventure imprudente; mais il
n'est point vraisemblable qu'en face de cet Empire
qui semblait reposer sur des bases inébranlables,
qu'en face de cet Empereur qui paraissait défier le
destin, ils aient eu la certitude qu'un jour viendrait
où le souverain dont ils étaient les hôtes fuirait,
éperdu, devant leurs attaques.

Le roi Guillaume et M. de Bismarck n'aimaient

pas la France et n'eussent pas demandé mieux que de la désarmer; mais, comme tous, alors, ils étaient trompés par la force apparente de l'Empire, comme tous, ils subissaient l'influence de son aspect imposant, et ils hésitaient dans leurs résolutions, car il leur était matériellement défendu de formuler, sur l'état exact de nos ressources militaires, une appréciation précise.

L'empereur Napoléon III qui n'ignorait pas, d'ailleurs, les sentiments plus ou moins sincèrement affectueux ou bienveillants que nourrissaient les souverains étrangers à l'égard de sa personne et de son gouvernement, avait tenu à ce qu'une manifestation énorme, de son armée, augmentât le prestige de la France devant l'Europe. Et cette manifestation eut lieu le 6 juin, à Longchamps.

Ce jour-là, en effet, dans la plaine de Boulogne, près de cent mille hommes furent massés et grillèrent au soleil.

Une revue — la grande revue des maîtres de la terre, assemblés autour de Napoléon — jeta dans le monde, en même temps qu'une affirmation de force, le gracieux et magique éclat d'une gloire militaire à son apogée.

Magenta, Solférino, quoique loin, mettaient encore, dans les clairons, des fanfares de victoires, et sous le ciel en feu, l'or noirci des vieux drapeaux avait des scintillements explosifs de poudre. Toute la

Garde était là, ainsi que des régiments entiers venus de tous les coins de la France. Devant les tribunes, où la foule s'entassait dans un bourdonnement de ruche, la longue file des grenadiers et des voltigeurs s'étendait. Derrière, à droite, vers Saint-Cloud, la cavalerie émergeait, alourdie, et, lasse de piaffer sur place, secouait son impatience avec un bruit de ferrailles et de hennissements. Au milieu, immobile, sévère, symétriquement rangée, l'artillerie montrait sa masse noire. A gauche, un peu perdue au milieu du chaos des chamarrures, des plumets, des casques, des cuirasses, l'infanterie, l'arme au pied, mettait sur cette plaine de Longchamps, pareille, pour un jour, à la palette multicolore d'un peintre, la note sombre et austère des humbles. — A cent mètres des tribunes, la piste étalait son herbe jaune et dure, maculée de boue sèche.

L'amphithéâtre campagnard de Suresnes ressemblait à une vaste fourmilière, et la gare, dans des tourbillons de fumée et dans des ronflements saccadés de locomotives, ainsi qu'une écluse ouverte, laissait passer le peuple, comme un courant de fleuve. Tout en haut, énorme et sinistre, perché sur sa falaise étroite et coupée à pic du côté de Paris, le Mont-Valérien ouvrait, tout grands, ses poumons d'airain pour clamer, au moment convenu, la majesté du maître.

Il y avait des frissons dans la multitude. Chacun

regardait sa montre avec un tremblement de joie fiévreuse dans les doigts. On se plaçait, on se rangeait, on assujettissait les chaises. Des gens se poussaient, se bousculaient, avides de mieux voir. On criait aux femmes de fermer leurs ombrelles, et c'étaient un brouhaha, une confusion de langues, de voix, de rires de jurons qui montaient, dans l'air, comme les accords d'un orchestre de théâtre avant le lever du rideau. Tout à coup, un nuage de cendre s'élança vers le ciel, un coup de canon retentit là-haut, au-dessus de Suresnes et, sous le choc de l'air battu par la poudre, toutes les bouches se turent, toutes les poitrines haletèrent. Un grand silence régna sur la plaine de Longchamps. Alors, dans un tourbillon, ayant à ses côtés les souverains de Russie et de Prusse, l'Empereur parut, élégant et rêveur, sur un grand cheval noir étincelant de dorures. Ce fut superbe. Là-haut, le canon tonnait toujours, crachant à l'air, aboyant ses cent et un coups de gueule, tandis qu'électrisés par un même commandement, les cent mille hommes qui couvraient la plaine présentaient les armes et clamaient des vivats. La peau des tambours se tendait sous les baguettes qui battaient aux champs, les clairons sonnaient leurs notes de cuivre, et l'ombre des drapeaux qui s'abaissaient pour le salut, s'allongeait démesurément sur la terre. Au grand trot de son cheval noir, l'Empereur passa, rapide, devant le front des grenadiers et des voltigeurs. Il était précédé de spahis qui caracolaient, dans un désordre oriental, et qui semblaient se mouvoir dans un nuage de neige, fait des plis flottants de leurs burnous. Derrière lui venait l'état-major éclatant et grandiose des maréchaux, des généraux et des officiers étrangers qu'escortaient les Cent-Gardes. Lorsqu'il arriva devant les tribunes, l'Impératrice qui était dans la loge du milieu, se leva, et avec elle toute la Cour. Alors les trois souverains mirent le chapeau à la main, et c'est ainsi qu'ils s'apprêtèrent à parcourir le front des troupes. Ces trois hommes, filant sur la plaine, penchés, comme dans un hommage, sur le cou de leurs chevaux, n'eurent jamais une plus belle heure. La foule, sceptique et railleuse un moment avant, se dressa tout entière ; toutes les têtes se découvrirent, et des acclamations frénétiques, parties du peuple, vinrent se joindre aux hourras de l'armée. Alexandre et Guillaume s'effaçaient, se faisaient petits dans l'auréole de puissance et de joie qui naissait sur la marche de l'Empereur. Ils semblaient, tous deux, remorqués par la gloire de ce Napoléon qui, au dire de ses ennemis eux-mêmes, dans un jour de tempête, avait eu l'audace de se jeter à la nage et d'aller repêcher son nom au fond des eaux qui baignent et lèchent, de leurs vagues, le rocher de Sainte-Hélène.

Le Mont-Valérien, pourtant, s'était tu. Il sommeillait, avant de reprendre l'hosanna de la guerre. La ligne des troupes frémissait dans une attente muette. L'Empereur, après avoir visité tous les rangs, avait décrit un demi-cercle et était venu se placer au ras de la piste, bien en face de la loge officielle. Un maréchal se détacha de l'escorte et s'approcha de lui; puis, ayant reçu des ordres, il se tourna vers les régiments et dans un élan d'enthousiasme et d'autorité, il jeta sur la plaine le commandement du maître. Alors, un grondement volcanique sembla courir sur l'herbe de Longchamps. Les cent mille hommes s'ébranlèrent, las d'immobilité, orgueilleux des victoires inscrites sur les étendards déchirés, et heureux de vivre, pour un jour, la vie d'un Napoléon.

Ainsi qu'une pelote de fil, les troupes se déroulaient et s'allongeaient en ruban pour passer devant l'Empereur. Seize grands trotteurs s'avançaient, en tête, montés par les écuyers de Saint-Cyr. Puis venait le bataillon de l'Ecole dont la marche automatique et admirablement réglée, provoqua des applaudissements. Tout à coup, dans un paquet de poussière brûlante, une rumeur éclata. Un fouillis de turbans, de faces noires et de vestes bleues faisaient irruption sur la piste et, un peu pêle-mêle, dans un désordre de sauvages ou d'enfants, accouraient, en criant, en gesticulant, en jetant à l'air des sons de gosier rauques et barbares. Les turcos, ces gamins de l'Orient, ces enfants gâtés de l'Empire, avaient, ce jour-là, obtenu une place d'honneur, et ils pre-

naient rang immédiatement après les Saint-Cyriens.
Et il fallait voir comme ils étaient fiers, ces pauvres
échappés du désert sans limite, de promener leur
allure libre et indisciplinée sur les vingt mètres en
largeur de la piste de Longchamps. On leur avait dit,
le matin, qu'ils allaient voir l'Empereur, qu'ils allaient
lui parler, et ils se pressaient, ils se pressaient. — Le
souverain, très ému de cette joie naïve qui précipitait vers lui ces êtres adoptifs de la patrie française,
caressait leur marche tumultueuse de son regard, et
lorsque, dans un élan de tout leur cœur, ils bondirent
en agitant devant lui leurs fusils et leurs bras de
suie, il leur envoya un grand coup de chapeau, un
coup de chapeau bien large, bon garçon, et atten-
dri, il suivit un moment des yeux cette cohue infer-
nale qui hurlait son nom : — « L'Empérour!... l'Empérour!... »

Tout autour de l'enceinte réservée au public
privilégié, du côté du peuple, des acclamations
jaillissaient aussi. Il y avait des poussées terribles,
et les gardes étaient obligés de croiser la baïon-
nette devant la masse envahissante des humbles.
La foule venait d'apercevoir ses couleurs préférées,
et, dans un même mouvement de curiosité sympathique, on appelait tout haut, en tendant le cou
et les jarrets, le nom de ceux qui arrivaient au pas
de course : — « Les pioupious! les pioupious!... »
Et des refrains et des mots coupaient l'air. On

chantait, en accompagnant les clairons et les tambours : — « As-tu vu, la casquette, la casquette... » —
Chacun voulait voir et saluer ces petites culottes
rouges que l'enfant de l'ouvrier a rendues légendaires dans Paris. La ligne, en effet, sur un front de
bataille qui prenait toute la piste, battait le sol de
Longchamps. Muette, elle passait, dans un calme
recueilli, recevant les bravos qu'on lui décernait,
comme elle eût reçu les balles d'une troupe ennemie, tandis que sur toute la plaine, le souffle des
bêtes et des gens mettait un bruissement continu et
irritant de machines surchauffées.

Puis, ce fut très beau. Les couleurs sombres de la
ligne étant loin, la Garde tout entière, voltigeurs
et grenadiers suivis de toute la cavalerie, s'avança,
semant sur la plaine des étincellements de métal et
des lueurs de brasier.

Toute la splendeur de l'Empire s'étalait, vivante
et frémissante, sur la verdure jaune de Longchamps,
ainsi qu'une femme de plaisir sur sa couche. L'Empire montrait, au monde, le plastron flamboyant
de sa poitrine, et il se carrait, fort des éblouisse-
ments qui l'enveloppaient, nerveusement crispé à
cet impérieux besoin de joies qu'il avait provoqué.
Les femmes allaient aux revues de Longchamps,
alors, avec l'air mutin de pensionnaires lâchées, et
elles en revenaient affolées de désirs incertains, les
yeux émaillés des paillettes d'or cousues sur les tu-

niques des officiers, enfiévrées par le bouillonne-
ment de passions naissantes, aspirant à pleines narines l'inconnu de la vie, battant le pavé, passant,
radieuses, au triple galop de toutes les démences.
Elles se préoccupaient peu des victoires inscrites
sur la soie des drapeaux. Elles déchiraient leurs
gants dans des applaudissements, mais leurs bravos
s'adressaient plus aux beaux uniformes qu'à la renommée de l'armée tout entière. La magie impériale
posait là, merveilleusement drapée. Une légende
commençait à germer autour de cette Garde magnifique, et l'on disait que là où elle apparaissait le soleil envoyait ses plus éclatants rayons. On disait que
l'astre des Bonaparte, endormi au lendemain d'Austerlitz, s'était réveillé tout à coup sous le commandement d'un autre Napoléon, et qu'il obéissait au
neveu comme il avait obéi à l'oncle. Et devant les
hauts bonnets à poils des grenadiers, les vieux
avaient des souvenirs et les jeunes des espérances.
De la piste de Longchamps, où fuyait cette vision, le
regard se reportait loin, bien loin, tout là-bas, au-
dessus du Bois de Boulogne et s'en allait chercher le
dôme des Invalides, sous lequel on se répétait que
« l'autre » dormait son sommeil sans fin. Les fanfares et le tonnerre des grands jours sifflaient et gron-
daient la charge des batailles aux oreilles des spectateurs ; la légende grandissait : elle arpentait la
plaine à pas de géant, et les hommes, oubliant leurs

querelles ou leurs rancunes politiques, accompagnaient sa marche par le rythme de leurs clameurs enthousiastes.

Un bruit lourd de fer et de plomb heurtés, monta soudain du champ de courses. Il y eut sur la piste des chocs d'essieux et des grincements de roues. Une masse noire se montra du côté de Saint-Cloud. L'artillerie défilait à son tour. Les canons, la gueule béante, et tout enguirlandés de soleil, s'avançaient avec des crépitements de mitraille. Il y avait des attelages tout blancs, d'autres tout bruns. Cette harmonie de couleurs amusait les spectateurs. C'était vraiment là une monstrueuse exhibition de machines meurtrières. Les pièces de cuivre jetaient des reflets roux et semaient, derrière elles, des traînées sombres de ciel orageux. Les longs écouvillons pendaient sur le flanc des affûts et se balançaient, avec des chocs secs de bois brisé. Puis, derrière, venaient les caissons à boulets et à poudre, puis encore d'étranges voitures recouvertes de bâches — des fours de campagne. Tout cela fuyait, rapide, au grand trot des attelages impatients et disparaissait, dans un écroulement de foudre.

Il y eut un temps d'arrêt dans le passage des troupes. Le silence, qui avait précédé la venue de l'Empereur, s'étendit derechef sur toute la plaine. On crut la revue terminée. Déjà l'on s'apprêtait au départ, quand un commandement formidable retentit. Alors, dans le lointain du champ de courses, dix mille cuirassiers s'ébranlèrent et fondirent sur les tribunes dans une charge folle ; puis, opérant une conversion, ils décrivirent un demi-cercle, et, ainsi qu'un ouragan, passèrent devant l'état-major impérial, avec des bonds farouches de titans. C'était le bouquet de la fête. Un frisson de rêve secoua la foule. Tous les nerfs se détendirent, et le peuple se rua sur les barrières qu'il franchit, avec des cris de bête. Les tribunes croulaient sous les acclamations, sous les hourras ; un monde était là qui contemplait cette charge effroyable en rugissant d'orgueil et de satisfaction. Ces cuirassiers portaient, dans les plis de leurs étendards, l'âme vraie de la guerre, et cette âme, on le sentait, venait de passer sur le peuple en le frôlant. Si les grenadiers avaient éveillé des souvenirs, ceux-ci évoquaient des légendes. Waterloo hurlait toute sa haine avec eux, et ce nom funèbre était répété comme s'il eût rappelé des chants de victoire. L'épopée impériale revivait entière avec ces régiments d'acier ; toute la gloire lointaine se dressait, sanglante et radieuse à la fois, comme sortie soudain du ventre colossal d'une chimère menaçante, avec des cris de métal coupant l'air enfumé et tiède des batailles.

Lorsque la dernière cuirasse eut disparu, l'état-major se rassembla, à son tour, et les trois souverains, prenant du champ, s'avancèrent au pas de leurs chevaux, à dix mètres de la loge officielle. Dans un salut, ils offrirent l'hommage à l'Impératrice, et tournèrent bride, suivis de l'escorte des princes et des maréchaux, pendant que le canon du Mont-Valérien, avec sa voix de basse profonde, reprenait et achevait l'hymne des combats.

Telle fut cette revue de Longchamps, qui restera fameuse dans les annales françaises. Mais, commencée dans une lueur, elle se termina dans une ombre. Comme Napoléon III, le roi de Prusse et l'empereur Alexandre de Russie, avaient quitté leurs chevaux et s'en revenaient en voiture au travers du Bois de Boulogne, un coup de feu dirigé sur l'Empereur de Russie qui se trouvait assis auprès de Napoléon III, retentit, et une balle vint briser la tête du cheval que montait M. Raimbaud, l'un des écuyers des Tuileries. Le pauvre animal culbuta, tandis que les deux souverains, couverts de sang et très-pâles, constataient qu'ils n'avaient aucune blessure.

Cet événement est connu et je n'en décrirai pas les péripéties dramatiques. Mais il eut pour conséquence presque immédiate, une entrevue entre Napoléon III et l'empereur Alexandre. Et c'est cet entretien conté par Napoléon III à M. le comte W... — entretien qui n'a jamais été rapporté — que je vais reproduire ici.

Quelques jours après la revue du 6 juin, Napoléon III et Alexandre II se trouvaient réunis, aux Tuileries, dans un cabinet de travail. Ils étaient seuls et causaient.

Après avoir discouru sur l'attentat du Bois de Boulogne qui, alors, troublait le public, ils en étaient arrivés à converser sur la liberté elle-même — sur la liberté qu'on essayait, à cette époque, d'acclimater dans quelques Etats de l'Europe.

Alexandre II, libéral d'instinct, approuvait cet essai, dont il était, pour ainsi dire, l'un des promoteurs, mais il l'approuvait en homme pratique, en homme qui se rend parfaitement compte du danger qu'il crée autour de lui, mais qu'un sentiment généreux maintient en face de ce danger. Napoléon III, socialiste de pensée, s'applaudissait également du mouvement d'opinion qui allait changer sa politique, mais il s'en applaudissait dans la négation de toute menace à redouter, dans la ferveur mystique d'un croyant.

Un dialogue s'engagea entre ces deux hommes, et ce fut d'abord l'empereur Alexandre qui parla :

— Nous sommes dans un temps, dit-il, où il faut aimer la liberté, assure-t-on. Et je fais comme ceux qui prétendent que la liberté régénérera le monde : je l'aime. Mais à quoi me sert-il d'être libéral? A craindre, sans cesse, d'être assassiné au coin d'une rue. Je voudrais oublier l'attentat dont je viens d'être victime en France, chez vous, sire; mais le puis-je?

Notre conversation ne le rappelle-t-elle pas, fatalement? Car c'est en vain qu'on cherche à en atténuer l'horreur sous le faux prétexte d'un patriotisme exalté. Berezowski n'a pas obéi à une haine de race en me visant: il a cédé aux passions libérales qui se lèvent contre nous, empereurs ou rois, ennemis prétendus et obstinés, croit-on, de tout progrès. Mais qu'importe après tout. Les peuples réclament leur indépendance, leur affranchissement. Je suis de ceux qui leur donneront cet affranchissement et cette indépendance. Je ferai une Russie libérale et je souhaite de pouvoir la faire aussi forte, alors, dans la liberté, que l'ont faite mes prédécesseurs, dans l'autocratie. Mais mon vœu s'arrête là. Je vois trop clairement et trop tristement les choses, pour m'illusionner sur mon propre compte, devant l'avenir. Je n'espère rien pour moi-même et pour les miens de la liberté, et s'il me fallait même formuler entièrement ma pensée à ce sujet, j'ajouterais, sans hésiter, que je n'en attends que du mal. Sire, ceci tuera cela; la liberté aura raison de nous, et qui sait si, le premier parmi les souverains, je ne serai pas celui qui tombera sous le coup des fanatiques? La balle qui dévie, aujourd'hui, de la route qu'on lui trace, va demain droit au but qu'on lui assigne, et cette balle-là est sur mon chemin, je le sens.

L'empereur Napoléon III, un peu surpris par ces paroles, répliqua :

— Notre éducation politique n'est point la même. La vôtre, détournée de son origine par un sentiment chevaleresque et humain, ne peut se détacher complètement des préventions antilibérales qui l'ont dirigée. Tout en allant vers la liberté, sire, vous redoutez cette liberté. Rassurez-vous, pourtant. Le peuple est bon, le peuple n'est point ingrat, et s'il cache, parfois, des monstres comme celui qui vient d'attenter à votre vie, en m'outrageant dans l'hospitalité que je vous offre, il n'est point le complice de ces monstres. L'aumône atténue l'amertume du pauvre ; la liberté apaise les colères, les inimitiés du peuple et met, sur ses souffrances, comme une consolation. Un jour, je donnerai la liberté à la France, et ce jour-là, moi, qui ainsi que vous, ai été exposé aux balles des assassins, je ne craindrai plus pour ma vie. Le peuple me bénira et je le conduirai, sûrement, vers de nouvelles destinées.

— Votre Majesté dit vrai, peut-être, reprit Alexandre II, mais malgré moi je doute, et je doute surtout, quand je vois cette application de la liberté s'étendre à l'agglomération des races, au groupement des peuples.

— Vous voulez parler, murmura Napoléon III, de la théorie des nationalités ?

— En vérité, sire, cette théorie dont je veux parler, je le confesse, et qui est la conséquence large, illimitée, du principe d'un gouvernement libéral à l'usage particulier des Etats, cette théorie ne vous apparaît-elle point comme la consécration suprême de notre effacement, comme le danger qui doit fondre sur nos trônes et les briser ?

— L'Italie et l'Allemagne ont assuré leur nationalité, et je ne sache point que leurs souverains souffrent du système politique et social qu'ils ont adopté. Les peuples, évidemment, ramassés dans une confédération générale qui détruirait en eux tout esprit de patrie, toute rancune de race, n'auraient plus le souci de se donner des rois ou des empereurs. Mais ce temps de progrès avancé est loin encore, et s'il était proche, je dirais que l'humanité a des droits qui, peut-être, priment ceux des rois et des empereurs. Les peuples sont pareils à des enfants qui, à peine sortis du maillot, ont besoin de lisières et de bras protecteurs pour s'engager dans leurs premiers pas. Dans l'accumulation des années, ils grandiront et affermiront leur marche. Ils vont vers un état meilleur sans cesse, vers une ère de progrès certain. Or, il sonnera une heure où ils n'auront plus besoin d'être guidés dans la vie, où ils iront, libres et forts, vers l'avenir. En cette heure-là, sire, c'en sera fait de nous. Il nous faudra paraître sur les places publiques et nous mêler à la foule, il nous faudra fondre notre intelligence dans l'intelligence commune, il nous faudra (et ici Napoléon III eut un sourire malicieux) descendre de nos trônes et nous en faire des sièges de coin de feu.

L'empereur Alexandre secoua tristement la tête. Puis il dit, doucement, comme si, dans ses paroles, il eût voulu mettre une expression d'affectueuse pitié :

— Votre cœur est bon, sire. Puisse-t-il être récompensé par tant de résignation.

Et changeant soudain de ton :

— Ah, pourquoi ne pouvoir s'entendre, marcher d'accord vers cet avenir que vous évoquez, avec tant de sérénité et que je redoute, avec tant d'appréhension, car je ne crois pas à l'excellence des nationalités, car je vois dans la pratique qui découle de cette théorie, des périls que Dieu seul pourrait nous révéler. Ah, pourquoi, oui, pourquoi la politique ne nous a-t-elle pas fait alliés ? Nous nous serions aimés.

Une sincère émotion s'empara de Napoléon III, à ces mots. Un peu pâle, il redressa la tête, mit son regard dans celui de l'empereur Alexandre, et fit, dans un sourire :

— Ne nous aimons-nous pas, sire ?

L'empereur Alexandre laissa cette interrogation sans réponse ; mais il se leva et, allant à Napoléon III, il lui prit les deux mains, qu'il serra fortement.

Cet instant fut solennel. Il venait en la première heure d'une crise qui devait emporter la dynastie des Bonaparte loin du trône. Mais l'empereur Napoléon III le laissa fuir, impassible, et ayant rendu à Alexandre II son étreinte, il rétablit la conversation sur un sujet plus étranger aux questions qui lui étaient chères.

IX

LE DRAME

L'année 1867 s'étant achevée dans un éblouissement, les choses changèrent dans la politique, dans la vie intime et publique du Second Empire, et le drame qui devait assombrir ses heures dernières, commença.

Dès lors, les événements, pareils à des vagues qui, en un jour de houle, se précipitent vers la grève, montent, rapides, les unes sur les autres, comme pressées de s'étaler sur le rivage ou de se déchirer sur les rochers; dès lors, les événements naissent et se succèdent, dans un enchaînement fatal; dès lors, les faits oubliés dont je parlais au début du précédent chapitre, sortent de leur ombre, réapparaissent menaçants, et se dressent, devant les joies et les enfièvrements qui n'ont point cessé d'être, malgré les présages, comme des spectres vengeurs.

Dès l'année 1867, même, et dans le tumulte de fête qui l'avait emplie, des incidents politiques auxquels on n'avait point trop prêté d'attention, s'étaient produits.

Des débats irritants avaient eu lieu au Corps législatif ainsi qu'au Sénat, au sujet de quelques ouvrages jugés licencieux par les moralistes autoritaires du Second Empire ; on avait demandé des poursuites, des châtiments contre leurs auteurs et, non satisfait de cet appel à une extrême sévérité qui était en contradiction avec la pensée de l'Empereur, on avait traqué les écrivains.

Toute une révolution s'était opérée autour de Napoléon III, et une opposition formidable s'était levée contre lui, dans ses propres Tuileries, pour l'empêcher de mener à bien ses projets de réformes libérales. L'Impératrice avait pris résolument la direction de ce mouvement, et, à force d'intrigues, elle avait obtenu, en diverses circonstances, gain de cause. C'est ainsi qu'elle parvint, en faisant agir M. Rouher, à chasser de la présidence du Corps législatif M. le comte Walewski, dont on offrit le fauteuil à M. Schneider.

On avait dû, également, en cette année 1867, renoncer, devant l'attitude de la Prusse, à l'annexion du Luxembourg, annoncée pourtant, consentie, réglée amicalement avec les Pays-Bas.

Puis, un coup de tonnerre terrible s'était fait entendre au milieu de l'allégresse, de la folie qui résultaient de l'Exposition : la mort tragique de Maximilien, Empereur du Mexique, avait frappé un moment d'épouvante les hôtes superbes qu'abritaient alors les Tuileries, et le sang du malheureux exécuté de Quéretaro avait presque rejailli, par delà les mers, sur le visage égayé de ces hommes et de ces femmes qui traversaient les fêtes impériales, insouciants.

Enfin, la fusillade de Mentana, fusillade ordonnée pour complaire aux exigences, à la superstition, au ressentiment de l'Impératrice, avait provoqué une rupture presque entre la France et l'Italie, avait désuni pour toujours ces deux hommes, Napoléon III et Victor-Emmanuel, et préparé les revendications ainsi que l'indifférence du Roi « galantuomo », dans un avenir prochain.

Les jours s'ajoutaient aux jours, et les événements s'ajoutaient aux événements.

L'année 1868 avait vu s'allumer la *Lanterne* de Rochefort, arracher de son trône la reine Isabelle d'Espagne, et des troubles populaires, à Paris et en province, avaient inquiété les consciences. Des hommes nouveaux surgissaient quotidiennement qui, portant des noms ignorés, parlaient au peuple et lui soufflaient la haine de l'Empire. Les vieux, ceux qui avaient jadis entraîné les multitudes au renversement de toutes les tyrannies, tombaient épuisés par la lutte et par l'âge ; mais des jeunes les remplaçaient qui, reprenant leurs discours et leurs attitudes, avec plus d'audace, étaient écoutés par la foule et applaudis.

En 1869, un prêtre, le Père Hyacinthe, culbuta par dessus la chaire qu'il avait occupée avec éclat, du haut de laquelle il avait fait tressaillir la Cour et le peuple ; et sa chute eut un bruit sinistre. Devant son renoncement aux choses qu'il avait vénérées, des âmes s'émurent et des cœurs éprouvèrent de l'effroi.

L'Empereur ayant réussi à mettre en pratique son libéralisme, malgré les obstacles que lui suscitaient sa compagne et le parti qui s'était formé autour d'elle, des réunions politiques avaient lieu chaque soir ; des paroles violentes, des paroles injurieuses retentissaient dans ces assemblées, et leurs échos s'en allaient frapper les portes des Tuileries, comme des avertissements lugubres.

Puis des paroles, bientôt, on passa aux actes, et la rue fut tourmentée par des bandes hurlantes de faubouriens ainsi que par des patrouilles silencieuses de soldats.

Il y eut des émeutes. Les boulevards se couvrirent de masses humaines exaltées, et les troupes, en des charges furieuses, tuèrent sans pitié.

Le peuple marchait à l'assaut de l'Empire avec la rage renaissante des temps tragiques et révolutionnaires ; les soldats, bercés par la légende impériale, caressés, flattés par le pouvoir, dans une joie de ba-

tailleurs instinctivement et professionnellement ennemis de la paix, dans un enthousiasme de préto-
riens, s'apprêtaient au massacre.

Des régiments quittaient leurs garnisons, s'en venaient à Paris, comme ils eussent cheminé vers une
ville étrangère et on les voyait passer, avec des cris
de combats, avec des gestes effrayants, derrière les
chefs qui les commandaient.

La Garde, frémissante, attendait dans ses quartiers
de Versailles, de Saint-Cloud, de Saint-Maur et de
Saint-Germain, l'ordre qui la jetterait dans la bagarre et des fureurs et des ivresses entraient dans ses
rangs.

Ce fut, alors, un temps précurseur. Le Corps législatif et le Sénat, saisis par l'angoisse populaire, déli-
béraient mal, ou bien s'attardaient en des discussions
vaines et mauvaises, en des tempêtes de phrases qui
accroissaient l'énervement de tous, qui mettaient
dans les esprits irrités et hésitants un déséquilibrement plus accentué.

Dans cette débâcle, cependant, de tout ce qui avait
été le Second Empire, de tout ce qui avait fait son
éclat, il y eut une lueur encore. L'inauguration du
canal de Suez apporta un repos d'un moment aux
folies et aux haines, et l'Empereur, qui avait envoyé
sa compagne pour le représenter sur la terre d'Orient,
put croire que la trêve que le destin lui accordait
aurait un lendemain radieux.

L'Empereur vieilli, attristé, mais fataliste toujours, voyait se dérouler les événements, en effet, avec quelque surprise, mais sans effroi. La liberté qu'il avait tenté de pratiquer, après avoir édicté le principe d'un pouvoir absolu, trompait ses espérances dans son application. Mais le rêve était dans son sang, et il croyait au rêve. Il ne se dit point, alors, qu'un retour vers ses prérogatives d'antan pourrait préserver son trône d'un désastre inévitable ; il ne se dit point qu'un acte d'autorité brutale, lui rendrait le prestige et la puissance qu'il avait si longtemps possédés. Résigné, ou plutôt confiant dans la mission qu'il s'était donnée, dans l'immuabilité de son destin — de ce destin que rien, selon sa foi, ne pouvait modifier, — il regarda en face, dans la tranquillité philosophique de son âme, les choses nouvelles qui montaient autour de lui avec tant de soudaineté, et il les observa, dans l'impassibilité, aussi, de son esprit.

Les fêtes et les magnificences de Suez ramenèrent un sourire sur ses lèvres décolorées. Il eut un cri heureux, alors ; il tendit les mains comme pour toucher cette clarté, apparue tout à coup dans son ciel nuageux, cette clarté née de son règne ; il oublia les brisures que les coups répétés de ses adversaires, avaient faites à son trône ; il oublia les amertumes que la vie, qui est la même pour les rois et pour les humbles, qui se lasse du bonheur et qui vent que des larmes succèdent à toute joie, avait versées sur son cœur.

L'empereur Napoléon III était bon et croyait en toute bonté. Fort de la grandeur de son nom, fort des bienfaits qu'il avait semés autour de lui, il eut, durant son règne, la conviction qu'il était aimé du peuple, et il en fut aimé réellement. Lorsque des hommes qu'il ne connaissait pas se dressèrent devant lui et lui jetèrent de la haine au visage, il éprouva un étonnement, mais il ne songea point, une seconde, que leur anathème pût avoir du retentissement, pût avoir des approbateurs dans le peuple. Il contempla ces hommes et les événements qu'ils créèrent, tristement, avec la douleur d'un être qui déteste le mal et qui voit le mal le frapper. Il lui eût été alors possible, certes, de répondre aux attaques, aux outrages, par une répression implacable, par l'abandon du rêve humanitaire qui lui inspirait son libéralisme. Il n'eut point la pensée d'une telle vengeance. Il se dit qu'il se devait au peuple et à la politique d'apaisement, de conciliation qu'il lui avait offerte. Il se dit, comme naguère, lorsqu'il mit le pied, après un long exil, sur le sol de France, qu'il était Napoléon, qu'il était l'homme prédestiné d'une légende, et que nulle force ne le jetterait en dehors de l'Histoire.

L'inauguration du canal de Suez, dont la gloire lui était toute reportée, le succès du plébiscite de 1870, aussi, affermirent en lui cette certitude. Dans sa sénilité physique, dans sa souffrance morale, il se redressa, il eut un enthousiasme qui le poussa vers l'avenir; mais ni les acclamations qui lui venaient d'Orient, ni la dernière clameur du peuple qui saluait son nom, ne devaient, ne pouvaient lui rendre l'âme et le corps des années écoulées. L'énergie qu'il avait eue pour s'emparer du trône n'était plus en lui; il chancela dans cette marche en avant qu'il désirait et, pareil à un duelliste qui, blessé, laisse échapper de ses doigts éperdument crispés, l'épée, il s'affaissa dans son espérance, dans son rêve, et stoïquement vit passer, sur lui, les hommes et les choses qu'enfantait l'invisible, qu'enfantait l'inconnu. Et ces hommes et ces choses l'écrasèrent, comme les lourds chariots écrasent les malheureux qui tombent, sur le pavé des rues parisiennes.

Le Second Empire s'écroulait. Toutes les heures de ses gloires étaient mortes et, sur elles, le destin psalmodiait un *De profundis*, et le drame qui devait terrifier ses derniers jours se déroulait.

On pourrait croire qu'en présence des événements qui s'accumulaient, avec la foudroyante rapidité des avalanches qui dévalent, les unes sur les autres, les familiers des Tuileries abandonnèrent leur belle folie; on pourrait croire qu'en présence des menaces qui montaient à l'horizon, la Cour devint grave et songea à conjurer le danger qui venait vers elle, implacable.

On se tromperait. Les hommes politiques qui fréquentaient les Tuileries ne se firent aucune illusion, à cette époque, sur l'avenir de la dynastie impériale; mais les mondains, mais les habitués du château, demeurèrent inconscients des revendications populaires, comme des hostilités qui se manifestaient, contre nous, à l'étranger.

Dans leur ignorance des troubles qui se produisaient, ils continuèrent de jouir de l'existence aisée qui leur était faite, ils ne délaissèrent aucune de leurs joies, ils entrèrent davantage dans le plaisir.

La faible opposition des « Cinq » était loin. A ce petit groupe d'adversaires, avait succédé toute une légion d'hommes résolus à jeter à bas l'Empire et, au Corps législatif, c'étaient, chaque jour, alors, des luttes, des discussions qui enlevaient lentement, mais sûrement, au gouvernement des Tuileries, l'autorité, le prestige qui lui restaient encore.

La Cour raillait ces hommes qui, brutalement, prenaient position en face du pouvoir et lui offraient la bataille. La Cour niait la puissance de ces révoltés qui s'avançaient vers elle, la haine au cœur; dans une absence complète de courage moral, elle se détournait dédaigneusement de ceux qui tentaient de l'avertir; dans un égoïsme profond, elle déplorait les appréhensions de l'Empereur et elle cherchait à

les détruire en multipliant, autour de lui, les frivolités et les satisfactions bruyantes.

La Cour fut, à cette époque, je l'ai déjà dit, comme
une réunion de folles et de fous que rien ne pouvait
apaiser.

Devant les présages inquiétants qui passaient, lu-
gubrement, au travers des jours derniers du Second
Empire, elle n'éprouva aucune émotion, aucune
tristesse, aucun effroi. Elle crut peut-être, dans son
inintelligente appréciation des choses, à une tourmente politique fugitive dont une parole de l'Empereur aurait raison et elle n'eut, en aucun temps, la
divination du mécontentement qu'elle inspirait. Elle
s'amusa, même, de cette opposition qui se levait
contre les Tuileries et à tous les jeux qui distrayaient
l'Impératrice, elle ajouta un nouveau jeu. Lorsque les
élections de 1869 envoyèrent, au Corps législatif, les
hommes inconnus qui devaient abattre l'Empire, la
Cour se fit des hochets de ces hommes. On en fit, aux
Tuileries, la caricature, on en parodia l'éloquence,
on en imita comiquement l'attitude, et la *Lanterne*
de Rochefort devint le journal de chevet des familiers du château. L'Impératrice ne résista point à
cette démence et, tout en feignant l'indignation, elle
fut l'une des lectrices assidues du journaliste. Ce
fait paraîtra peut-être invraisemblable. Il pourrait
être affirmé par ceux qui approchaient la souveraine
et entraient dans son intimité.

Les années 1867, 1868 et 1869 marquent l'agonie d'une société qui meurt d'avoir trop vécu.

Je ne voudrais point paraître, ici, un écrivain maussade et ennemi de toute gaîté. Il est, cependant, évident que la conduite des hommes et des femmes de la Cour des Tuileries, en mécontentant les masses populaires, en blessant l'étranger dans le puritanisme un peu hypocrite qu'il affectait, alors, et qu'il affecte, encore aujourd'hui, devant nous, aliéna à l'Empire des sympathies qui lui eussent été utiles aux heures des crises politiques, aux heures des revers. L'attitude légère des hommes et des femmes des Tuileries devait être néfaste à ces hommes et à ces femmes mêmes. Lassés, énervés, par tant de jours écoulés en une fête ininterrompue, ils demeurèrent sans force physique comme sans résistance morale, lorsque la mauvaise fortune les frappa. Ils n'eurent plus, alors, que la résignation lamentable de ceux qui, saisis par l'ivresse après un trop copieux repas, s'appuient à quelque muraille, impuissants à regagner leur demeure et regardent, dans tout le vide de leur cerveau et de leur âme, fuir les passants moqueurs ou écœurés.

Et tandis que les hommes et les femmes qui avaient empli de leurs rires, de leur galanterie, de leur beauté, le règne de Napoléon III, tombaient ainsi dans le fossé, d'autres hommes se levaient qui, jeunes, sains de corps et d'esprit, faisaient entendre des revendications et proclamaient des devoirs. Le peuple les écoutait, le peuple marchait derrière eux, avec des applaudissements, avec des enthousiasmes, avec la rage, aussi, d'avoir eu si longtemps le respect de cette société moribonde, avec l'espérance de voir se lever une aurore nouvelle et pleine de promesses, sur sa misère, sur son asservissement.

Lorsque l'année 1870 apporta une politique neuve dans l'organisme vieilli, usé, du Second Empire — comme un sang vierge dans un corps flétri — il y eut des frissons dans les faubourgs, et les symptômes d'une fièvre qui devait fatalement engendrer un cauchemar se manifestèrent dans la foule. D'aucuns, crurent que l'Empire libéral conduirait la France, doucement, sans choc, vers une félicité, vers un apaisement certains. Mais les plus prévoyants, mais les plus audacieux eurent un sourire, eurent un haussement d'épaules, à cette annonce d'une ère politique féconde. Leur pensée se reporta loin, très loin, au delà de ce présent qu'on s'efforçait d'accueillir avec allégresse, et dans la brume et dans le mystère de l'avenir, ils entrevirent des choses qui les effrayèrent.

Ces choses — Révolution ou Guerre — étaient au bout de tant de folies et de tant de chimères; ces choses suivaient le Second Empire et planaient dans son ciel, très haut, encore invisibles, dans un vol formidable, comme les nuées de corbeaux suivent les armées. Quand l'heure des suprêmes convulsions mar-

quées par le destin sonna, ces choses étaient prêtes
à servir ce destin. Elle s'abattirent sur le Second Empire qui, anémié, n'eut pas la force de les repousser.
Il y eut, dans les airs et sur la terre, un grand bruit,
comme le gémissement d'un être monstrueux qui
expire — et ceux qui, alors, osèrent porter leurs regards vers les Tuileries, n'y virent plus qu'une solitude désolée, dans le silence sépulcral de laquelle
une femme en deuil — l'impératrice Eugénie — fuyait
épeurée ; et ceux qui, alors, osèrent porter leurs regards vers la frontière de France, n'y virent plus
qu'une ombre vagabonde — l'empereur Napoléon III
— traînant péniblement sa douleur, qu'une ombre si
petite et si pitoyable, qu'elle apparaissait plus petite
et plus pitoyable que l'ombre des mendiants qui
pleurent, au bord des chemins.

X

LA DÉCLARATION DE GUERRE

Une confession de M. le prince de Bismarck a
instruit le public sur la déclaration de guerre, en 1870,
et des opinions diverses ont été formulées en ce qui
concerne, principalement, les auteurs de cette guerre,
ainsi que les responsabilités qu'elle entraîna.

Il serait long de reprendre ces opinions, de les
analyser, de les approuver ou de les combattre. J'en
relèverai une, cependant, parce qu'elle m'a paru être
exprimée avec plus de précision, avec plus de violence que toutes les autres.

Sans s'arrêter à des détails, à des faits qui ont,
pourtant, leur extrême importance, d'aucuns n'hési-
tent pas à affirmer que les résultats malheureux de
la guerre de 1870 sont dus aux hommes du parti
libéral d'alors, et l'on n'est point éloigné de pré-

tendre que cette guerre doit leur être imputée, dans sa genèse même.

Or, rien n'est plus inexact, et si le lecteur veut bien me permettre de le renseigner, dans cette question, je n'aurai pas de peine à lui faire connaître comment se fit la guerre de 1870.

Tout d'abord, une question grave se pose ici : la Prusse, en 1870, chercha-t-elle réellement querelle à la France, et la candidature du prince Léopold de Hohenzollern, au trône d'Espagne, fut-elle mise en avant dans le but de nous mécontenter et de nous amener à une rupture ?

Il faut être net. Non, en 1870, dans la question Hohenzollern, pas plus qu'avant, dans la question du Luxembourg, la Prusse ne tenta systématiquement, et dans la conception d'un dessein réfléchi, d'exciter notre ardeur belliqueuse ou nos susceptibilités.

Nous nous sommes trompés, sans cesse, sur les sentiments de l'Europe à notre égard, sous le Second Empire, dans les dernières heures du règne impérial surtout.

Séduite par la direction que Napoléon III donna à sa politique extérieure, l'opinion publique se tint constamment en méfiance devant la Prusse. Cependant, il est à remarquer que la Prusse, intéressée par le rêve humanitaire de l'Empereur — par le rêve des nationalités — ne se contenta point de tirer bénéfice des souhaits un peu nuageux de celui qui régnait

aux Tuileries, mais moins égoïste, moins hypocrite
en plus pratique que certains Etats voisins, lui pro-
posa, non sans insistance, une alliance. La conduite
de M. de Goltz, ambassadeur de Prusse en France,
est pleine de ces sentiments ; la visite de M. de Bismarck à Biarritz les confirme, et ce n'est que sur le
refus répété de Napoléon III de mêler son nom à une
politique de conquête — c'est ainsi qu'on dénommait,
alors, dans les chancelleries, la politique de la Prusse,
que le cabinet de Berlin abandonna son projet et
forma d'autres espoirs. La Prusse, quoique certainement froissée de l'attitude presque dédaigneuse
du cabinet de Paris, ne désirait point, à proprement
parler, une guerre prochaine avec la France, en 1870,
lorsque surgit un incident qui prit rapidement
l'importance d'un *casus belli;* elle ne se croyait
point, en vérité, aussi près d'une lutte avec nous, et
cet incident la surprit, autant qu'il put nous sur-
prendre.

En somme, la Prusse, sous le Second Empire, fut
plus sincère dans ses rapports avec la France, tout
en se préparant à tenir campagne contre nous, tout
en prévoyant les difficultés d'une politique internationale mal équilibrée et aventureuse, que l'Autriche
et l'Italie, sur lesquelles non seulement le peuple,
mais la Cour des Tuileries tout entière, s'étaient habitués à compter. Et M. de Goltz murmurant :
— « L'Europe est vieille, trop vieille ; elle s'affaisse et

meurt, faute de sève. Sa carte est à refaire, et ceux qui la remanieront sont nés. Dites cela à l'Empereur; il comprendra peut-être qu'il est temps, encore, de s'entendre et que les destinées des peuples peuvent s'accomplir sans troubles et sans danger pour le repos du monde, » — M. de Goltz, dis-je, en parlant ainsi, était plus préoccupé de concilier les intérêts de son pays et ceux du nôtre, que l'Autriche et l'Italie qui provoquèrent tant d'enthousiasme dans la personne de leurs représentants, MM. de Metternich et Nigra, ces deux cruels et dissimulés ennemis de la France, que le seul souci de notre abaissement, dans un sentiment différent, tenait éveillés.

Devant l'importance qu'avaient prise, soudain, en 1869 et en 1870, les libéraux, devant la pensée non cachée, désormais, de l'Empereur, de réformer sa politique intérieure et d'en confier la direction à M. Emile Ollivier, il s'était formé, à la Cour et dans les Chambres, un groupe d'hommes très dévoués à l'Empire, mais hostiles à l'état de choses nouveau, qu'on appela le *Parti de l'Impératrice*, parce que ses chefs recevaient leurs inspirations directement de la souveraine.

A la tête de ces hommes, parmi lesquels on comptait des députés, des sénateurs, des chambellans et de simples familiers du château, se trouvaient M. Rouher et M. Chevreau; et tous leurs efforts devaient tendre à empêcher l'Empereur de donner suite à ses projets de libéralisme.

On a dit que le plébiscite de 1870 fut entrepris dans le but, dès longtemps visé, d'amener une guerre qui rendrait à l'Empereur toute l'autorité des premiers temps de son règne.

On a dit, également, que le ministère du Deux-Janvier inventa le plébiscite pour se parer, à l'ombre du nom impérial acclamé, d'un prestige qui lui permit de se lancer en des aventures belliqueuses destinées à consolider son pouvoir chancelant, sa politique peu comprise encore des masses populaires.

Ces deux assertions ne sont pas conformes à la vérité.

Après le plébiscite, ni le monde politique, ni la Cour, soumise à la tyrannie de l'Impératrice, ne conçurent le projet d'une guerre avec quelque nation que ce fût. L'incident qui détermina la campagne de 1870, naquit simplement de circonstances spontanées dans le mouvement desquelles était comme une fatalité. Mais après le plébiscite, il se passa à la Cour, dans l'entourage particulier de la souveraine, des faits qui méritent d'être relatés.

Un complot eut lieu, dans l'intention d'arracher Napoléon III aux idées qui le menaient, et il fut un moment question de renouveler, contre les hommes du Deux-Janvier, une sorte de coup d'État qui les mît dans l'impossibilité de continuer leur œuvre. Le plébiscite qui venait de consacrer, une fois de plus, le nom de Napoléon, eût servi d'appui à cette intrigue et, avec l'aide de quelques personnages résolus, on eût aisément étouffé les protestations. En un mot, violentant même la volonté de l'Empereur, on forma le projet, dans l'entourage de l'Impératrice, de s'emparer des ministres libéraux du Deux-Janvier et de les emprisonner, pour le temps, au moins nécessaire, au rétablissement d'un pouvoir absolu.

Quoique Napoléon fût, dès lors, très affaibli physiquement et moralement, lorsqu'on lui communiqua, avec précaution, ce plan d'une politique contraire à ses désirs, il se révolta, et, dans la sincérité de son libéralisme, dans la franchise de l'essai qu'il souhaitait de pratiquer, il déjoua les desseins de sa compagne et ceux de ses trop zélés amis.

Cependant, le *Parti de l'Impératrice*, battu dans cette circonstance, ne se découragea point et, dans une haine intense contre les conseillers libéraux de Napoléon III, il ne chercha plus qu'une occasion avouable et officielle de les obliger à quitter le pouvoir, de faire revivre, aux Tuileries, les belles heures de l'Empire autoritaire.

Lorsque l'incident Hohenzollern se produisit, les hommes de ce parti eurent un cri de joie et ils s'apprétèrent à exploiter les événements, heureux d'atteindre, enfin, le but qu'ils poursuivaient avec tant d'acharnement.

L'Impératrice, et avec elle tout le clan de la Cour qui approuvait aveuglément son attitude, ses moindres paroles, se réjouirent de cet incident, s'y accrochèrent comme des naufragés à une bouée, et n'eurent plus qu'une pensée : profiter de la circonstance qui s'offrait, d'une façon si imprévue, pour reprendre leurs desseins anéantis, pour ressaisir leurs espérances déçues, pour échafauder la restauration d'un Empire autoritaire et pour amener l'Empereur lui-même à les seconder.

L'Impératrice fit aussitôt appeler M. Rouher qui se rendit auprès d'elle, accompagné de quelques personnalités du parti spécial alors en lutte ouverte avec les libéraux, et il fut convenu que l'on tiendrait presque régulièrement conseil, à côté du conseil officiel de l'Empereur.

Des conciliabules eurent lieu, en effet, entre la souveraine et ses fidèles, à partir de ce moment, et ce fut dans l'un d'eux que la fameuse question des « garanties » fut soulevée, fut inventée comme un obstacle suprême et décisif à tout arrangement avec la Prusse, à toute possibilité d'entente.

Lorsqu'en effet, M. Émile Ollivier qui avait réussi à calmer les esprits, qui avait reçu de la Prusse satisfaction, puisque le Roi approuvait le retrait de la candidature du prince Léopold de Hohenzollern, au trône d'Espagne, se présenta devant la Chambre, heureux de lui porter la bonne nouvelle, il y eut dans le *Parti de l'Impératrice*, de la stupeur, des découragements, des colères. Une fois encore, le pouvoir lui échappait et il fallait, à tout prix, que ce pouvoir revînt à lui. Or, une guerre lui assurait presque la possession de cette autorité. Il était nécessaire que cette guerre eût lieu et que le prétexte qui la déterminerait, demeurât au-dessus de toute argumentation susceptible de la retarder.

La question des garanties sauva cette situation d'une politique de palais. Cette question, portée du conseil des ministres à la tribune du Corps législatif, rendit au conflit qui s'était élevé, entre la France et la Prusse, toute son acuité et permit à M. de Bismarck de donner libre cours à sa haine contre nous.

Malheureusement, dans le cabinet même, l'Impératrice avait des fidèles, des partisans sinon de sa politique, du moins des admirateurs de l'extrême enthousiasme qu'elle manifestait alors, sous le couvert d'un sentiment patriotique. Malgré les efforts de M. Émile Ollivier, pour apaiser les cerveaux surexcités, malgré les sages avis de M. le duc de Gramont, mitigés cependant de son obéissance aux désirs de la souveraine, on déféra aux vœux qu'elle exprimait et, devant l'accusation de lâcheté formulée par les autoritaires, contre les libéraux qui s'opposaient à toute démarche nouvelle auprès du roi de Prusse, M. le comte Benedetti, ambassadeur à Berlin, reçut l'ordre de présenter des réclamations plus accentuées.

On sait ce qui arriva, alors. Le Roi qui se trouvait, à cette époque, à Ems, fut abordé par M. Benedetti durant sa promenade, et comme notre ambassadeur lui soumettait la question des garanties — pour une seconde fois — il lui témoigna quelque impatience, sans se départir, pourtant, avec lui, d'une correction et d'une courtoisie absolues[1].

M. de Bismarck entra alors en scène ; il falsifia la dépêche du prince Radziwill relatant les entretiens du Roi et de M. Benedetti, et la guerre devint inévitable.

J'ai parlé des conciliabules organisés par l'Impératrice et M. Rouher, en vue de faire échec à la politique pacifique de Napoléon III et de ses ministres. Parmi les hommes importants qui formaient ces conseils secrets, on ne peut oublier M. le duc de Persigny.

Quoique autoritaire, quoiqu'il eût tout libéralisme en horreur, seul contre tous, il faut le dire à son honneur, il ne voulut pas la guerre.

En 1866, alors que la Prusse se trouvait affaiblie, après Sadowa, il avait conseillé à l'Empereur de s'opposer à l'unification de l'Allemagne, à l'accrois-

---

1. M. le comte Benedetti a avoué ce fait à un homme que j'ai beaucoup connu et aimé, à l'un de ses amis intimes, M. Eugène Bazin, qui habitait Versailles et qui me l'a rapporté.

sement d'une puissance pouvant, dans l'avenir, devenir un danger pour la France. Mais, en 1870, il redoutait une campagne pour notre pays, et comme il était renseigné sur les sentiments de feinte affection que nous prodiguaient l'Autriche et l'Italie, il ne voyait pas, sans effroi, l'Empereur s'engager dans une lutte problématique et dont le résultat, sur la foi de documents intimes, de correspondances officielles même, n'était presque pas douteux.

S'étant aperçu que ses avis n'étaient pas écoutés, il avait renoncé à siéger davantage auprès de l'Impératrice et de M. Rouher, et il avait informé Napoléon III des faits bizarres et graves qui se passaient.

Mais l'Empereur, très souffrant, placé entre un scandale familial et l'exaltation du Parlement, exaltation qui avait gagné le pays tout entier — Paris principalement — n'avait prêté que peu d'importance aux révélations de M. de Persigny et s'était contenté de noter les phases du drame qui se jouait devant lui.

Cependant, jusqu'à la dernière heure, il s'opposa à toute déclaration de guerre et lorsque, après le prétendu incident de Ems, il fut obligé de constater que, désormais, un duel était inévitable entre la France et la Prusse, il s'inclina douloureusement devant le destin qui l'accablait.

On le voit, la guerre de 1870 a été voulue par l'Impératrice et par le parti qui, s'inspirant d'elle, portait son nom. Et elle a été voulue dans le dessein, très net, de détruire l'Empire libéral, de chasser du pouvoir les hommes qui aidaient Napoléon III dans la tâche qu'il avait sincèrement entreprise, dans le dessein, très net, de rétablir au profit de quelques ambitieux, de quelques courtisans, les heures d'antan, les heures de joie et d'absolutisme qui leur échappaient.

L'Empereur, malade, fut jeté impitoyablement dans la plus atroce aventure qui se puisse imaginer, et l'on ne peut dire que son état de santé était ignoré de sa compagne ou de la Cour, puisqu'il avait été décidé, en 1870, que l'on demeurerait à Saint-Cloud, que l'on abandonnerait tout autre déplacement, même celui de Fontainebleau, dans la crainte de fatiguer le souverain et d'augmenter ses souffrances.

On ne peut dire davantage que l'Impératrice ne désirait pas la guerre, dans le but que je viens de faire connaître, puisqu'elle-même, à Florence, avouait, après sa chute, au général Moceni, que « cette guerre aurait pu, aurait dû sauver l'Empire et la Papauté ».

En ce qui touche la Papauté, j'ai rapporté déjà comment l'Empereur, sollicité vivement par sa compagne de ne point délaisser Rome, repoussa les propositions de Victor-Emmanuel qui promettait une intervention armée, à la condition qu'on lui permettrait d'agir, à son gré, contre Pie IX.

17.

Des intérêts politiques exigent peut-être qu'on détourne l'attention publique de ces faits. Mais l'Histoire a ses droits. Elle est au-dessus des compétitions, des convoitises et des haines. Elle enregistre les événements, dans toute la plénitude de sa sagesse et de sa justice; et nul ne saurait travestir les choses qui lui appartiennent, nul ne saurait les confisquer au profit de ses intérêts, au profit de ses affections même.

Donc, si les sentiments de M. de Bismarck n'étaient pas douteux à notre égard, en 1870, le *Parti de l'Impératrice*, par ses agissements, donna beau jeu à ces sentiments, rendit possible leur expression, leur mise en pratique, et fournit, en s'obstinant à voir dans la question Hohenzollern un outrage prémédité à la dignité de la France, un prétexte plausible à la Prusse pour se mesurer avec nous et pour en finir avec une situation politique très tendue, entre les cabinets de Paris et de Berlin, depuis que l'Empereur avait repoussé les avances de ce dernier.

En ce qui concerne la dépêche d'Ems, M. de Bismarck a dit tout ce qu'on pouvait dire à son sujet. On savait déjà qu'une dépêche avait été falsifiée; mais, mal renseigné, le public accusait le ministère du Deux-Janvier de ce faux, de ce crime. Désormais, pour l'honneur des hommes qui eurent le pouvoir à cette époque, il n'y a plus à chercher où se trouve la vérité.

La dépêche d'Ems et l'aveu de M. de Bismarck, cependant, me paraissent devoir soulever une discussion grave et provoquer des questions que je m'étonne de n'avoir pas rencontrées dans la presse.

M. le prince Radziwill adressa à son chef, M. le comte de Bismarck, par ordre du Roi de Prusse, un télégramme relatant les entretiens que notre ambassadeur, M. le comte Benedetti, avait eus avec Guillaume Iᵉʳ, et M. de Bismarck, considérant que ce télégramme mettait fin à un incident qui servait ses desseins, le travestit cyniquement, puis le communiqua, ainsi et faussement libellé, aux Etats européens.

Or, comment se fait-il que M. Benedetti, en présence de ce mensonge qui allait précipiter l'un sur l'autre deux peuples, qui allait placer devant son pays tous les dangers, laissa les ministres déclarer, aux Chambres, qu'il avait reçu un affront à Ems, ne démentit point, en hâte, les paroles de M. de Bismarck? Comment se fait-il que M. Benedetti n'avisa point son ministre, le gouvernement, l'Empereur même, des faits qui se passaient, et ne cria pas très haut que rien n'était vrai dans la circulaire diplomatique de son adversaire, que le Roi de Prusse ne l'avait point insulté, et qu'il n'avait, lui-même, eu jamais l'occasion de blesser le Roi?

Une telle déclaration eût été retentissante; et si elle eût été un peu en dehors des mœurs de la « carrière, » elle eût sauvé la vie à plus de cinq cent mille hommes. Cette certitude valait peut-être un accroc à l'étiquette, aux usages de la diplomatie.

D'autre part, si M. Benedetti — contrairement aux affirmations de M. Emile Ollivier qui dit n'avoir point eu entre les mains le texte exact du télégramme — a avisé le gouvernement des choses qui le concernaient, comment se fait-il que les hommes qui, alors, parlaient à la France, n'aient point fait connaître aux Chambres, au peuple, à l'Europe, l'expédient abominable du comte de Bismarck? Comment se fait-il, encore, que, si le gouvernement n'a point été informé par notre ambassadeur, il ne lui ait pas demandé des explications avant de déclarer la guerre?

En vérité, on se perd en conjectures, ici, et l'on est effaré par tant de responsabilités, par tant d'inconscience, par tant de folies. En vérité, si M. de Bismarck, dans ses bavardages séniles, dans la rancune qui le dirige contre son jeune souverain, nous apparaît comme un homme amoindri, surfait, et non plus comme le génial meneur de peuples qu'on s'était habitué à redouter, il faut avouer que ses adversaires ont été bien au-dessous de leur tâche, bien imprévoyants, bien ignorants, pour s'être ainsi laissé jouer par lui.

Un homme seul — l'empereur Napoléon III — savait, je crois, à quoi s'en tenir sur les causes de la

guerre, ainsi que sur ses résultats, sinon sur les
mensonges qui la déterminèrent, puisqu'il écrivait
au général Lepic au moment de son départ : —
« Qui sait si nous nous reverrons? » — et cet homme,
seul, eût pu détourner de lui et du pays les mal-
heurs qui naissaient. Mais, en 1870, l'empereur Napoléon III fut un mort qu'on jette à la mer et auquel
l'équipage ne songe plus, à peine disparu.

J'ai écrit les pages qui précèdent, sur des notes qui
m'ont été fournies par l'une des personnes qui approchaient le plus l'Empereur et l'Impératrice, en
1870. Je les ai écrites, également, après un entretien avec l'un des anciens membres du Conseil privé
de Napoléon III, un peu mon parent par alliance,
M. Charles A..., mort aujourd'hui, que je rencontrai,
il y a quelques années, non seulement à la Chambre,
où il siégeait en qualité de député, mais dans le salon
de Mme la comtesse d'H... (nièce d'un général qui
joua un rôle important en 1871, lors de la capitulation de Paris) et aussi chez l'une de mes tantes,
Mme la comtesse D...

Les renseignements qui m'ont été ainsi offerts,
sur la guerre de 1870, me paraissent péremptoires.
Cependant, comme, dans la question qui fait l'objet
de ce chapitre, on ne saurait trop s'entourer de
documents, je vais faire connaître au lecteur une
lettre qu'un ancien diplomate, M. le comte de V...,

m'a envoyée, et qui montre cette question sous un aspect sinon absolument net, du moins fort intéressant.

M. le comte de V... semble être de ceux qui restent assurés que la guerre de 1870 ne fut entreprise que dans un intérêt dynastique et, comme à cette époque, une discussion sur l'abrogation des lois d'exil concernant les princes d'Orléans, avait eu lieu au Corps législatif, M. le comte de V... n'hésite pas, en s'appuyant, d'ailleurs, sur des indices fort acceptables, à croire que la société bonapartiste, que les habitués des Tuileries, affolés par l'hypothèse d'un retour des Princes, provoquèrent la guerre dans le but de rendre impossible ce retour, qui eût, sans contredit, dans l'état des esprits alors, fait naître un péril politique dont il serait puéril de contester la gravité.

Le récit de M. le comte de V..., est curieux, et c'est pourquoi je le reproduis ici. Il me permettra, cependant, de penser que la puissance soudaine des libéraux qui entraient dans les conseils de l'Empereur, préoccupait beaucoup plus l'Impératrice et son parti que les revendications des princes d'Orléans. Il me permettra, également, de penser que, si une guerre pouvait être voulue, dans l'espérance qu'elle rendrait à l'Empire, à la faveur de nouvelles et éclatantes victoires, son autorité, son absolutisme d'antan, cette guerre ne pouvait être décidée sur la menace toute platonique, encore, d'une rivalité dynastique.

Quoi qu'il en soit, la lettre de M. le comte de V... mérite l'attention ; je la livre donc aux réflexions des historiens et du public, tout en lui préférant les notes et les renseignements qui ont servi à ma narration.

« J'ai lu, m'écrit M. de V..., vos diverses publications sur l'intimité de la Cour des Tuileries et sur la fin du régime impérial.

« J'ai été surpris que vous n'ayez pas été conduit à démêler les motifs secrets — les motifs vrais — qui ont lancé l'Empire dans la voie néfaste qui eut Sedan pour dernière étape.

« Il vous eût suffi, pour cela, ce me semble, de lire le compte rendu de la séance du 2 juillet 1870, pendant laquelle a été discutée la demande d'abrogation d'exil relative aux princes d'Orléans et d'examiner l'émotion que cette séance a produite alors, ainsi que les commentaires dont elle a été l'objet.

« Quel pouvait être le coup le plus terrible et le plus dangereux à porter au régime impérial ? Celui qui mettrait, en regard de ce régime, et dans un but d'opposition dynastique, une famille royale qui avait laissé en France les souvenirs les plus profonds et les plus sympathiques. Ces souvenirs, effacés aujourd'hui, étaient très grands sous le Second Empire, et il était possible d'en accroître l'expression, aux applau-

dissements et avec le concours de tous les mécontents.

« C'est ce qui se produisit dans la séance du
2 juillet 1870.

« Pendant près de vingt ans d'Empire, pas *une
seule fois* le nom des princes d'Orléans ne fut prononcé dans la Chambre française, après le discours
de M. de Montalembert en 1852. Tout à coup, le
Corps législatif, surpris, entendit retentir les noms
d'Orléans, de Joinville, d'Aumale, de Montpensier
et, sous l'influence d'une émotion sincère, on vit
des larmes couler des yeux de ces députés, bonapartistes d'occasion, qui presque tous avaient servi
le gouvernement de Juillet dans l'armée, dans la
marine, dans l'administration, qui, presque tous,
l'avaient soutenu de leurs votes et ne s'étaient ralliés
à Napoléon III que faute de mieux, crainte de pire.

« J'assistais à la séance du 2 juillet, dans la tribune
du Corps diplomatique, auquel j'appartenais alors.
La salle était comble, et l'on s'attendait à des incidents assez vifs.

« En arrivant au Palais-Bourbon, je rencontrai un
sénateur, M. le baron de H...

« — Eh bien, lui dis-je, nous allons avoir une
séance mouvementée?

« — Bah, le jeune Estancelin va tirer un pétard :
Emile Ollivier mettra le pied dessus et il fera long
feu.

« Les choses ne se passèrent pas ainsi, cependant.

« Avec une grande habileté et une émotion vraie ou simulée, celui qu'on appelait le « jeune Estance- « lin », ancien ami personnel des Princes, se rappelant sans doute ces mots de Lamartine : — « Ce n'est pas « par la raison que l'on gagne la France, c'est par le « cœur, » — au lieu de discuter la question de légalité et de droit, se plaça sur un tout autre terrain. Il res- suscita, si je puis ainsi dire, ces jeunes Princes, un peu oubliés, et les montra à l'Assemblée.

« Tous les anciens orléanistes se rappelèrent leur enthousiasme d'autrefois, alors que le prince de Joinville, à la tête de ses marins, ramenait dans Pa- ris les cendres de Napoléon, leurs applaudissements quand le duc d'Aumale, avec son régiment, tout bronzé du soleil d'Afrique, traversait la capitale, acclamé depuis Vincennes jusqu'à Neuilly, leur émo- tion après la tentative d'assassinat dont il fut l'objet.

« Aussi, lorsque le vieux général Lebreton, bona- partiste, alors questeur de la Chambre des députés, avec sa voix mâle, brève, habituée au commande- ment, vint joindre ses paroles vibrantes à celles de M. Estancelin, il me parut, en vérité, que c'était la voix de l'armée française qui se faisait entendre. Je me souviens de ses derniers mots : — « J'ai servi le gou- « vernement de l'Empereur dans des jours difficiles. « Mais j'ai aussi servi le duc d'Aumale en Afrique. « J'ai souvent admiré ses grands talents militaires.

« Je me trouverais heureux de rendre, à mon pays, l'un
« de ses meilleurs et de ses plus grands citoyens. »

« Un membre lui cria : — « C'est très beau, géné-
« ral ! C'est là du caractère. »

« Esquiros, Jules Favre, Picard, traitèrent la
question de légalité. Le vieux marquis de Piré, bonapartiste enragé, se joignit à eux.

« Kératry, aussi, attaqua les ministres avec son
énergie et sa verve habituelles.

« Un seul membre de l'opposition, M. Jules Grévy,
sans défendre le cabinet, conclut ainsi que lui. Aussi,
fut-il conspué par ses collègues de la gauche, qui l'en-
tourèrent quand il eut prononcé cette phrase devenue célèbre : — « Je ne veux être ni dupe ni com-
« plice. »

« Le Gouvernement se trouvait donc avoir, tout à
coup, en face de lui, et réunis sur un terrain commun excellent, par une pensée populaire et anti-dy-
nastique, tous ses adversaires.

« Il voyait ses amis eux-mêmes hésiter, remués
par de vieilles affections, à le suivre.

« Cela est si vrai, cela fut si évident, qu'à un moment le ministre de Suisse, derrière lequel je me
trouvais, me dit en souriant :

« — Eh, mais, dans cette chambre bonapartiste,
« ils sont tous orléanistes. »

« Ce diplomate ne fit, alors, que traduire l'impression générale.

« En sortant de la séance, je donnais le bras à la duchesse de G...

« — Ah, mon cher comte, me dit-elle, ce n'est pas
« à une séance politique que nous venons d'assister ;
« c'est à une séance dynastique. Je ne sais quelles
« en seront les conséquences, mais je les crois con-
« sidérables.

« — C'est tout à fait mon avis, répondis-je. On vient,
« aujourd'hui, de porter un coup terrible à l'Em-
« pire. »[1]

« Ces faits se passaient le 2 juillet 1870.

« Le dimanche, 3 juillet, le premier cri de guerre
était poussé chez M. Chevandier de Valdrôme, ministre de l'Intérieur. Émile de Girardin, quelques
mois avant sa mort, nous fit le récit de cet incident.

« Émile de Girardin dînait, ce jour-là, chez M. Chevandier de Valdrôme. Après le repas, le ministre alla
à lui et lui dit :

« — Vous savez la nouvelle ? Nous allons avoir, dé-
« cidément, un prince de Hohenzollern sur le trône
« d'Espagne.

« — Qu'est-ce que cela peut nous faire ? répliqua
« le publiciste.

« — Comment ! vous ne comprenez pas que c'est
« là un danger, que c'est là une menace pour la
« France ? Nous ne souffrirons pas cette candidature.
« *Il faut en faire un casus belli.*

« — Ce serait une folie.

« — Non, et il est nécessaire que demain vous « écriviez un article dans ce sens.

« — Jamais ! »

« Pourtant, et malgré ce « jamais », l'article désiré parut.

« Il est vrai qu'Emile de Girardin affirma, pour sa défense, que cet article ne fut pas écrit par lui.

« Ce même jour, Prim reçut, à Madrid, une dépêche lui annonçant la protestation du gouvernement français et son opposition à la royauté espagnole du prince de Hohenzollern.

« Un de mes amis se trouvait dans son cabinet, quand cette dépêche lui fut remise.

« Prim, après l'avoir lue, la froissa et la jeta sur son bureau :

« — Ah, par exemple, s'écria-t-il, c'est trop fort, « et c'est à n'y rien comprendre. *Nous étions abso-* « *lument d'accord avec les Tuileries.* »

« Par les faits qui précèdent, vous verrez clairement les causes inconnues, encore, de la guerre de 1870.

« Il devenait nécessaire, alors, de distraire l'opinion publique de la question des princes d'Orléans, il devenait nécessaire de parer le coup porté à la dynastie impériale. La guerre fut le résultat de cette préoccupation.

« Eut-on l'intention formelle, aux Tuileries, de pousser les choses aussi loin, tout d'abord et à l'origine de ce conflit? Je ne le crois pas. Les hésitations, les tâtonnements des premiers jours, confirment ma pensée. Mais lorsqu'on se lance sur une voie dangereuse, il est souvent difficile de s'arrêter. Et lorsque l'intérêt dynastique d'un pouvoir est en jeu, lorsque l'influence d'un entourage intime agit violemment sur les décisions souveraines, il devient impossible au chef de ce pouvoir de commander aux événements et de retourner sur ses pas. »

Telle est la lettre fort curieuse que m'a écrite M. le comte de V...

L'affirmation qu'elle apporte me paraît, je le répète, dans sa clarté même, devoir soulever quelque discussion.

Cette affirmation est, cependant, d'accord avec mon propre récit, en ce sens qu'elle établit nettement l'intrigue menée autour de l'Empereur, pour tirer du conflit qui venait d'éclater, entre la France et la Prusse, un bénéfice de gouvernement.

En dépit des sentiments qui animaient les anciens orléanistes ralliés à l'Empire, les fils du roi Louis-Philippe étaient peu à redouter, en 1870 même. Les libéraux qui venaient, sous la direction de Napoléon III, de prendre le pouvoir étaient beaucoup plus à craindre pour le parti autoritaire qui obéissait à l'Impératrice, et il ne me paraît pas téméraire de dire qu'il reste acquis, historiquement, que toute l'hostilité de la souveraine et de son entourage se reportait sur les hommes du Deux-Janvier.

Si donc, l'on met un peu à part la question des princes d'Orléans, il demeure établi — et la lettre de M. le comte de V... vient à l'appui de cette certitude — que la guerre de 1870 ne fut entreprise, ne fut voulue que dans le dessein de substituer à l'action gouvernementale d'hommes haïs aux Tuileries, l'action autoritaire d'autres hommes aimés de l'Impératrice et de ses fidèles, — de substituer même à la volonté de Napoléon III, vieilli et affaibli, la volonté de l'Impératrice, alors dans tout le rayonnement de sa beauté de femme, alors dans tout l'absolu de sa puissance politique.

Dès que l'incident Hohenzollern fut connu du public, l'impératrice Eugénie non seulement prit, ainsi qu'on l'a vu, d'accord avec ses partisans, toutes ses dispositions pour qu'il aboutît à un conflit entre la France et la Prusse, mais devint très nerveuse, très irritable, et imposa sa violence à tous ceux qui l'approchaient.

Elle semblait, aussi, comme davantage déséquilibrée, comme agitée par des mouvements d'âme — si je puis ainsi m'exprimer — qui la rendaient tout à fait incompréhensible, et tantôt on la trouvait méditative, plongée en des réflexions qu'elle ne révélait pas, tantôt on la voyait apparaître dans le tourbillon d'une fébrilité maladive dont elle gardait, également, le secret.

Elle avait des crises de gaîté suivies tout aussitôt de crises de larmes, des méfiances, des épanchements spontanés, des caprices, et comme le besoin suraigu d'affirmer sa personnalité.

Cet état particulier se manifestait, principalement, dans les conversations qu'elle ne cessait alors d'avoir avec ses familiers, et il avait pour résultat, souvent, des scènes pénibles dont souffraient ceux mêmes qui lui étaient le plus dévoués.

Ces scènes furent, pour la plupart, puériles et comme l'expression de l'humeur variable d'une jolie femme. Mais il en est une qui eut presque l'importance d'un acte politique, qui effraya ceux qui en furent les témoins. Elle eut lieu à Saint-Cloud, devant quelques personnes de l'intimité de la souveraine — l'une de ces personnes me l'a rapportée — et elle confirme absolument les assertions historiques contenues dans les notes qui m'ont servi pour ce chapitre. C'est pourquoi je crois nécessaire de la conter.

La question Hohenzollern s'était vite envenimée, on le sait, et une rupture était imminente entre la France et la Prusse, lorsque l'opposition libérale du Corps législatif, en exigeant du ministère la communication des pièces diplomatiques sur lesquelles il s'appuyait pour légitimer une déclaration de guerre, avait retardé la cessation des relations entre les cabinets de Paris et de Berlin.

On ne l'ignore plus, cet ajournement des hostilités ne faisait pas le compte de l'Impératrice et de son parti ; et la jeune femme, très surexcitée, très fiévreuse, ne cachait point son mécontentement.

Ce mécontentement était en harmonie avec le sentiment général des courtisans. Cependant, parmi les fidèles de l'Impératrice, il en était qui, sans s'élever ouvertement contre son attitude, ne voyaient pas sans appréhensions se développer un conflit qu'avec de la prudence, de l'habileté et du calme, on eût sans doute réussi à conjurer.

Comme, une après-midi, on discourait de ces choses, chez l'Impératrice, l'un de ses amis, M. le comte de... eut la franchise de parler, non plus en familier dont le seul souci est de plaire, mais en galant homme qu'un danger rend perspicace.

L'Impératrice venait de s'élever, avec beaucoup de véhémence, contre les députés réfractaires à tout projet de guerre et elle s'attendait, ainsi que d'ordinaire, à être approuvée dans ses paroles par ceux qui l'écoutaient, lorsque M. le comte de..., après un instant d'unanime silence, osa faire cette réponse :

— Votre Majesté dit vrai. Si la Prusse a outragé la France, et si M. Thiers et ses amis ne s'opposent à ce que l'Empereur venge le pays que dans un intérêt politique et de parti, leur rôle est odieux. Mais il ne

faudrait point être injuste envers des hommes, qui,
en ce moment, répudient toute rupture entre le roi
Guillaume et l'empereur Napoléon III. Si l'opposition, sans que le prestige de la France fût amoindri, obtenait qu'un rapprochement, qu'une entente
fussent possible entre Paris et Berlin, j'estime — et
je soumets respectueusement cette observation à
Votre Majesté — qu'elle aurait bien mérité du gouvernement et du peuple.

M. le comte de ..., s'étant tu, une stupeur se peignit sur tous les visages et l'Impératrice étonnée, in-
terloquée même, par les paroles de son familier,
demeura une minute sans réplique. Cependant, elle
ne tarda point à recouvrer la conscience de la situation et, se tournant vers M. de ... avec brusquerie,
elle l'interpella, coléreuse :

— Comment, c'est vous qui parlez ainsi ? Voilà
que vous passez à gauche, vous aussi. Ah, que devien-
drai-je si mes amis m'abandonnent et font cause
commune avec les libéraux ? Ce sont des lâches
qui recherchent une popularité imprévue dans l'expression d'un patriotisme menteur. Ils tentent de
faire échec aux Tuileries, dans cette circonstance,
en repoussant la guerre, comme ils auraient essayé
de les combattre en réclamant une action immédiate,
si les Tuileries s'étaient montrées pacifiques. Non,
voyez-vous, les hommes de l'opposition sont de
mauvaise foi, et la haine que nous leur inspirons les

18

mène seule. Ils me détestent, surtout, et c'est à moi qu'ils en veulent plutôt qu'à l'Empereur. Ils n'ignorent pas que si l'Empereur m'avait écoutée, ils n'auraient jamais mis le pied au Corps législatif, et ils ne me pardonneront jamais cette intervention qui, malheureusement, n'a pas eu de résultats. Ils me détestent, mais je les déteste tout autant.

Elle s'arrêta, dans cette sortie violente, mais nul ne se permit de lui répondre, soit pour l'applaudir, soit pour atténuer son exaltation. Elle reprit bientôt, d'ailleurs :

— Je pense que l'on n'aura point la sottise de s'incliner devant les raisons qu'ils émettent et qu'on ne les suivra point, dans la reculade qu'ils conseillent. Après la campagne, et lorsque les troupes victorieuses rentreront en France, nous verrons s'ils auront encore l'impertinence de nous offrir des avis, la hardiesse de porter obstacle à nos desseins. Je les attends là, et nous compterons ensemble, alors, s'ils le désirent.

Puis, dans une irritation croissante, elle continua :

— Ah, tout s'en va, dans ce pays, tout, oui, tout. Le gouvernement, le respect du pouvoir, la religion, le patriotisme, tout disparaît pour faire place à je ne sais quelles idées d'indépendance et de révolte. Il n'est que temps vraiment, de mettre ordre à tout cela. (*sic.*)

Et se tournant vers les personnes qui l'écoutaient

elle les supplia, très émue, très impatiente, pareille
à un enfant qui demanderait une chose qu'on hésite-
rait à lui accorder :

— Vous m'aiderez, n'est-ce pas, à rendre à l'Empereur l'autorité qu'on lui a dérobée. Vous m'aiderez dans la tâche difficile qui va m'incomber. Dites
que vous m'y aiderez ; dites-le, je le veux...

Et rageuse, à bout de nerfs, d'énergie, elle crispa
les poings et se mit à sangloter ; puis, froissant
avec ses doigts qui s'ouvraient et se refermaient,
l'étoffe de sa robe, elle eut comme une détente qui
la laissa immobile et sans force, dans un état voisin
de l'évanouissement.

On lui prodigua des soins. Et M. le comte de ....
très peiné d'avoir, involontairement, provoqué une
telle scène, sortit en secouant tristement la tête.

Un effarement, je l'ai dit déjà, s'était emparé de
la Cour à la nouvelle de l'incident Hohenzollern, et
cet effarement eut son maximum d'intensité lorsque
la déclaration de guerre fut annoncée au pays et à
l'Europe.

Mais l'Impératrice marchait dans une volonté, dans
un enthousiasme communicatifs, et sous l'influence
de son attitude, les familiers, les hommes et les
femmes qui entretenaient d'habitude, autour des
souverains, les joies et les mondanités, s'étaient ras-
surés, avaient repris confiance dans l'avenir — dans

un avenir qui ne cesserait de leur apporter les félicités dont ils jouissaient depuis tant d'années.

A dire vrai, ils s'accoutumaient peu à tout ce fracas insolite qui se produisait autour d'eux, à toutes ces clameurs qui, de la rue, montaient et retentissaient jusque dans la demeure impériale. C'était là des choses étranges qui dérangeaient la méthode aimable de leur existence, et ils déploraient ces choses. Mais on leur représentait la campagne qui allait commencer, sous un jour si plein de clartés, qu'ils avaient fini par faire taire leur inquiétude et avaient repris leur gaîté, leur allure insouciante de demi-dieux dont le culte est hors de toute atteinte.

Ils avaient bien eu comme un murmure d'effroi, encore, lorsque l'Empereur avait commandé que les musiques de la Garde jouassent la *Marseillaise*, sous les fenêtres du château, à Saint-Cloud; ils avaient bien tenté des remarques ironiques ou dédaigneuses, à l'écho de l'hymne révolutionnaire; mais, comme Napoléon III avait imposé son autorité à ce sujet, ils s'étaient inclinés, en apparence satisfaits.

Il est, à propos de la *Marseillaise* exécutée officiellement à cette époque, un mot de l'Empereur, qu'il est utile de ne pas oublier.

Comme l'un de ses chambellans s'étonnait, devant lui, qu'il acceptât d'écouter la musique de Rouget de l'Isle et qu'il ordonnât qu'on la fît entendre publiquement, il lui répondit :

— Nous ne devons *plus* aujourd'hui négliger rien de ce qui est français, de ce qui peut ajouter un battement aux battements de nos cœurs. La *Marseillaise*, à tort ou à raison, donne de l'élan au peuple. C'est pourquoi j'en tolère l'exécution.

Et il ajouta :

— Si le vieux cri royaliste : — « *Montjoie et Saint-Denys*, » — devait valoir une victoire à la France, j'ordonnerais à mes troupes de le hurler.

Puis il répéta :

— Il est des circonstances où il faut savoir comprendre ce qui est français.

Après le départ de l'Empereur pour l'armée du Rhin, la vie à la Cour ne fut guère différente de ce qu'elle était avant les événements; les familiers continuèrent de s'agiter dans des frivolités et dans des espérances intéressées; l'Impératrice continua de marcher dans son enthousiasme et elle fut, on peut l'affirmer, réellement heureuse, puisqu'elle réussit alors à affirmer, hors de toute discussion, de tout obstacle, son autorité.

Elle régna alors, et elle régna vraiment, dans toute sa grâce de femme, dans toute l'affirmation respectée de sa puissance de souveraine, tant que la frontière resta silencieuse et déserte. Mais lorsque l'écho lui apporta le sinistre retentissement de nos revers; lorsque, ainsi que dans un cauchemar, elle eut la vision des masses humaines qui grouillaient

là-bas, dans les champs d'Alsace, et qui s'entre-
tuaient, elle eut un cri, un cri de détresse, un cri
non pas d'Impératrice qui voit son rêve s'évanouir,
mais de pauvre femme blessée, et elle chancela.

Elle comprit que tout, alors, pour elle, était perdu ;
que toutes ces choses dont elle avait goûté délicieusement, allaient lui être refusées désormais ; elle
comprit que c'en était fait de son espoir, de ses
haines comme de ses affections ; elle comprit que
l'Empire, en s'écroulant, allait l'écraser. Mais dans un
revirement étrange et qui la relève, pourtant, psychologiquement, dans un sentiment bien humain, au
lieu de se laisser entraîner par la peine qui la frappait, elle se dressa, superbe, dans son affliction, elle
fit tête à l'infortune, et, dans un admirable instinct,
dans cet instinct qui se retrouve au fond de l'être
féminin, au moment des suprêmes dangers, elle se
métamorphosa, et fut réellement, alors, ce qu'elle
n'avait jamais su être — ce qu'elle n'avait jamais
été — l'Impératrice.

Elle tint des conseils, releva les courages, oublia
ses rancunes, sacrifia ses sympathies pour permettre
à la France de se recueillir et de recouvrer le bonheur ;
et, s'il est exact qu'une seule heure faite de noblesse
et de générosité efface, dans la vie d'un être, les
heures consacrées aux frivolités et à l'égoïsme, l'Histoire ne cherchera point d'équivoque pour rendre
hommage à l'impératrice Eugénie, dans la crise

pleine d'épouvante qu'elle subit alors; l'Histoire
n'hésitera point à la saluer, dans sa déchéance di-
gnement supportée, dans les jours rapides et tragiques qui la virent, loin de tout, loin des siens,
loin d'elle-même — régner — c'est-à-dire souffrir et
pleurer.

XI

SEDAN

En arrivant à Sedan, l'empereur Napoléon III
avait établi sa résidence et son quartier-général à la
sous-préfecture. Le 31 août au soir, la nouvelle du
combat de Mouzon l'avait inquiété; mais comme on
lui avait donné l'assurance que les troupes se con-
centraient autour de Sedan et prenaient, avec ordre,
leurs positions de bataille, dans l'attente d'une lutte
dont on n'était plus séparé que par quelques heures,
il s'était, en apparence, rassuré.

Cependant, dans cette soirée du 31 août, il n'avait
pas réussi à apaiser l'agitation qui s'était emparée
de lui. Il allait et venait, fébrile, dans la pièce où il
se tenait, demandant des détails sur les opérations
de l'armée, s'informant de l'état matériel et moral
des régiments; puis, des silences longs et douloureux succédaient à ses paroles, une immobilité sou-

daine le fixait à sa place, et il s'égarait, dans une rêverie, n'en sortant que pour reprendre sa promenade et pour prononcer, par intervalles, des phrases courtes et tristes.

Des généraux, des officiers d'ordonnance, des aides de camp étaient auprès de lui. L'Empereur, en partant, n'avait emmené avec lui aucun fonctionnaire de sa maison civile, et la légende qui le représente entouré de ses chambellans ordinaires est fausse. Deux de ses maréchaux-des-logis, faisant partie de sa maison militaire, l'avaient simplement accompagné, et avaient reçu, comme indemnité de campagne, une somme de dix mille francs chacun.

Ces divers personnages se trouvaient avec lui, le soir du 31 août, et ne répondaient à ses discours, un peu incohérents, que par des monosyllabes.

Il était tard, déjà, et l'on se disposait à prendre quelque repos, lorsque l'Empereur laissa tomber ces mots, comme dans un effort, comme dans une prophétique divination des choses qui allaient s'accomplir :

— Nous ne sortirons jamais d'ici.

Une idée fixe avait obsédé Napoléon III depuis les premières défaites de son armée; il avait exprimé, en diverses fois, le désir d'ordonner résolument la retraite et de rabattre les soldats qui lui restaient, sur Paris, mettant ainsi de l'espace entre l'armée française et l'armée prussienne, et créant à ses gé-

néraux la possibilité d'un retour offensif. Lorsque
le Maréchal de Mac-Mahon avait reformé, au camp
de Châlons, ses régiments décimés, et y avait
ajouté de nouvelles et jeunes recrues, l'Empereur
avait élevé la voix en faveur d'une marche en arrière
sur Paris. Mais le ministère, influencé par l'impératrice Eugénie, l'avait supplié de ne pas donner suite
à ce projet; M. Rouher lui-même s'était rendu auprès de lui pour lui démontrer que, seul, un mouvement vers l'Est pouvait sauver le pays, et l'infortuné
souverain, dépossédé alors de son commandement,
n'avait pas cru devoir assumer la responsabilité d'un
ordre qu'on eût été en droit de discuter, d'ailleurs.
Il n'avait réclamé qu'une satisfaction : demeurer au
milieu des soldats dont il avait été le chef, pour se
réjouir de leur victoire s'ils étaient vainqueurs, pour
souffrir avec eux s'ils étaient écrasés. Cette satisfaction lui ayant été accordée — ce mot, hélas, est
trop à sa place ici — il se trouvait, à Sedan, épou-
vanté par le cauchemar d'un drame qu'il pressentait
effroyable.

— Nous ne sortirons jamais d'ici.

Le regret qu'il avait eu de ne pouvoir éloigner
l'armée de la frontière, du théâtre de ses revers,
passait alors dans la pensée de l'Empereur, et cette
phrase répondait à ce regret.

Comme aucun de ceux qui entouraient Napoléon III
ne la releva, il la laissa sans commentaire, sans ex-

plication, et s'étant disposé à se retirer dans sa chambre, il salua ses officiers des mêmes paroles qu'il employait naguère, aux Tuileries, devant ses familiers :

— A demain, messieurs.

Seul, l'Empereur reprit ses allées et ses venues, marchant, de long en large, dans la chambre qu'il occupait, et il se laissa, fatigué, tomber sur un siège. Puis, énervé, il se déshabilla et se coucha. Mais il ne dormit pas et ceux qui étaient de garde à sa porte, l'entendirent ou se plaindre, car il éprouvait alors d'atroces douleurs dans les reins, ou murmurer des paroles indistinctes, ou se jeter hors de son lit.

Vers trois heures et demie du matin, l'Empereur, renonçant à tout repos, fut debout définitivement, procéda à une toilette rapide, fit appeler M. le capitaine Fiéron, des Cent-Gardes, qui ne le quitta plus, s'habilla et se cira les moustaches, selon sa coutume.

Dans la journée du 31 août, un engagement avait eu lieu déjà, avec les Bavarois, du côté de Bazeilles. Ce fut encore de ce côté que la bataille de Sedan commença.

L'Empereur venait à peine d'achever de se vêtir, et il était alors quatre heures environ, lorsqu'un bruit de fusillade le fit tressaillir.

Il s'informa, et on lui apprit que Bazeilles était

de nouveau attaqué par les Bavarois, auxquels tenait
tête la division d'infanterie de marine du général
de Vassoignes, que devait soutenir le 12ᵉ Corps
commandé par M. le général Lebrun.

L'Empereur parut satisfait de la réponse qui était
faite à sa question, et après avoir ordonné d'assembler les officiers préposés à son service, il sortit avec
eux de la sous-préfecture, en disant :

— A cheval, messieurs.

Ceux qui le virent, alors, remarquèrent la difficulté
qu'il eut à se mettre en selle et l'expression d'horrible souffrance qui se peignit sur son visage, quand
il enfourcha sa monture. Mais ce ne fut là, de sa
part, qu'une seconde fugitive de faiblesse, et les
rênes en main, il reparut devant tous, quoique profondément soucieux, dans toute sa grâce d'habile
écuyer, dans tout le prestige de sa dignité.

Un épais brouillard couvrait la ville de Sedan
ainsi que ses environs, dans cette matinée du 1ᵉʳ septembre 1870, et ce fut dans une brume intense que
l'Empereur et ses officiers s'éloignèrent de la sous-
préfecture, pour se rendre sur le champ de bataille.

A mesure qu'ils avançaient, se dirigeant vers Bazeilles, la fusillade grandissait, s'étendait, et les formidables détonations de l'artillerie se mêlaient à son
crépitement, ainsi qu'à des clameurs lointaines que
l'écho répétait et que les flocons ondulants du brouillard, semblaient se renvoyer les uns aux autres.

L'Empereur et son escorte marchaient dans cet inconnu, silencieux et mornes. Cependant, le soleil ayant dissipé bientôt les vapeurs, ils purent se rendre compte de l'action.

La bataille, de Bazeilles où elle avait pris naissance, remontait lentement vers le nord, contournant Sedan et gagnant le plateau de la Moncelle ainsi que le Fond de Givonne.

L'artillerie allemande lançait des trombes de fer sur les lignes françaises qui, intrépides, combattaient et décimaient les rangs ennemis trop rapprochés. Mais il eût fallu, pour que l'infanterie du 12ᵉ Corps qui se trouvait être très engagé, déterminât un résultat efficace, que notre artillerie la secourût. Malheureusement nos pièces, mises en batterie et répondant au feu des Allemands, amenèrent une constatation désastreuse : leur portée était insuffisante et les projectiles n'arrivaient point au but indiqué.

Il était alors six heures et demie, et le Maréchal de Mac-Mahon qui commandait en chef et qui était allé reconnaître les positions des troupes, fut atteint près de Bazeilles, par un éclat d'obus ; grièvement blessé, il tomba de cheval et l'on dut le transporter à Sedan. Il transmit son autorité au général Ducrot.

A demi-chemin, entre Sedan et Bazeilles, l'Empereur rencontra le lugubre cortège chargé d'emporter le Maréchal loin du champ de bataille. Il s'arrêta, se pencha sur le blessé, lui adressa quelques paroles affectueuses et continua sa route.

Ayant à ses côtés le général Pajol, le général de Courson, le capitaine Guzman, le capitaine d'Heudencourt, le capitaine Fiéron, son aide de camp Ney de la Moskowa, le capitaine de Trecesson et divers autres officiers dont les noms m'échappent, il piqua droit, alors, sur Bazeilles, où le duel entre l'infanterie de marine, le 12ᵉ Corps du général Lebrun et les Bavarois, était dans toute sa fureur. Mais il tourna bride et, dans une résolution soudaine, prit pour objectif le Fond de Givonne où la lutte était également effroyable.

Lorsque l'Empereur, en effet, atteignit le but qu'il s'était assigné, des avalanches de mitraille balayaient le Fond de Givonne et, selon l'expression d'un témoin échappé à ce drame, les chevaux que montaient le souverain et ses officiers, dans un instinct du danger auquel ils étaient exposés, avaient comme des tremblements, comme des balancements qui nécessitaient qu'on les tînt énergiquement en main.

Cependant, du côté de Bazeilles, l'armée française semblait avoir l'avantage et l'Empereur observait cette attitude avec joie. Mais, tout à coup, un mouvement de retraite vint l'inquiéter. Il envoya aussitôt l'un de ses officiers, M. le capitaine Guzman, demander au général Ducrot une explication, et celui-ci lui ayant fait connaître les nouvelles dispositions qu'il avait ordonnées, dispositions qui, en effet, tendaient à reportèr l'armée sur Illy, tout au nord de Sedan, afin d'éviter un enveloppement prévu dès la veille, il reçut silencieusement, sans une observation, sans une approbation, comme sans une objection, le message qui lui était adressé.

Toutefois, un incident imprévu devait rejeter le malheureux souverain dans toutes ses angoisses. Vers dix heures, en effet, le mouvement de retraite commencé et accompli avec ordre, par le général Ducrot, s'arrêta. Les troupes revinrent sur leurs pas et semblèrent vouloir reprendre une offensive qu'elles avaient abandonnée. Cet incident avait une cause étrangère à tous les calculs. M. le général de Wimpffen, muni d'une lettre du ministre de la Guerre, venait de déposséder de son commandement M. le général Ducrot, et traçait à l'armée un plan de bataille entièrement contraire à celui que, jusqu'alors, elle avait suivi. M. le général de Wimpffen, confiant dans son désir de « jeter les Allemands à la Meuse », s'imposait à tous ; sans calculer les conséquences du désarroi qu'un changement de tactique allait porter dans les troupes, il s'emparait du pouvoir suprême et soumettait violemment les régiments à sa volonté.

L'Empereur qui, depuis plus d'une heure, était demeuré exposé au feu de l'artillerie ennemie, à Givonne, comprit sans doute toute la gravité de la situation qui était faite à l'armée. Mais il ignora alors, et ce fut un malheur peut-être, la discussion ou plutôt la dispute qui s'était élevée entre les généraux Ducrot et de Wimpffen, au sujet du commandement à exercer en cette heure décisive. Ce ne fut qu'à Sedan, après la bataille, qu'il apprit la rivalité de ces deux hommes et qu'il en put analyser les résultats.

Qui sait? Mis au courant des revendications irascibles du général de Wimpffen et de la douleur patriotique du général Ducrot, il fût peut-être sorti de son rôle de simple spectateur; il eût peut-être mis son épée en travers de cette rivalité criminelle et ressaisissant l'autorité qu'on lui avait dérobée, il eût peut-être donné, à cette journée de Sedan qui ne pouvait être une journée de triomphe, malgré tout, une conclusion moins cruelle.

Durant le temps qu'il était resté à Givonne, en face des batteries allemandes qui crachaient à toute volée leur mitraille, l'Empereur avait vu tomber autour de lui, frappés mortellement, plusieurs hommes de son escorte ainsi que quelques-uns de ses officiers.

Quelques instants avant que le général Ducrot cédât le commandement au général de Wimpffen, M. le capitaine d'Heudencourt, à qui le souverain dictait un message, fut atteint par un obus et roula à terre, tué raide. Des chevaux, également, avaient été abattus, près de lui, éventrés, et devant chaque homme qui mourait, devant chaque bête qui s'affaissait, l'Empereur tournait douloureusement la tête, leur accordait un regard désespérément triste et reprenait son attitude d'observateur.

Quittant, enfin, le Fond de Givonne, il s'était de nouveau dirigé vers Bazeilles, en faisant une halte sur le plateau de la Moncelle, terriblement couvert d'obus aussi. Pendant le mouvement de retraite ordonné par le général Ducrot, les Allemands, en effet, s'étaient avancés, et ils occupaient Bazeilles que nos troupes s'efforçaient de reconquérir.

L'Empereur demeura encore longtemps sur le plateau de la Moncelle. M. le général de Courson et M. le capitaine de Trécesson reçurent, près de lui, des blessures, et impassible, suivi de son escorte que tant d'intrépidité calme faisait admirativement muette, il descendit jusqu'à Bazeilles, dont il parcourut la ligne d'action. Tournant, enfin, le dos à la mêlée, il remonta vers Sedan.

Il était alors onze heures et demie environ et la présence de l'empereur Napoléon III, sur le champ de bataille, avait duré cinq longues heures.

Pendant tout ce temps il fut presque silencieux, inspectant avec sa jumelle les divers points du combat et souffrant horriblement du mal qui devait l'emporter, souffrant si épouvantablement qu'il se tenait des deux mains, ainsi que je l'ai dit, dans l'*Impératrice Eugénie*, au chapitre, *Après Sedan*, au pommeau de sa selle, et qu'il refusa de descendre de cheval, sur les sollicitations qui lui furent faites, dans la crainte de ne pouvoir remonter sur sa bête.

Lorsque l'Empereur rentra dans Sedan, en se frayant difficilement un passage au travers des milliers de soldats qui, chassés du champ de bataille, cherchaient un refuge dans la ville, il était une heure de l'après-midi environ et la journée était perdue pour les armes françaises.

Un soleil éclatant, succédant aux brumes du matin, éclairait les derniers efforts de l'armée et semblait mettre comme une lumière ironique sur notre deuil.

Après une campagne de quelques semaines, foudroyante dans sa marche et dans ses résultats néfastes, nos régiments désorganisés, démoralisés par une suite d'engagements meurtriers et stériles, s'en venaient mourir sous Sedan, la vieille cité frontière, dont les fortifications, mal préparées pour une défense, ne leur présentaient qu'un abri trompeur. Devant la ville, ils soutenaient le choc des Allemands qui, de minute en minute, resserraient autour d'eux leur formidable artillerie. La plupart résistaient encore, mais des symptômes de déroute se manifestaient dans les rangs et déjà des bataillons entiers, dans la désespérance de ne pouvoir vaincre, dans l'effroi du massacre qui s'annonçait, abandonnaient le terrain et gagnaient la ville.

Des paquets de cadavres, des armes, des bêtes — chevaux et bétail — éventrées ou errant affolées, des arbres, des caissons, des chariots, des écroulements de murailles, couvraient le sol, se mêlant aux combattants, se succédant comme les vagues d'une mer sanglante et envahissante.

Et le soleil dorait ces choses, alliant l'irradiation de ses rayons à la pourpre humide, âcre et gluante qui fécondait la terre et coulait des plaies béantes, qui s'en allait, avec de la vie et avec de l'âme, des corps qui, par milliers, s'allongeaient sur la poussière. Le disque énorme planait là-haut, enveloppant de teintes de feu cette rouge après-midi de septembre, transperçant la fumée épaisse de la poudre, projetant sur son opacité des fusées colorées, y mettant un coup de lumière pareil à la lueur qu'envoient, la nuit, sur les passants et dans la buée des villes, les bocaux carminés des officines pharmaceutiques.

Les troupes françaises avaient tenté un suprême effort pour repousser les lignes tournantes des Allemands. On avait chargé, la mêlée avait été terrible et partout, autour de Sedan, ç'avait été la tuerie, l'humaine tuerie si pleine, toujours, de démences, de râles et d'effrois, sinistre avant-coureuse des grands silences, des grands repos et des grands recueillements.

Ce fut le regard plein de cette vision monstrueuse, que l'Empereur rentra donc dans Sedan et reprit le chemin de la sous-préfecture. Comme il approchait de la poterne, M. Ney de la Moskowa, qui le suivait de près, fut encore blessé au bras par un éclat d'obus.

La ville présentait, alors, un spectacle inouï et qui formait un cruel pendant avec celui du champ de bataille.

Les rues et les carrefours étaient pleins de soldats de toutes armes, au milieu desquels s'entassaient des meubles, des objets de toute sorte, au milieu desquels, sans souci des écrasements, passaient avec des jurons, avec des bruits de tonnerre, des caissons d'artillerie, des chariots, des canons, des attelages dépareillés piquant, sans conducteurs, droit devant eux, dans un galop fulgurant.

Des projectiles commençaient à tomber dans la ville et, en éclatant, semaient un indescriptible effroi dans cet amas d'êtres et de choses. Les habitants s'étaient réfugiés dans les caves, et les soldats, furieux, ivres de poudre et de sang, traitaient la cité en place conquise. Ils entraient dans les maisons, brisaient les mobiliers, se mettaient à la recherche de victuaille et de vin et ne sortaient qu'en titubant, ayant dans les yeux la fixité du crime. Des cris : « Trahison ! trahison ! » retentissaient dans les ruelles. L'horreur du sauve-qui-peut s'emparait des cerveaux, et l'on sentait que toute l'abomination des assauts et des pillages, planait sur la ville.

L'Empereur vit cette épouvante et il résolut de la conjurer.

Revenu à la sous-préfecture, il se rendit, entouré des officiers qui lui restaient, dans le salon qui lui avait été destiné et qui lui servait de cabinet.

A peine entré dans cette pièce, il s'appuya, d'une main, sur le bord d'une table, s'affaissa sur un siège, et eut un murmure profondément douloureux :

— Oh, c'en est trop, c'en est trop! Pourquoi n'ai-je point été tué là-bas?

Puis il se tut, laissa tomber son front dans sa main droite, et eut comme des soupirs, comme des mouvements convulsifs. Ceux qui le virent, alors, crurent qu'il pleurait, et très émus devant cet homme qui ne connaissait guère les larmes, respectèrent sa peine.

Cependant, autour de Sedan, la bataille continuait, et les grondements de l'artillerie qui ressemblaient, maintenant, à un roulement continu de milliers de tombereaux roulant sur des pavés, indiquaient que les Allemands rapprochaient davantage et mathématiquement leurs lignes.

A chaque montée nouvelle et plus intense des détonations, l'Empereur relevait la tête, tendait l'oreille, avait comme des tressaillements, comme des crispations nerveuses qui contractaient son visage, et ses doigts allaient et venaient sur la table qui les

soutenait, dans l'agitation particulière aux agoni-
sants.

Il était deux heures. Soudain une explosion effroyable ébranla l'air; l'artillerie allemande achevait de se concentrer autour de la ville et faisait feu,
de toutes ses pièces, sur les débris de l'armée française.

L'Empereur, alors, se dressa, très pâle, et dit :

— Oh, messieurs, quel malheur, quel malheur!
Cela ne finira donc pas?

Puis il retomba sur sa chaise, lamentablement
brisé, les mèches grises de ses cheveux dépeignés
s'embroussaillant sur les tempes.

Depuis l'heure où il était sorti de Sedan pour se
rendre sur le champ de bataille, l'Empereur n'avait
point mangé. Sur l'ordre d'un officier, on lui apporta
alors un plateau sur lequel étaient des sandwichs,
quelques gâteaux et du vin de Madère.

M. le général de Wimpffen qui rend, d'ailleurs,
hommage à la bravoure de Napoléon III en cette
journée, raconte que l'infortuné souverain, de retour
à Sedan, déjeuna copieusement, tandis que ceux qui
étaient restés sur le lieu de l'action, tandis que les
généraux qui maintenaient leurs troupes en face des
Allemands, ne purent se procurer que quelques
carottes crues pour apaiser leur faim.

M. le général de Wimpffen ne se trouvait pas,
alors, auprès de l'Empereur, et j'écris ce récit sous

la dictée d'un homme qui ne le quitta point. Or, j'affirme que Napoléon III repoussa le plateau qu'on lui présentait et ne toucha à aucun des aliments qu'il supportait. Il regarda ces aliments, comme absorbé, comme courbé sous une pensée lourde et obsédante, et il ne se versa qu'un peu d'eau qu'il avala, dans une avidité fiévreuse.

Cependant, les détonations de l'artillerie, en ne s'interrompant pas, semblaient accroître les souffrances morales de l'Empereur. Il vint un moment où il ne lui fut plus possible de les supporter.

Il se leva subitement, ayant, en apparence, recouvré toute son énergie, et il dit :

— Il faut que cela finisse, messieurs, il le faut! Pourquoi tant de sang et tant de morts, désormais?

Il était près de trois heures. L'Empereur fit appeler l'un de ses officiers d'ordonnance et lui commanda de se rendre à la citadelle pour y faire arborer le drapeau blanc.

Cet ordre ayant été exécuté et la bataille ne cessant pas, l'Empereur ne put réprimer, à diverses reprises, des mouvements d'inquiète impatience.

Puis, il eut un murmure répété :

— Mon Dieu, mon Dieu!

Il ne put, bientôt, tenir en place, et comme pour la dixième fois peut-être, il demandait à son entourage le motif inexplicable de la continuation du feu, après le hissement du drapeau blanc, le général Lebrun entra dans son cabinet.

Le souverain, vivement, alla à lui et lui parla :

— Comment se fait-il, mon cher général, que la lutte se continue ? Il y a plus d'une heure que j'ai fait déployer le drapeau blanc sur la citadelle, pour mettre fin à ce combat inutile.

Et il ajouta :

— Il y a trop de sang versé : je ne veux pas qu'on en répande davantage. Je désire un armistice.

Le général Lebrun fournit, alors, à Napoléon III, l'explication qu'il implorait de ses officiers, un instant avant son arrivée. Il lui fit connaître que, selon les lois de la guerre, l'apparition du drapeau blanc n'entraîne pas la cessation du feu et que, pour obtenir de l'ennemi un armistice, il est nécessaire que le général en chef de l'armée vaincue, dépêche, auprès du général en chef de l'armée victorieuse, un parlementaire porteur d'une demande écrite de suspension d'armes.

— Eh bien, dit l'Empereur, retournez, mon cher général, auprès de M. de Wimpffen, et priez-le de faire ce qui est exigé par les lois, pour la réalisation de mon désir.

Le général Lebrun fit ce que Napoléon III souhaitait. Il parvint à rejoindre le général de Wimpffen et lui transmit les paroles du souverain. Mais M. de Wimpffen s'emporta, déclara qu'il n'arrêterait en aucune façon le combat, qu'il ne voulait point d'un armistice, et la lutte ne fut pas suspendue.

Des heures cruelles s'écoulèrent encore et ce fut dans une anxiété affreuse que l'Empereur attendit le résultat du message qu'il avait envoyé au général de Wimpffen.

La place de Sedan devenait, en effet, intenable. Le feu, loin de s'apaiser, redoublait, et de nombreux obus s'abattaient dans la ville, blessant et tuant les malheureux qui s'y étaient entassés. Les ambulances mêmes n'étaient pas épargnées, et des incendies, sinistres, éclataient sur divers points de la cité.

Enfin, vers huit heures, le général de Wimpffen se présenta devant l'Empereur. Il refusa tout d'abord, offrant sa démission de commandant en chef, de régler la question non plus d'armistice, mais de capitulation; devant l'attitude de ses collègues, il dut, cependant, se charger de la terrible mission qui lui incombait.

Il se rendit au quartier-général prussien et la bataille cessa. Mais tout était perdu; et l'empereur Napoléon III, désormais, était sans couronne et sans épée.

Dans le soir, alors, où flottaient tant de pauvres âmes, où dormaient, pour jamais, tant de pauvres corps mutilés, l'on vit et l'on entendit des choses extraordinaires. On vit une armée — l'armée allemande — tout entière debout, se dresser vers le ciel où brillaient des étoiles, et offrir à Dieu sa victoire. On entendit cette armée clamer, en des cantiques, par les milliers de bouches de ses soldats, sous le regard des chefs et des pasteurs, son allégresse. Et dans la nuit, à la lueur tremblotante et fumeuse des bivouacs, ce fut un spectacle émouvant et grandiose, on ne saurait le méconnaître, que celui de ces bandes d'hommes au poil roux, saignants et déchirés, qui affirmaient en des cris doux, après les hurlements barbares de la journée, leur foi de brutes bonnes ou mauvaises, selon que le destin les jette, irresponsables et inconscients, vers le bien ou vers le mal.

XII

LA FIN D'UN RÈGNE

J'ai rapporté comment l'impératrice Eugénie, dans la journée du Quatre-Septembre, abandonnée de tous, n'ayant auprès d'elle que quelques fidèles, parmi lesquels MM. de Metternich et Nigra, quitta les Tuileries. J'ai fait, également, le récit des heures douloureuses que vécut l'empereur Napoléon III après le désastre de Sedan et l'on se rappelle, sans doute, les curieux et dramatiques incidents qui caractérisèrent son passage au travers de la Belgique, lorsqu'il se rendit en Allemagne comme prisonnier de guerre.

Seule, la narration du départ de l'Impératrice n'a point été publiée encore, et le public ignore les péripéties du voyage qu'elle accomplit, pour sortir de France et pour gagner l'Angleterre, après s'être embarquée à Trouville.

C'est cette narration que je vais soumettre au lecteur.

On a dit, sur la conduite de l'Impératrice, au Quatre-Septembre et sur ce qu'on a appelé sa fuite, mille choses plus fausses les unes que les autres et que des racontars mensongers, dans un sens favorable ou défavorable à l'excès, ont dénaturées. La vérité est simple. Entourée, je le répète, de quelques-unes de ses amies, parmi lesquelles se trouvaient Mme de la Poëze et Mme la maréchale Canrobert, elle se confia, lorsqu'elle vit que les Tuileries allaient être envahies, à la protection de MM. de Metternich et Nigra et quitta ses appartements, pour se rendre devant le guichet du Louvre, en parcourant les galeries latérales du palais.

Arrivée dans la rue, sur le trottoir, en face de l'église Saint-Germain l'Auxerrois, n'ayant plus auprès d'elle que Mme Lebreton et M. Nigra, très voilée, elle demeura immobile et anxieuse, presqu'appuyée à la grille qui borde les jardins qui s'étendent devant la colonnade, dans l'attente de M. de Metternich qui était allé à la recherche de son coupé stationnant sur le quai, à l'endroit où s'alignent, aujourd'hui, les tramways de Louvre-Passy.

Ce fut pendant cette attente qu'un gamin la reconnut et s'écria en la désignant :

— Tiens, l'Impératrice !

Comme M. de Metternich ne revenait point, empêché par la foule, comme cette foule grossissait et se faisait de plus en plus houleuse, l'Impératrice prit peur ; hélant un fiacre qui cheminait, tranquille, elle monta dans cette voiture et se fit conduire tout d'abord chez une amie.

Cette amie était absente et l'Impératrice, un moment déconcertée, s'avisa de donner au cocher l'adresse de M. le docteur Evans, son dentiste ordinaire, qui habitait au coin de l'actuelle avenue du Bois de Boulogne et de l'avenue Malakoff.

A peine entrée chez M. Evans, qui, heureusement, se trouvait chez lui, l'Impératrice s'évanouit, et le docteur dut la soigner et lui faire prendre un peu de bouillon, car elle n'avait point mangé depuis la veille.

Sur les instances de M. Evans, l'infortunée souveraine accepta de demeurer encore à Paris jusqu'au lendemain, et ce ne fut que le 5 septembre qu'elle se mit en route, suivie de Mme Lebreton et de son hôte, pour l'étranger.

On voyageait dans un coupé à quatre places, attelé de deux chevaux, et sur le siège deux valets à la livrée du docteur étaient assis.

Lorsqu'on traversa le rond-point de Courbevoie, où se voyait debout, sur un piédestal, la silhouette de Napoléon Ier, l'Impératrice se pencha à la portière, et elle commit alors une imprudence, car un promeneur l'ayant, ainsi que le gamin du Louvre, reconnue, se mit à pousser des appels. Des gens se jetèrent à la poursuite de la voiture ; mais le cocher cingla les chevaux; on put rapidement s'éloigner de l'attroupement qui s'était produit et l'on réussit, sans trop d'encombres, à entrer en pleine campagne laissant Paris dans sa brume et dans sa fièvre.

Cependant, cet équipage luxueux, en parcourant les villages, les bourgs, attirait l'attention des habitants, et en face de l'effervescence causée par les événements, cette attention avait un caractère fort peu rassurant. Il fallait, à tout prix, qu'on ignorât la qualité des voyageurs, car leur identité soudainement dévoilée, les plus grands dangers eussent menacé la souveraine. C'eût été peut-être, alors, comme une réédition de la fuite à Varennes, avec un retour aussi lamentable.

M. le docteur Evans comprit le péril de cette situation et se promit de le conjurer.

Il devenait nécessaire, avant tout, de se débarrasser de l'équipage et de ne voyager désormais que dans un véhicule insignifiant. Or, comme M. Evans communiquait son impression ainsi que sa résolution à l'Impératrice — on se trouvait, en ce moment, sur la route d'Evreux — le hasard vint au secours des fugitifs : une antique patache croisa le fringant coupé, au bruit discordant de ses ressorts rouillés et de ses glaces mal assujetties.

M. Evans fit immédiatement arrêter sa voiture, descendit précipitamment sur la chaussée, et ayant fait prix avec le loueur pour conduire « sa famille », dit-il, jusqu'à Trouville, il aida l'Impératrice et Mme Lebreton dans ce transbordement.

On se remit en marche, tandis que le coupé compromettant s'en retournait vers Paris.

Mais une difficulté qu'on n'avait pas prévue, vint encore inquiéter la souveraine. Les chevaux qui la conduisaient étaient de pauvres bêtes incapables de supporter une longue étape et dès le lendemain, dans un village, refusant tout service, on dut songer à les remplacer.

On avait fait halte, sur la route même, devant une humble et misérable auberge adossée à une sorte de grange. L'Impératrice et Mme Lebreton s'étaient rendues dans l'unique pièce du rez-de-chaussée, et tandis que le docteur s'en était allé à la découverte de chevaux frais, d'un relai, le conducteur, sorte de paysan silencieux, mangeait.

La mauvaise chance semblait, alors, s'acharner sur les fugitifs. Le ciel, la veille fort beau, s'était couvert, des nuages s'étaient amoncelés, un orage avait éclaté, et des torrents d'eau tombaient, noyant les chemins.

Impatiente, l'Impératrice ne pouvait tenir en place. Elle allait et venait dans l'auberge, et bientôt elle sortit, anxieuse, épiant le retour du docteur.

La pluie ne cessait pas et la jeune femme se mit en observation dans l'enfoncement de l'immense porte qui fermait la grange, n'ayant pour se garantir qu'une mignonne ombrelle derrière laquelle elle abritait malaisément son visage.

M. Evans, enfin, reparut, ayant décidé un habitant à lui louer deux chevaux ; on ne s'attarda plus dans cette station, on remonta en voiture et l'on repartit.

Tout alla bien, à peu près, jusqu'à Evreux. Le docteur voulait éviter cette ville ; mais un détour eût entraîné une grande perte de temps, et l'on résolut d'en tenter le passage.

Cette résolution faillit être funeste à l'Impératrice.

On avait parcouru quelques rues, avec assez de calme, lorsqu'on déboucha sur une place où la population assemblée paraissait fort excitée. Des gendarmes à cheval maintenaient la foule et des bandes d'hommes armés étaient alignés, comme pour l'exercice, tandis que des tambours et des clairons mêlaient leur bruit en des marches guerrières.

La voiture qui conduisait l'Impératrice et ses amis était trop avancée pour pouvoir reculer, pour pouvoir se dérober à la curiosité du peuple. Dès qu'on l'aperçut, on se porta vers elle, et la souveraine ayant été cette fois encore reconnue, sans la possibilité d'une fuite efficace, M. le docteur Evans dut faire face nettement au danger.

Comme, résigné et s'attendant à tout, il descendait de la patache pour demander qu'on le menât auprès des autorités, la foule, accourant de tous les côtés,

entourait l'Impératrice, et c'était à qui, dans le
peuple, la dévisagerait. Des cris de : « Vive la République! A bas l'Empire! » s'élevaient tout autour de
la place; l'instant était critique et il eût suffi d'une
imprudence, d'une parole maladroite venue de la
jeune femme ou d'un exalté, pour que de cette scène,
surgît un drame.

L'Impératrice resta muette, et nul, il faut le déclarer, ne songea à l'outrager.

Cependant, la situation ne pouvait se prolonger
ainsi longtemps, et M. Evans, inquiet, s'interrogeait
pour savoir comment elle se terminerait, lorsqu'il
se trouva en présence d'un homme qui, l'écharpe à
la ceinture, lui parut être un fonctionnaire.

En hâte, il se dirigea vers lui, et l'ayant salué, le
mit au courant de ce qui se passait.

Celui à qui parlait le docteur était, en effet, un
fonctionnaire, le maire d'Evreux, je crois. C'était, en
outre, un galant homme. Il éprouva un sincère sentiment de tristesse devant cette Impératrice qui,
misérablement, quittait la France; il s'approcha de la
voiture, et s'étant incliné, donna des ordres pour
que les voyageurs pussent, sans crainte, continuer
leur chemin.

Les cris qui avaient retenti, à l'arrivée de l'Impératrice s'étaient apaisés, et un silence profond s'étendait, alors, sur la place. Lorsque la voiture reprit sa
marche, ce fut dans ce silence et dans l'immobilité

de la foule qui s'était massée sur deux rangs, que les fugitifs passèrent, non sans quelque émotion.

Dès lors, la souveraine et son guide continuèrent leur pénible odyssée sans trop d'obstacles.

Ils eurent une alerte, encore, pourtant.

Une nuit, comme exténués de fatigue, comme l'attelage aussi exigeait du repos, ils s'arrêtèrent dans un village, un peu avant d'arriver à Trouville, et frappèrent à la porte d'une cabane d'assez mauvaise apparence.

Après bien des pourparlers, au travers de volets clos, ce fut une vieille paysanne qui les accueillit, et la femme, méfiante, même devant les promesses de rétribution superbe qu'offrait M. Evans, ne consentit à les recevoir qu'à la suite d'un minutieux examen. Une lanterne au bout de ses doigts maigres et longs, elle inspecta tour à tour le visage du docteur, celui de l'Impératrice et celui de Mme Lebreton.

Le voiturier lui-même n'échappa point à son observation, et elle n'ouvrit décidément sa porte que sur son injonction :

— Allons, la mère, pas tant de manières, puisqu'on vous paie et qu'on est des braves gens.

Il est un détail ignoré et bien joli aussi, au sujet de ce voyage.

Durant la route, l'Impératrice se trouva fort enrhumée du cerveau, et comme dans la hâte du départ, aux Tuileries et chez M. Evans, elle avait oublié de se munir de quelques mouchoirs, à mesure qu'elle mouillait l'un de ceux qu'elle avait emportés — deux ou trois seulement, — le docteur s'en emparait et le tenait à la portière de la voiture, pour qu'il séchât plus rapidement.

L'embarquement de l'Impératrice, à Trouville, n'eut rien de particulièrement intéressant. On sait que M. le docteur Evans ayant réussi à se procurer un petit bateau de plaisance, conduisit à son bord la malheureuse femme, et qu'après avoir essuyé une tempête affreuse, elle toucha la terre anglaise à Hastings.

A quelque parti qu'on appartienne, quelque scepticisme que l'on professe, il est impossible de ne pas être troublé devant la chute de l'impératrice Eugénie et devant le douloureux calvaire dont je viens d'indiquer les stations.

Elle s'en alla dans une heure de passion et de souffrance — dans une de ces heures qui, dans l'Histoire, fixent l'évolution des peuples ainsi que l'éphémère grandeur des rois.

Elle n'est point seule, d'ailleurs, dans sa déchéance, elle n'est point seule, parmi les femmes qui ont régné, à pleurer sa puissance et son orgueil; la terre, autour d'elle, est couverte de couronnes et de sourires — des couronnes et des sourires échappés à tant d'autres qui, radieuses aussi, s'étaient crues invulnérables et hors des lois de la fatalité.

Dans le soir de ce siècle, en effet, se reflète l'image, se reproduit le mystère des mélancoliques nuits où il tombe des étoiles. Les brasiers du couchant jettent leurs éclats derniers et leurs rouges apothéoses, le ciel prend des teintes de cendre, le crépuscule est venu. — Il tombe des Reines, étoiles aussi, mais nébuleuses. — Elles passent, parées de noir, coiffées de lueurs, comme si les diadèmes perdus avaient marqué une place indélébile sur leurs têtes, comme si les diadèmes perdus avaient semé des feux jamais éteints sur leur chevelure. — Elles passent, étoiles, oui, mais fantômes davantage. Et devant ce défilé funèbre d'âmes et de corps que les peuples ont maudits et bénis tout ensemble, on regarde, et l'on se demande où sont les poètes qui chanteront ces épopées, ces romans, ces gloires, ces déchéances.

Il tombe des reines, comme jadis tombaient, dans les cirques, des vierges. Et les peuples les voyant à terre, ces mêmes peuples qui baisaient leurs robes et leurs pieds, les lapident. — Reines errantes, reines fantômes, elles semblent condamnées à un pèlerinage sans fin. Le respect et l'amour des foules ne sont plus à elles. Et elles chantent, dans le tourbillon magique qui les entraîne, l'éternelle ronde des petites filles : — « *Nous n'irons plus au bois : les lauriers sont coupés.* »

Tandis que l'Impératrice se réfugiait en Angleterre et pendant la captivité de l'Empereur, à Wilhelmshôhe, on sait le rôle qu'eut Mme la comtesse de Mercy-Argenteau, et l'on connait la mission dont elle fut chargée, par Napoléon III, auprès du roi de Prusse, pour amener en faveur de la France un adoucissement dans les conditions de paix. On sait, également, que ce fut Mme la comtesse X..., qui, à Bruxelles, descendue à l'hôtel de Flandre, dirigea, à cette époque, des négociations en vue d'une restauration de l'Empire.

Les femmes, en effet, eurent alors quelque influence, quelque initiative dans l'enchaînement des événements, et les jours qui suivirent la chute de la dynastie impériale sont surtout curieux par l'esprit d'intrigue dont elles les marquèrent, par l'intelligence incontestable qu'elles surent mettre à la disposition des hommes d'Etat occupés à liquider la situation fort embarrassée et fort délicate qui résultait de la guerre.

L'une de ces femmes, Mme la comtesse de V..., sœur de Mmes de la Moskowa et de la Poëze, dames du palais de l'impératrice Eugénie, se trouva, comme Mmes de Mercy-Argenteau et X..., mêlée aux incidents qui succédèrent à la cessation des hostilités; et comme son attitude, en ce temps, fut des plus noblement patriotiques, on me saura gré de la rappeler.

Le récit qui va suivre est fort attachant, d'ailleurs;

il ressemble à un roman ou, si on le préfère, à un conte de fées.

Donc, il y avait une fois, à la Cour de Prusse, un ministre de France, le marquis de la Rochelambert, qui avait trois filles, dont l'une, extrêmement intelligente, extrêmement belle, était la filleule du Prince Royal, depuis l'empereur Guillaume.

Il y avait aussi, à cette Cour, un haut seigneur, brillant cavalier, esprit d'élite, qui devint amoureux de la gentille enfant et qui la demanda en mariage.

Bien des attaches de famille et d'amitié retenaient le marquis de la Rochelambert aux êtres ainsi qu'aux choses de la Cour de Prusse. Cependant, ayant consulté sa fille et ayant acquis la certitude qu'elle n'aimait point le haut seigneur, il la lui refusa.

L'amoureux éconduit était le comte d'Arnim, en ce temps-là dans toute la splendeur de la jeunesse, dans toute la puissance d'une situation exceptionnelle.

M. de la Rochelambert revint en France. Sa fille ne revit plus l'infortuné soupirant, et l'on s'oublia. S'oublia-t-on? Ou plutôt, le comte d'Arnim oublia-t-il son rêve éphémère? Si l'on en croit les médisants, il demeura fidèle à celle qu'il avait vainement désirée, et dans la douceur d'une existence familiale même, car il se maria et eut, lui aussi, une fille charmante, il ne cessa de songer à elle.

Mlle de la Rochelambert elle-même devint épouse,

puis mère, et il est probable que, dans la succession des années, elle ne se fût jamais retrouvée en présence de son ancien amoureux, si les événements dramatiques de 1870 et de 1871 n'étaient survenus et ne s'étaient, pour elle comme pour lui, faits malins.

Lorsque l'Assemblée nationale nomma M. Thiers chef du pouvoir exécutif, avec mission de débattre le traité qui devait mettre fin aux hostilités entre la France et l'Allemagne, le très rusé homme d'Etat s'entoura aussitôt de quelques-uns de ses anciens collègues au Corps législatif, sous l'Empire, pour en faire ses ministres, et parmi eux se trouva M. Pouyer-Quertier, qu'il chargea de la direction et de la réorganisation du département des finances.

Avant d'avoir en face de lui M. d'Arnim, M. Pouyer-Quertier dut connaître M. de Bismarck. Le Normand et le Teuton se mesurèrent; le renard et le dogue se firent des politesses.

L'anecdote qui veut que M. de Bismarck ait tenté de griser M. Pouyer-Quertier, dans un dîner en tête-à-tête, pour mieux le duper, est trop sue pour que je la reproduise ici. Mais j'en sais une autre qui est inédite et que les lecteurs ne seront sans doute pas fâchés d'entendre. Je vais la leur conter, avant de reprendre la suite et d'écrire l'épilogue du roman dont j'ai parlé.

Par une coïncidence singulière et favorable, dans

la situation qui lui était faite, M. Pouyer-Quertier se trouvait avoir de très anciennes relations avec la famille de la Rochelambert et par conséquent avec la fille de l'ex-ministre de France à Berlin, devenue, depuis l'idylle ébauchée et manquée, comtesse de V...

Cette amitié lui facilitait, chaque jour, sa tâche dans ses rapports avec les chefs du gouvernement allemand.

D'autre part, l'une de ses filles avait épousé le comte de Lambertye, possesseur de terres assez vastes en Alsace, aux environs de Belfort. Ce détail devait avoir son importance, lorsqu'il s'agit de déterminer, de concert avec M. de Bismarck, la délimitation des nouvelles frontières.

M. de Bismarck voulait absolument s'emparer, sinon de Belfort même, au moins d'une partie des territoires qui l'environnaient. Après avoir lutté contre ses prétentions, M. Pouyer-Quertier désespérait de fléchir le chancelier et voyait, avec chagrin, venir l'instant où il lui faudrait s'avouer vaincu, lorsqu'il eut une inspiration soudaine.

Prenant de l'encre, comme s'il se disposait à apposer sa signature au bas du traité fatal, il eut une hésitation encore, réfléchit, puis, jetant avec violence sa plume sur la table, il se tourna vers M. de Bismarck et lui dit résolument :

— Signera qui voudra ce traité, mon prince, mais je vous déclare que ce ne sera pas moi.

M. de Bismarck eut un geste de surprise et de déplaisir :

— Pourquoi? fit-il. Vous vous apprêtiez à ratifier mes conditions.

— C'est vrai, reprit le Normand. Mais je ne songeais pas qu'en les acceptant, je vous livrais non seulement des français, mais encore des êtres qui me sont, sinon plus chers, du moins plus intimement proches.

— Expliquez-vous.

— C'est fort simple. Mon gendre, M. le comte de Lambertye, est le propriétaire de la presque totalité des territoires qui entourent Belfort (notre ambassadeur mentait un peu pour le besoin de sa cause,) et jamais mon nom ne figurera au bas d'un acte qui lui enlèverait sa nationalité et qui me le rendrait étranger.

Et se levant, il ajouta :

— Pardonnez à mes sentiments, non plus de simple français, mon prince, mais de père, et permettez que je me retire. Je rendrai compte, à mon gouvernement, du retard apporté dans nos négociations et le prierai d'accréditer, auprès de vous, un homme qui sera en mesure de se soumettre avec plus de liberté personnelle que moi.

Le prince de Bismarck, on peut le dire à la louange même de M. Pouyer-Quertier, aimait fort notre plénipotentiaire, et ses façons un peu cavalières, un peu exemptes de toute convention, ne lui déplaisaient pas.

Sans répondre aux paroles qui lui étaient adressées, il se leva, lui aussi, et se mit à marcher de long en large dans le salon. Puis, tout à coup, s'arrêtant devant son interlocuteur et le regardant bien en face :

— Vous ne voulez pas que votre gendre et vos petits-enfants soient Prussiens, mon cher ministre. C'est naturel, après tout. Eh bien, où sont-elles les propriétés de M. de Lambertye ? Désignez-les-moi, approximativement.

Et saisissant une carte d'état-major, il la déplia devant le ministre.

Celui-ci ne s'attendait guère, il l'a avoué depuis, à ce coup de théâtre. Mais il ne se troubla pas et, dans une belle assurance, ramassant un crayon rouge, il marqua d'un trait aussi étendu qu'il osa le faire, les territoires réels et imaginaires un peu, que possédait son gendre autour de Belfort. Puis il tendit la carte au prince.

M. de Bismarck l'examina longuement, trop longuement même, au gré de son adversaire ; enfin, la replaçant sur la table, il s'empara du projet de traité, y inscrivit l'article spécial qui laissait, à la France, Belfort et son territoire, et remettant à M. Pouyer-Quertier l'acte ainsi modifié, il lui dit, moitié railleur, moitié sérieux, ces simples mots :

— Là, êtes-vous content ?

L'émotion de notre ambassadeur fut profonde. Ce morceau de terre qu'il venait d'arracher aux exigences de nos ennemis était fort mince, en vérité, mais, en cette heure, il lui semblait qu'il fût immense comme le plus immense des empires. Les choses ont dans l'esprit et dans le cœur surtout, des hommes, les proportions des sentiments — afflictions ou joies — qui, directement, s'y rattachent.

Cette anecdote m'a été contée par M. Pouyer-Quertier lui-même. Elle intéressera, j'en suis sûr, ceux qui, là-bas, sur la frontière, liront ces pages, et qui apprendront ainsi comment ils doivent de n'être pas Allemands.

Je reviens à mon roman.

Quand M⁰ᵉ de V... apprit que M. Pouyer-Quertier allait avoir à régler le versement de l'indemnité de guerre due aux Allemands, de concert avec M. d'Arnim, nommé représentant de l'empereur Guillaume en France, elle se rendit auprès du vieil ami de sa famille, et lui tint à peu près ce langage :

— M. d'Arnim est, sous des apparences doucereuses et courtoises à l'excès, d'une obstination et d'un rigorisme extrême. Il a la haine du Français par-dessus tout, quoi qu'on en dise, et il sera implacable dans la mission qu'il a acceptée. Or, vous savez que, par mes anciennes relations avec la Cour de Prusse, je suis à même de connaître quelque peu les hommes et les choses d'outre-Rhin. Je sais mon d'Arnim par cœur. Voulez-vous que je vous l'amène à composition, que je vous serve en même temps que je servirai les intérêts du pays? Si oui, laissez-moi faire, donnez-moi carte blanche presque. M. d'Arnim, naguére, a voulu m'épouser ; il y a des années et des années que nous ne nous sommes rencontrés, mais je sais qu'il ne m'a pas oubliée. Voulez-vous que je le revoie ? Je suis certaine que, de cette rencontre, naîtra, pour vous, quelque circonstance favorable qui facilitera votre tâche.

M. Pouyer-Quertier connaissait assez Mme de V... pour comprendre qu'elle ne parlait pas en vain.

— Mais, lui dit-il, où voulez-vous, où pouvez-vous voir M. d'Arnim ?

— Ici.

— Ici, au ministère ?

— Oui.

— Mais c'est impossible.

— Ce sera possible si vous autorisez cette entrevue.

— Et comment vous y prendrez-vous pour nous le concilier ?

— C'est mon secret, jusqu'à nouvel ordre, du moins.

— Votre secret ?

— Oui, mais un secret de polichinelle. que vous devinez certainement. De deux choses l'une : ou, comme on me l'a dit, M. d'Arnim ne m'a point oubliée, et alors je me charge de lui ; ou il m'a oubliée, et toute ma diplomatie échouera devant ses résolutions. Dans un cas comme dans l'autre, que risquez-vous à me mettre en sa présence pour la réussite de vos négociations, pour le bien du pays ?

— Soit, conclut M. Pouyer-Quertier, intrigué et gagné, aussi, par cette femme qui parlait avec tant d'autorité, avec tant de sens politique et intime à la fois ; faites donc comme il vous plaira. M. d'Arnim doit venir ici demain, vers deux heures. Soyez au ministère comme par hasard. Je le mets entre vos mains.

Le lendemain, un peu avant l'heure fixée, Mme de V... arrivait au ministère, et, après un entretien rapide avec M. Pouyer-Quertier, prenait position dans le vestibule même de l'hôtel, sur lequel donnait l'escalier conduisant au cabinet officiel.

Bientôt M. d'Arnim se présenta, et quand la comtesse le vit descendre de sa voiture et se diriger vers l'entrée des appartements, elle se plaça debout, bien droite, sur la première marche de l'escalier, comme si, venant d'une audience, elle allait sortir.

La première personne qui frappa les regards du diplomate fut donc cette femme.

Mme de V..., quoique n'étant plus très jeune, avait conservé ses traits d'autrefois, était encore fort belle, et par conséquent aisément reconnaissable pour qui l'avait connue dans tout l'éclat de son adolescence.

A son apparition, M. d'Arnim s'arrêta net, fit ensuite un pas en arrière, et comme devinant la cause qui avait amené là, devant lui, en cette heure décisive, cette femme, il murmura — la phrase est textuelle :

— Je suis vaincu.

Puis, dans un trouble, dans une émotion à peine cachés, il s'avança vers elle, et leurs quatre mains s'unirent.

Le comte d'Arnim allait être vaincu, en effet; il avait dit vrai.

Mme de V... l'entraîna, remonta avec lui quelques marches, et s'asseyant *dans l'escalier même*, le faisant asseoir auprès d'elle, elle lui parla rapidement, chaleureusement, en allemand.

Que lui dit-elle? On peut le deviner. M. d'Arnim l'écouta sans l'interrompre, la tête baissée, la main toujours dans sa main, et quand elle se tut :

— Je vous obéirai, fit-il dans un effort; et il répéta ces paroles : — Je vous obéirai.

Mme de V... se leva alors et lui rendit sa liberté. Mais au moment où il la quittait :

— Songez à votre promesse, lui dit-elle. Le ministre vous attend, et vous allez redevenir Allemand devant lui, trop Allemand même. Mais je serai dans une pièce, à côté de son cabinet, et j'entendrai toute votre conversation. Si vous me trompez, j'entrerai et vous rappellerai votre serment.

Et il en fut de cette aventure romanesque comme

le déclarait Mme de V... Pendant l'entretien qui eut
lieu entre M. Pouyer-Quertier et M. d'Arnim, au sujet de la libération du territoire et des conditions relatives au versement des frais de guerre, elle se tint
dans un salon proche du cabinet ministériel ; et lorsque la discussion semblait prendre, entre les deux
hommes, une tournure défavorable, elle secouait la
porte, qu'elle avait auparavant entr'ouverte, ramenant ainsi l'ambassadeur à la modération qu'elle lui
avait imposée.

M. d'Arnim nous accorda des conditions moins
dures que les instructions qu'il avait reçues de M. de
Bismarck les avaient faites. Une histoire d'amour
lointain nous valut, de sa part, une douceur relative,
et le chancelier, mécontent, lui reprocha vivement
les concessions qu'il nous octroya. Sut-il jamais le
roman de son ambassadeur et son épilogue imprévu?
Quoi qu'il en fût, il ne pardonna point à son délégué
de n'avoir pas exécuté ses ordres, d'avoir mis sa sentimentalité en opposition pratique avec ses rigou-
reuses et brutales résolutions.

Mme de V... garda, de cette heure un peu solen-
nelle, une tendre reconnaissance pour l'homme qui
non seulement ne l'avait pas oubliée, mais qui avait
mêlé à son souvenir d'affection, une compassion volontaire ou inconsciente pour notre pays ; et lorsque
M. d'Arnim tomba, sous les coups de la haine de son
ancien chef, elle le plaignit.

L'histoire n'est-elle point curieuse et ne valait-elle pas la peine d'être contée?

Ce livre renferme l'évocation de bien des êtres, de bien des choses qui tous et toutes sont loin. L'empereur Napoléon III est mort, le Prince Impérial, son fils, est allé le rejoindre tragiquement dans la tombe, et de cette société si brillante qui mit de la joie et de la folie dans son règne, il ne reste que quelques rares épaves.

L'Empereur, en exil, crut-il sincèrement à un retour de sa dynastie, en France? Il fit, évidemment, tout ce qu'il était nécessaire de faire pour que ce retour eût lieu, pour que son fils, qu'il chérissait, le réhabilitât devant le peuple; mais on n'oserait affirmer qu'il eût la certitude que son nom retrouverait de l'éclat dans un nouveau triomphe. L'Empereur, durant tout son règne fut un grand silencieux. Il demeura, sur la terre anglaise, le grand silencieux qu'il avait été, et nul ne saurait reproduire l'expression exacte de sa pensée.

Il vit, avant de s'éteindre, s'évanouir, avec sa légende, bien d'autres légendes; il vit l'indifférence et le scepticisme des peuples frapper les rois, et s'il était permis de lui prêter une philosophie conforme au rêve de toute sa vie — à son rêve humanitaire — il ne serait peut-être pas audacieux de dire qu'il ne regretta point trop son effacement et celui de sa race, devant l'affirmation du génie social des générations à venir.

Le règne de l'empereur Napoléon III eut des mécomptes cruels, mais il eut aussi — je l'ai démontré — quelque grandeur.

En dépit de l'origine de sa souveraineté, en dépit du Deux-Décembre, en dépit de la sottise de son entourage et des sanglantes hécatombes de 1870, l'empereur Napoléon III ne fut jamais haï du peuple, et dans le calme qui se fait, aujourd'hui, autour de sa mémoire, le sentiment d'affection que le peuple lui avait voué renaît et va vers le mausolée en lequel il repose, consolant et vrai.

La justice immanente des choses n'a rien d'une vaine théorie. Le peuple détient cette justice, entière, dans la plénitude de son jugement, dans la sensibilité de son âme, et les colères étant apaisées, les hommes les plus iniquement condamnés, trouvent en lui leur refuge et leur relèvement.

Le peuple, qu'une douleur patriotique avait un instant exalté, jeta l'anathème sur l'empereur Napoléon III. Mais dans les années écoulées, dans sa force reconquise aussi, il a médité, et l'homme qu'il avait maudit lorsqu'on le lui avait présenté comme un monstre insouciant de ses souffrances a su, malheureux, faire éclore son émotion et ses regrets.

L'empereur Napoléon III lui est apparu tel qu'il était réellement : bon, secourable, inquiet de sa dure existence, sans cesse animé du désir d'améliorer son sort, et dans la générosité du souverain, il a entrevu comme le reflet de sa propre générosité.

On comprend que les haines et que les colères ne désarment jamais devant le souvenir d'un homme comme Napoléon Ier — dont le génie formidable et égoïste ne fut jamais secoué par la fièvre des humaines douleurs.

Ces haines et ces colères ne sauraient se dresser, éternellement, devant l'ombre d'un homme comme Napoléon III, si doux et si pitoyable aux humbles, et l'Histoire ne saurait les enregistrer, devant ses défaillances ou devant ses erreurs, même, comme l'expression immuable d'un verdict populaire.

Il y eut des heures anxieuses dans le règne de l'empereur Napoléon III. Mais l'heure en laquelle ce livre est offert au public ne lui donne-t-elle pas comme une sorte d'actualité politique et philosophique — n'est-elle pas, aussi, une heure pleine de trouble et d'effroi?

Si je cédais à un désir d'établir un rapprochement entre les temps impériaux et l'époque actuelle, il me serait aisé de discourir. Mais, laissant à d'autres les paroles stériles, je ne tenterai pas ce rapprochement.

Il y eut des joies malsaines, des égarements, des hontes ou des crimes, dans les dix-huit années du règne de Napoléon III, soit; mais l'Empereur fut

étranger à ces choses; mais l'Empereur demeura,
en face d'elles, inattaquable, tristement songeur et
comme sacrifié; les inconséquences et les fautes de
ceux qu'il favorisa, ou qui exploitèrent son infinie
bonté, ne sauraient atteindre sa mémoire. Cette mémoire reste au-dessus des outrages et des condam-
nations, comme, en l'heure présente, la République
s'élève au-dessus des chutes profondes, au-dessus
des déchéances de ceux qui, nés d'elle, l'ont mal
aimée.

FIN

TABLE

—

Paris. — Typ. Chamerot et Renouard, 19, rue des Saints-Pères. — 29595.

www.ingramcontent.com/pod-product-compliance
Lightning Source LLC
LaVergne TN
LVHW021935060726
842528LV00001B/182